Karola Bloch

Aus meinem Leben

Neske

Alle Rechte vorbehalten. © Verlag Günther Neske
Pfullingen 1981. Schutzumschlag von Brigitte Neske.
Satz und Druck der Druckerei Scheel, Fellbach.
Gebunden bei der Großbuchbinderei Heinr. Koch,
Tübingen. Printed in Germany. ISBN 3 7885 0240 1

INHALT

GEBOREN IN LODZ
1905–1914

Mein Vater pflegte zu sagen, es wundere ihn nicht, daß die Karola politisch so rot geraten sei. Denn während meine Mutter mich zur Welt brachte, krachten Schüsse in den Lodzer Straßen. Ich bin am 22. Januar 1905 geboren, am sogenannten »blutigen Sonntag«, der das Fanal für die russische Revolution von 1905 wurde. Meine Geburtsstadt Lodz im damaligen Russisch-Polen war ein Textilindustriezentrum mit etwa 500 000 Einwohnern, die hauptsächlich der Arbeiterklasse angehörten. Etwa ein Fünftel davon waren Juden. Die Revolution von 1905, die in St. Petersburg begann, fand auch in Lodz einen gut bereiteten Boden: das Lodzer Proletariat hatte sich durch seine vielen Streiks und Revolten in der russischen Arbeiterbewegung einen Namen gemacht. Kosaken und Gendarmen schossen auf die aufständischen Arbeiter, die mit Pflastersteinen warfen und Barrikaden bauten. Es ging blutig zu, als ich geboren wurde.

Für meine spätere Entwicklung war es gewiß nicht ohne Bedeutung, daß ich meine frühe Kindheit in einer Industriestadt verbrachte. Mein Vater Maurycy Piotrkowski, Fabrikant von Beruf, besaß einen Textilbetrieb, er war wohlhabend. Meine Mutter Helena war eine geborene Engelmann, 1899 war meine Schwester Maryla geboren worden, mein Bruder Izio kam 1902, mein Bruder Dadek 1907 zur Welt.

Mein Vater war kein orthodoxer Jude, aber seine strenggläubigen Eltern pflegten zuhause noch lebendige jüdische Tradition. Am Freitagabend standen Leuchter mit brennenden Kerzen auf dem Eßtisch, es gab festliches Essen sowohl am Freitagabend wie am Sonnabendmittag. Auch arme Juden hielten sich so gut sie konnten an die Tradition. Manchmal ging ich am Freitagabend in die jüdischen Arbeiterviertel, sah durchs Fenster den Tisch, der trotz der Armut weiß gedeckt und von mindestens einer Kerze beleuchtet war. Der Vater der Familie sprach das Gebet, die Kinder sagten es ihm nach.

Auch in späteren Jahren, als ich in den Semesterferien meine Eltern besuchte, ging ich oft durch die jüdischen Viertel, sah in die Cheders, die jüdischen Schulstuben, in denen kleine Kinder, 3–4 Jahre alt, die Bibel lesen lernten. Da saßen die blassen Jungen (Mädchen nahmen nicht teil) und ließen sich vom Rabbiner die hebräischen Buchstaben beibringen. Nach wenigen Jahren kannten sie ganze Abschnitte von Talmud und Tora auswendig. Und sie lernten auch die Kommentare, bekamen vom Rabbi schwierige Fragen gestellt, die sie beantworten mußten. Auf diese Weise entwickelte sich eine literarische Tradition. Unter jüdischen Männern gab es keine Analphabeten.

An Ereignisse meiner frühen Kindheit erinnere ich mich genauer als an spätere Erlebnisse. Ein nachhaltiger Eindruck war für mich, den Unterschied zwischen arm und reich wahrzunehmen. Ich war sieben oder acht Jahre alt, als ich im strengen Winter Arbeiterinnen, die nach Arbeitsschluß die Fabrik meines Vaters verließen, beobachtete. Sie waren zu arm, um sich einen Mantel kaufen zu können und trugen statt dessen dunkle wollene Tücher um die Schultern. Es sah aus, als ob riesige schwarze Vögel durch das Tor der Fabrik huschten. Ich verglich mich in meinen guten, warmen Kleidern, meine Mutter im Pelzmantel mit diesen schlotternden, schnell laufenden Frauen. Aus vielen Märchen und Erzählungen wußte ich, daß es arme und reiche Leute gibt. Aber Märchen enden meistens glücklich. Sie machten mir keinen so großen Eindruck, wie diese Wirklichkeit vor dem Tor der Fabrik.

Meine Kindheit war sorglos, obwohl wir Kinder früh merkten, daß die Ehe meiner Eltern nicht glücklich war. Mein Vater, ein gutaussehender Mann von hoher Statur, war sehr energisch, fleißig, autoritär, leicht aufbrausend. Er hatte die Firma seines Vaters übernommen, die etwas über 100 Arbeiter beschäftigte. Später in den 20er Jahren stieg die Zahl auf 600. Zum Textilkaufmann war mein Vater auf einer württembergischen Fachschule ausgebildet worden. Er sprach gut deutsch, war überhaupt ein Germanophile.

8

Zu uns Kindern war er streng, doch er hatte uns gern, aber mich liebte er, vielleicht, weil ich ein schönes und fleißiges Kind war. Seiner Fabrik war er verfallen; oft saß er noch abends über seinen Geschäftsbüchern. Geld bedeutete viel für ihn. Wir merkten an seiner Laune, ob er gute oder schlechte Geschäfte gemacht hatte.

Meine Mutter paßte gar nicht zu ihm. Sie war eine zierliche, hübsche Person, eine liebevolle Mutter, hatte Gefallen an schönen Kleidern, aber mit dem Vater wenig gemeinsame Interessen. Er sprach nie mit ihr über seine geschäftliche Situation. Obwohl er seine Frau sehr reichlich beschenkte – meine Mutter besaß viel Schmuck und teure Kleider – waren diese Kostbarkeiten weniger Ausdruck der Liebe als vielmehr eine Prestigeangelegenheit: Frau Piotrkowska sollte standesgemäß aussehen. Das »Standesgemäße« spielte überhaupt eine große Rolle in der jüdischen bürgerlichen Gesellschaft. Wie oft hörte ich den Satz: »Der oder jener kommt aus guter Familie«; wobei nicht Geld allein ausschlaggebend war, sondern auch die Abstammung eine Rolle spielte. Wenn berühmte Rabbiner oder Gelehrte in der Familie waren, dann war die Familie »gut«. Mit »schlechten« Familien hätte mein Vater nie verkehrt. Schon als Kind empörte ich mich gegen diesen Standesdünkel.

Die Ehe meiner Eltern kam, damals nichts besonderes, durch einen Heiratsvermittler zustande. Da wurde nicht nach Liebe gefragt, vielmehr nach Geld, nach sozialem Status, nach ausreichender Mitgift.

Meine sanfte, geduldige Mutter war der dominierenden Persönlichkeit meines Vaters nicht gewachsen, ja, sie hatte Angst vor ihm. Trotzdem verstand sie es, gütig und taktvoll wie sie war, eine harmonische Atmosphäre im Haus zu schaffen, fand Trost bei den Kindern, wenn sie ihn brauchte. Wir Geschwister waren gute Freunde, besonders mit meinem älteren Bruder Izio blieb ich immer eng verbunden.

Der Wohlstand der Familie brachte mir viele Vorteile. Ich ging in eine Privatschule, bekam eine »standesgemäße« Erziehung, lernte schon früh Klavier spielen, bekam auch Zeichenunterricht, weil ich gerne zeichnete. Große Vorliebe hatte ich für Puppen, die ich wie kleine Menschen behandelte. Ich nähte ihnen Gewänder, kleidete sie um für die Nacht, sprach mit ihnen auch deutsch und französisch, denn wir hatten Gouvernanten, die uns die fremden Sprachen beibrachten. Im Sommer waren wir oft im Ausland, meistens in Deutschland. Ich kann mich an Bad Elster erinnern und vor allem an Kolberg an der Ostsee. Dort bekam ich eine besonders schöne Puppe geschenkt, die wie ein Junge angezogen war, sie trug einen weiß-grün karierten Anzug. Kolberg kam mir elegant und reich vor. Wieder daheim in Lodz fiel mir die Armut stärker auf als sonst. Wieviele Bettler kamen zu uns! Sie benutzten die Hintertreppe, die zur Küche führte; die Treppe für »Herrschaften« durften sie nicht betreten. Unsere Köchin kam dann zu meiner Mutter, die für solche Zwecke immer eigens Kopeken hatte. Sie gab ihr eine Münze und sagte vielleicht: »Gib dem Mann eine Suppe.« Außer der Köchin hatten wir noch ein Stubenmädchen. Und zu besonderen Arbeiten kamen von Zeit zu Zeit Arbeiter aus unserer Fabrik ins Haus, die zum Beispiel die Parkett-Fußböden mit Metallspänen reinigten und dann mit einer Politur behandelten. Diese Tinktur war alkoholhaltig, und einmal habe ich gesehen, wie sie ein Arbeiter trank. Später erlebte ich das auch in Moskau. Manchmal fuhren wir in den Ferien aufs Land zu den Großeltern mütterlicherseits. Das war eine ganz andere Welt. Mein Großvater Aron Engelmann besaß ein Gut in der Nähe von Warschau. Im Wohnzimmer des großen Gutshauses standen vergoldete Stühle, das imponierte mir sehr. Rechts und links neben der Haustür wuchsen hohe Walnußbäume. Herbst für Herbst traf ein großer Sack mit wunderbaren Walnüssen in Lodz ein. Jede Nuß war so groß wie ein kleiner Apfel. Für uns Kinder war das Land mit den Pferden, Kühen, Gänsen, Hühnern, Vögeln eine große Attraktion, wir liebten diese Ferien. Mein Großvater, ein gesprächiger, unterhaltsamer Mann, blieb trotz des Antisemitismus, den es in Polen gab, zeitlebens polnischer Patriot.

Im Jahre 1863 brach in Russisch-Polen ein Aufstand gegen die zaristische Herrschaft aus, der blutig unterdrückt wurde und schlimme Folgen hatte. Das Land wurde russifiziert, alle liberalen

Tendenzen verschwanden. Mein damals blutjunger Großvater hatte mit den Aufständischen sympathisiert und Flüchtende im väterlichen Haus verborgen, so ihr Leben gerettet. Das hatte später Folgen: Nach dem ersten Weltkrieg, 1918, als Polen ein selbständiger Staat wurde, erinnerte sich die Regierung meines Großvaters als eines Patrioten von 1863 und ehrte ihn mit einer Medaille für das, was er damals fürs Vaterland getan hatte. Diese Auszeichnung trug mein Großvater in einem Wildlederbeutel unter dem Hemd auf seiner Brust. Und jedes Mal, wenn er zu uns nach Lodz kam, war es eine besondere Freude, sie gezeigt zu bekommen. Zur Medaille gehörte ein Pergamentpapier, auf dem stand geschrieben: »Aron Engelmann hat sich verdient gemacht um die polnische Republik, indem er 1863 auf der Seite der polnischen aufständischen Patrioten stand.«

Das Zusammenleben von Polen und Juden hat eine lange Geschichte. Im 14. Jahrhundert wanderten Juden nach Polen ein, das damals ein großer, mächtiger Staat war. Sie waren in Deutschland verfolgt worden und fanden Zuflucht in Polen, wo König Kasimir III. (1333–1370) Arbeitskräfte brauchte. Deshalb hat die jiddische Sprache, die die Juden in Polen sprachen, eine Verwandtschaft mit dem Mittelhochdeutschen. So kann man etwas Jiddisch verstehen, wenn man Deutsch beherrscht.

Einer meiner späteren Freunde, der Architekt Hannes Meyer, arbeitete eine Zeitlang in der Sowjetunion in der Jiddischen Republik Birobidjan als Städtebauer. Von ihm weiß ich, daß die Sowjetunion Jiddisch als Nationalsprache der Juden anerkennt. Auch heute noch leben in Birobidjan 10 000 Juden, 5% der Gesamtbevölkerung. Dort gibt es jetzt sogar ein jiddisches Theater, das einzige, nachdem das jiddische Theater in Moskau 1949 durch Stalin geschlossen wurde. Die jiddische Sprache ist durchwirkt von Worten aus den Sprachen aller jener Länder, in denen die Juden lebten, also mit russischen, polnischen, rumänischen usw.

Meine Muttersprache ist polnisch. Zuhause sprachen wir polnisch, später, als wir von 1914 bis 1918 in Rußland lebten, auch russisch. Obwohl ich Polen schon früh verlassen habe – von 1921 bis 1933 lebte ich in Berlin, dann in verschiedenen anderen Ländern – spreche ich heute noch ein gutes, akzentfreies Polnisch. Neben polnisch, jiddisch und russisch konnte man in Lodz auch deutsch hören. Denn Deutsche waren es, die Anfang des 19. Jahrhunderts die ersten Baumwollspinnereien und Webereien gegründet hatten. Immer mehr Deutsche waren nach Lodz gekommen und bildeten mit der Zeit eine beachtliche Minderheit. Manche wurden reich und mächtig. Es gab auch ein deutsches Gymnasium, das meine Brüder besuchten. Mein Vater war, wie schon gesagt, ein Freund alles Deutschen und hatte geschäftlich oft in Deutschland zu tun. Auch ich mochte Deutschland, aber wahrscheinlich nur deshalb, weil mir der Vater die schönsten Puppen von dort brachte. Einmal bekam ich eine Puppe, die die bewimperten Augen schließen und »Mama« sagen konnte. Meine Brüder wollten wissen, wieso sie »Mama« sagt und die Augen schließt; sie brachen das kleine Gitter auf dem Rücken der Puppe auf und klaubten die Augen heraus: »Mama« verstummte, die Puppe war hin. Ich habe bitterlich geweint. Die Jungen wurden bestraft, aber das half mir nicht.

Lodz war eine besonders häßliche Stadt, damals noch ohne Kanalisation. Es gab kaum Grünanlagen, die Umgebung war trostlos. Ein armseliger Fluß, die Lodka, floß vorbei. Erst in einiger Entfernung begannen Wälder, herrliche Wälder, sehr dicht, mit moosbedecktem Boden, auf dem man wie auf einem Teppich liegen konnte. Hier reiften Pilze, Beeren, Gewürze. Es roch wunderbar. In der Nacht sangen die Nachtigallen. Kehrte man von einem solchen Ausflug in das graue Lodz zurück, war die Ernüchterung groß. Die Stadt hatte keinerlei Tradition und stand kulturell auf einem niederen Niveau. Eine Zeitlang gab es ein Symphonieorchester. Das Theater war schlecht, die Kinos trösteten ein wenig. An Sonnabenden und Sonntagen promenierten die Bürger auf der Hauptstraße, der »Piotrkowska«, die so hieß wie ich. Da zeigte die Damenwelt ihre Toiletten, da wurde gegrüßt, geplaudert und geklatscht. Lieben konnte man diese Stadt nicht. Für den Staat war sie nur ökonomisch interessant.

Im Unterschied zu Deutschland, wo im 19. Jahrhundert die Juden sich assimilieren konnten, wo es durchaus Mischehen und gesellschaftlichen Verkehr zwischen Juden und Christen gab, kam es in den bürgerlichen Kreisen Polens kaum zu einem Kontakt zwischen Juden und Christen. Natürlich gab es auch Ausnahmen. Aber ich kann mich nicht an Mischehen erinnern, auch an keinen gesellschaftlichen Verkehr. Christliche Freunde habe ich erst später im Ausland gefunden. Die armen, meist orthodoxen Juden bildeten sowieso eine Enklave in der polnischen Gesellschaft. Sie sprachen jiddisch, schlecht polnisch, trugen den langen Kaftan und die Schildmütze, hatten meistens Bärte und Schläfenlocken. Die jüdischen Arbeiter hatten diese Tracht abgelegt, arbeiteten oft mit polnischen Arbeitern im gleichen Betrieb. Die politisch engagierten jüdischen Arbeiter hatten eine eigene Organisation, den von Lenin sehr geschätzten »Bund« (Allgemeiner Jüdischer Arbeiterbund), der schon 1897, also vor der Sozialdemokratischen Arbeiterpartei Rußlands (RSDRP) gegründet worden war.

Nach 1945 lebten in Lodz kaum noch 300 Juden. Erst vor kurzem gelang es einem deutschen Journalisten, Joachim Trenkner, etwas über den jüdischen Friedhof in Lodz zu erfahren (Frankfurter Rundschau 17.2.1979). Ursprünglich hatte es geheißen, der Friedhof sei von den Nazis zerstört worden. Aber nach großen Mühen gelang es Trenkner, ihn ausfindig zu machen. Er ist nicht zerstört, wenn auch verfallen. Man sieht noch einige prachtvolle Mausoleen und Grabsteine. Vielleicht steht auch noch die Ruhestätte, die mein Vater für die Familie Piotrkowski erbauen ließ, als mein jüngerer Bruder Dadek 1925 als 19jähriger an einem Herzinfarkt starb. Das geschah in Frankreich auf einer Urlaubsreise, die Leiche wurde nach Lodz überführt. Erschütternd ist der Bericht von Trenkner über die winzige »Kongregation jüdischen Glaubens« in Lodz, die in äußerster Armut haust. Sie bekommt Unterstützung von amerikanischen Juden. Seltsamerweise ist eine der Synagogen nicht zerstört worden, die Nazis hatten sie als Lagerhaus benutzt. Aber es gibt keinen Rabbiner mehr in der Stadt. Die Juden in Lodz sind vergessen.

Als der 1. Weltkrieg 1914 ausbrach, war unsere Familie in Deutschland auf Urlaub, meine Eltern in Bad Elster und wir Kinder mit einer Gouvernante irgendwo im Schwarzwald. Am 1. August kam unser Fräulein Zofia in das Kinderzimmer und sagte: »Kinder, der Krieg ist ausgebrochen.« Ich kann mich genau erinnern, daß ich sagte: »Aber Kriege gibt es nicht mehr, sie kommen nur im Märchen vor.« Leider war es kein Märchen. Da die Deutschen sofort Russisch-Polen besetzten, waren wir von der Heimat abgeschnitten. Meine Eltern holten uns ab, und wir fuhren nach Berlin. Dort gab es eine Organisation, die russischen Staatsangehörigen, wie wir es waren, half, Deutschland zu verlassen. Einige Wochen wohnten wir in einem Notquartier in der Nähe des Schlosses. So konnte ich die Kriegsbegeisterung der Deutschen auf Versammlungen vor dem Schloß miterleben, ehe es uns mit Hilfe der Organisation gelang, auf dem Umweg über Schweden und Finnland in Moskau Fuß zu fassen.

MOSKAU
1914–1918

Mein Vater hatte nun keine Fabrik mehr, aber noch geschäftliche
Verbindungen; so konnte er sich als Kaufmann betätigen. Das war
damals gar nicht so einfach, denn jüdische Kaufleute in Rußland,
die nicht zur 1. Gilde[1] gehörten, durften in Moskau nicht wohnen.
Meinem Vater gelang es jedoch, in die 1. Gilde aufgenommen zu
werden. So blieben wir in Moskau von 1914 bis zum Ende des 1.
Weltkrieges. Wir Kinder kamen auf russische Gymnasien. Etwas
Russisch hatten wir schon in Lodz gelernt. Meine Schule in Moskau lag in einem Park, wo es einen Teich gab, die Gegend hieß
»tschistyje prudy«, das heißt »saubere Gewässer«. Der Teich war
im Winter Schlittschuhplatz, auch rodeln konnte man auf den
Hügeln des Parks.

An die Zeit in Moskau habe ich die schönsten Erinnerungen, trotz
des Krieges. Mein Vater verdiente ganz gut und scheute keine
Ausgaben für unsere Erziehung. Sehr bald erlernte ich die russische Sprache so gut, daß ich die Klassiker lesen konnte. Im Bü-
cherschrank standen Puschkin, Lermontow, Gogol usw. Ich ver-
schlang, was mir vor die Augen kam, auch französische Schriftsteller wie Daudet, Maupassant, Racine. In Rußland lernte man
viel auswendig, vor allem Gedichte, und noch heute kann ich einige russische Strophen. Aber immer sprach ich russisch mit einem polnischen Akzent. Als ich 12 Jahre alt war, wurde ich kränk-
lich, der Arzt riet, daß ich nicht länger in die Schule gehen, sondern zu Hause Privatunterricht nehmen und am Schluß des Jahres
eine Prüfung für die nächste Schulklasse ablegen sollte.

So geschah es. Ich hatte dadurch viel Zeit übrig und konnte mei-

---

1 Die Kaufleute waren in drei Gilden eingeteilt. Die erste Gilde hatte die größten
Privilegien.

nen Interessen nachgehen, bekam dabei die volle Unterstützung meiner Eltern. Ich ging täglich in eine Malschule, war dort die jüngste Schülerin. In dieser Zeit war der Futurismus en vogue, der italienische Futurist Marinetti, Autor des futuristischen Manifests, wie ich später wußte, hatte großen Einfluß auf den Leiter der Malschule, die ich besuchte. Daß man statt des statischen Objekts die Bewegung bildnerisch ausdrücken wollte, die Aktivität und Dynamik, hat mich damals tief beeindruckt. Man zeigte uns Bilder von Cézanne, van Gogh, auch die des »Blauen Reiters« und so bekam ich schon früh Kenntnis von der modernen Malerei. Die neuen Ideen regten meine Phantasie an. Ich brachte Bilder nach Hause, die bei meinen Angehörigen auf kein Verständnis stießen, aber man ließ mich malen. Auch eine Musikschule besuchte ich und weiß noch den Namen des Leiters: Schorr. Dort lernte ich Klavier spielen, Harmonielehre, Solfeggio und rhythmische Gymnastik. Außerdem schrieb ich Gedichte, meist über Landschaften. Der Reim spielte dabei eine große Rolle. Hin und wieder, wenn ich keinen passenden Reim fand, animierte ich meinen Bruder Izio, mir zu helfen. Manchmal fragte ich ihn: »Glaubst du, daß ich eine Schriftstellerin wie Maria Konopnicka werde?« (Das war eine berühmte polnische Dichterin). Und Izio versicherte mir, daß er nicht den geringsten Zweifel daran hege. Aber diese Phase währte nicht lange. Das Interesse am Malen überwog alles andere. Ich sehe mich noch, wie ich Sonntag für Sonntag mit Izio zeichnete, Michelangelo, Leonardo kopierte. Wir besuchten Museen und zeichneten Gipsabdrücke antiker Plastiken nach. Auch gingen wir oft ins Theater. Im Stanislawski-Theater standen wir sonntags um 12 Uhr auf der Galerie und begeisterten uns an Tschechows Stükken oder am »Blauen Vogel« von Maeterlinck. Ich erinnere mich an eine Vorstellung im avantgardistischen Meyerhold-Theater. Man spielte die Phädra von Racine. Die Bühne war schräg nach vorn geneigt und mir blieb besonders im Gedächtnis, daß Phädra goldene Schuhe mit hohen Sohlen trug.

Der Tag war zu kurz für mich. Oft mußte mich Mutter abends ins Bett jagen, ich wollte noch weiterlesen, das tat ich leidenschaftlich gern. Der russische Karl May war Mayn Reed – ich weiß nicht mehr, ob er ein Engländer war, sein Name klang so. Viel, viel später, als Ernst Bloch, der begeisterte Karl-May-Leser, mich fragte, ob ich seinen Lieblingsautor kenne, sagte ich ihm, daß in meiner Jugend in Rußland Mayn Reed gelesen wurde. Eine Geschichte hieß »Der Reiter ohne Kopf« und ich erinnere mich an den Umschlag des Buches, auf dem ein kopfloser Reiter abgebildet war. Ernst war sehr skeptisch, er glaubte mir den Mayn Reed nicht, weil er, ein Kenner der Trivial- und Abenteuerromane, den Namen nie gehört hatte. Aber ich sollte 1962 Genugtuung bekommen. Wir besuchten in Oxford Professor Isaia Berlin, der gebürtiger Russe war. In Ernsts Gegenwart fragte ich den Professor, was er als Junge gelesen habe. »Natürlich Mayn Reed«, antwortete er. Man kann sich meinen Triumph vorstellen, Bloch wurde ganz klein.

Obwohl wir in den Kriegsjahren in Moskau lebten und die Not in Rußland enorm war, kann ich mich nicht an Hunger in unserem Haushalt erinnern. Meinem Vater gelang es immer, Säcke mit Mehl, Zucker, Nudeln zu beschaffen. Brot wurde zu Hause gebakken, zu essen gab es stets etwas. Wie immer litten nur die Armen Hunger, die Wohlhabenden konnten auch im Krieg ganz gut leben. Theater, Konzerte, Ausstellungen – die kulturellen Aktivitäten hörten nicht auf. Da brach 1917 die Revolution aus. Zuerst in Petersburg, dann in Moskau. An die bürgerliche Februar-Revolution, aus der die Regierung Kerenski hervorging, habe ich wenig Erinnerung. Das Leben in Moskau veränderte sich kaum. Ich konnte mit meiner Mutter im Sommer 1917 sogar in den Kaukasus fahren. Die mehrtägige Reise war schön: Wir fuhren 1. Klasse, hatten ein eigenes Abteil, am Abend wurden die Sitze als Betten hergerichtet. Wir fuhren nach Jessentuki und Kislowodsk, wo es Heilquellen gab. Herrlich war die Landschaft im kaukasischen Hochgebirge, die der Elbrus weit überragte. Auch die Menschen dort waren von ungewöhnlicher Schönheit, besonders die Grusinen mit ihren breiten Schultern und schmalen Hüften. Sie waren hervorragende Reiter. Bei einem ihrer Reitspiele wurde ein Messer in die Erde gesteckt, der Reiter mußte im Galopp mit den Zähnen den Griff packen und das Messer aus dem Boden ziehen. Oft wanderte ich damals allein umher. Einmal traf ich einen Chinesen, der mit einem Bauchladen daherzog. Wir kamen ins Gespräch, er erzählte von seiner Heimat. »Bist du verheiratet?« fragte er mich. »Ich bin erst 12 Jahre alt und gehe zur Schule«, antwortete ich. Er schüttelte den Kopf: »So ein schönes Mädchen und noch nicht verheiratet! Besuche doch unsere Siedlung hier in der Nähe (er beschrieb den Weg), dann wirst du sehen, wie wir leben und wie Mädchen in deinem Alter schon einen Mann haben.« Das Gespräch faszinierte mich, ich hätte noch länger mit ihm sprechen wollen. Aber es war spät geworden, ich mußte ins Hotel zurück, wo mich meine Mutter schon beunruhigt erwartete. Ich erzählte ihr die Geschichte mit dem Chinesen. Mutter war außer sich und sah mich bereits entführt. Ich mußte versprechen, nie in die chinesische Siedlung zu gehen. Ich tat es schweren Herzens, denn diese Welt zog mich sehr an.

Im Kaukasus erlebte ich die politische Zusammenkunft eines Frauenbataillons. Diese Bataillone mit militärischem Charakter, auch Todesbataillone genannt, waren von Kerenski gegründet worden und seiner Regierung fanatisch ergeben. Die militanten Frauen kämpften für eine Fortsetzung des Krieges, für Rußland, waren gegen die sozialistische Revolution und verlangten vom russischen Volk, den letzten Blutstropfen für das heilige Vaterland herzugeben. Der Appell der Rednerin, der ich zuhörte, riß die Frauen mit, doch ich war entsetzt bei dem Gedanken, daß der Krieg andauern sollte, ich hatte in Moskau viel Not gesehen.

Kaum waren wir im Oktober wieder in Moskau, begann die Revolution, die ich im Gegensatz zu den Ereignissen im Februar unmittelbar und als gewaltigen Eindruck erlebte. Wir wohnten in der Mjasnitzkaja, in der sich das Hauptpostamt befand, das jede der kämpfenden Parteien für sich zu erobern versuchte. In dieser Straße wurde ständig geschossen, auch Granaten explodierten. Wir wohnten in einem Mehrfamilienhaus mit Fahrstuhl und allem Komfort. Als die Revolution ausbrach, wurden Warnanlagen in jede Wohnung eingebaut. Wenn Artilleriebeschuß erwartet wurde, schrillte die Alarmglocke, für uns das Zeichen, in den Keller zu gehen.

Izio und ich nahmen an den politischen Ereignissen starken Anteil. Wir glaubten, daß diese Revolution die Verhältnisse in Rußland umstürzen und soziale Gerechtigkeit bringen würde. Die Menschen zeigten ihre Gefühle, ihre Freude, sie küßten sich auf der Straße, umarmten sich. Sie glaubten daran, daß nun alles gut werden würde . . .

Die Namen von Lenin, Trotzki, Kamenew, Sinowjew waren uns geläufig. Mit Sinowjew verband uns eine Beziehung eigener Art: Einer der Brüder meines Vaters war zu Anfang des Krieges nach London gegangen und hatte dort für seine zwei Söhne einen Hauslehrer engagiert – das war Grigori Sinowjew. Mein Vater erinnerte sich gut an ihn, der nun in der Revolution ein großer Mann wurde und erzählte viel von ihm.

Wenn Izio und ich hörten, daß irgendwo eine Versammlung stattfinden sollte, hielt es uns nicht zuhause, auch wenn auf der Straße geschossen wurde. Meine Mutter war natürlich ängstlich, sie verbot uns, das Haus zu verlassen, aber wir schmuggelten uns hinaus. Da hörten wir auch schon das Geratter der Maschinengewehre. Izio sagte: »Leg dich flach hin, bis das vorbei ist.« Wir preßten uns auf den Boden, es war ganz merkwürdig, wir hatten überhaupt keine Angst. Wahrscheinlich war das einfach nur dumm, wir wußten nicht, was es bedeutet, in ein Maschinengewehrfeuer zu geraten. Viele Jahre später las ich das berühmte Buch des amerikanischen Journalisten John Reed »10 Tage, die die Welt erschütterten«, einen Bericht über die Oktoberrevolution. Da beschrieb er Kinder, die in den Straßen von Moskau durch Maschinengewehrfeuer starben. Zum ersten Mal dachte ich: So hätten auch wir umkommen können.

Als das Geknatter aufhörte, sagte mein Bruder: »Aufstehen, jetzt gehn wir zu dem Platz, wo heute Trotzki spricht.« Aber wir waren zu klein, um uns in diesem Gewimmel durchzudrängen. Ich glaube nicht, daß ich Trotzki je gehört habe.

Ganz unvergeßlich ist mir, wie eine Kolonne gefangener weißgardistischer Offiziere auf der Straße vorbeizog. Das Volk stand auf dem Bürgersteig und schaute zu, wie die revolutionären Bewacher den Offizieren die Epauletten von den Schultern rissen. Das Bild erfüllte uns mit Befriedigung. Denn die Weißgardisten waren in unseren Augen Ausbeuter, die das Volk bedrängten und seine Armut verursachten.

Am 7. November 1917 siegten die Bolschewiki nach dem Sturm auf das Winterpalais in Petrograd. Trotzki wurde Befehlshaber der von ihm gegründeten Roten Armee. Eine gewaltige Kulturrevolution ergriff das Land. Damals wußte ich nicht viel davon. Später erfuhr ich, was Proletkult war.

Das Jahr 1918, das erste Jahr nach der bolschewistischen Machtergreifung, brachte für unser Privatleben keine besonderen Veränderungen, nur die Lebensmittel wurden immer knapper. Wir gingen weiter in die Schule, meine Schwester hatte ihr Abitur bestanden. Mein Vater, der natürlich kein Freund der Revolution war, dachte nur an eins: nach Polen zurückzukehren, nach Lodz, in die Heimat. Der Weg war frei geworden für eine selbständige Republik Polen mit Piłsudski als Staatchef.

Mein Vater überwand alle Schwierigkeiten, die eine solche Reise damals mit sich brachte. Wir machten uns auf den Weg. Personenzüge verkehrten nicht, so waren wir zwei Wochen mit Pferdelastwagen und Kutschen unterwegs, übernachteten in Bauernhäusern. Oft schlief ein Schwein im selben Raum. Lebensmittel hatten wir aus Moskau mitgenommen, aber die reichten für die zwei Wochen, die wir unterwegs waren, nicht aus. Doch mein Vater hatte Geld und konnte Übernachtungen und Proviant bezahlen. An Hunger kann ich mich nicht erinnern, wir waren zufrieden mit einem Stück Brot und einer Schüssel dicker Milch, zu der es manchmal sogar ein bißchen Zucker gab.

Meine Gefühle auf dieser Reise waren zwiespältig: Es fiel mir schwer, mich von meinem geliebten Moskau zu trennen, von all den erschütternden Ereignissen, aber ich sehnte mich nach Polen, nach der Heimat, nach der polnischen Sprache, die ich liebte. Als wir endlich in Lodz waren, merkte ich bald, daß ich in meinen Vorstellungen die Heimat idealisiert hatte.

WIEDER IN LODZ
1918–1921

Polen hatte unter Josef Piłsudski, der sich von einem Sozialisten in einen rabiaten Antikommunisten gewandelt hatte, ein hartes Regime. Ich aber war erfüllt von den revolutionären Ideen der Sowjetunion und machte aus meiner Gesinnung kein Hehl. Als in der Lodzer Schule – von der ich später noch erzählen werde – einmal das Aufsatzthema gegeben wurde: »Welches war das größte Erlebnis in deinem Leben?«, habe ich prompt geschrieben: die Revolution in Moskau. Mit Begeisterung beschrieb ich, was ich erfahren und erlebt hatte, mit vielen Details, weil alles so frisch in meiner Erinnerung stand. Ich bekam das Heft zurück mit einer Bemerkung der Lehrerin: »Dieser Aufsatz ist gut, wird aber nicht zensiert. Du hast die Revolution sehr schön beschrieben, das gebe ich zu. Aber du bist hier nicht im bolschewistischen Rußland. Wir sind absolut antirevolutionär, antirussisch, die Kommunistische Partei ist bei uns verboten. Du bist noch jung« – ich war 14 Jahre alt – »wenn du älter wärest, wäre das für dich nicht ungefährlich. Ich sage dir das unter vier Augen, du muß ein bißchen aufpassen, denn du bist ja kein Kind mehr.«

Wir konnten wieder in die alte Wohnung einziehen, in der wir vor dem Kriege gewohnt hatten. Mein Onkel hatte sie samt den Möbeln für uns bewahrt. In meiner Erinnerung war alles schöner gewesen, die Wohnung enttäuschte mich. Vor allem aber bedrückte mich der Anblick der häßlichen Stadt, in der nichts das Auge erfreute.

Wieder begann die Vorbereitung für die Schule. Mein Polnisch war in Moskau etwas lädiert worden, außerdem fehlten mir die Kenntnisse der polnischen Literatur und Geschichte. Während meine Brüder sich für das deutsche Gymnasium vorbereiteten, hatten die Eltern mich für ein renommiertes polnisches Mädchengymnasium bestimmt, in dem allerdings meist nur jüdische und deutsche Mädchen lernten, denn es gab in Lodz kaum eine polnische Oberschicht. Ärzte, Rechtsanwälte, Fabrikbesitzer, Kaufleute waren meist Juden oder Deutsche. Während ich mich auf die Aufnahmeprüfung an dieser Schule vorbereitete, fand 1919 ein Pogrom in Lemberg (Lwów) statt. Juden wurden ermordet, ihre Läden geplündert. Ich erschrak zutiefst. Das sollte das neue Polen sein? Erfüllt von den humanen Ideen der russischen Revolution, in denen kein Platz war für Rassismus und Nationalismus, war ich unfähig, mich nach solchen Ereignissen für eine polnische Schule zu entscheiden. Das sagte ich meinen Eltern, die das polnische Gymnasium vor allem seines guten Rufes wegen gewählt hatten. Nun gab es in Lodz auch ein hebräisches Gymnasium, das von Zionisten geleitet wurde. Ich konnte zwar etwas Hebräisch, aber sehr wenig im Verhältnis zu den Schülerinnen des jüdischen Gymnasiums, die schon jahrelang Hebräisch gelernt, die Schriften der Bibel im Original gelesen hatten und auch die hebräische Literatur bereits in Grundzügen kannten. Also was tun? Ich konnte gerade noch hebräisch lesen, aber ich verstand nicht viel. Da entschloß ich mich, intensiv zu lernen. Meine Eltern gaben schließlich nach und erlaubten mir, in das jüdische Gymnasium zu gehen. Jeden Tag kam ein Hebräischlehrer zu mir. Eine ganze Stunde hämmerte er mir die Sprache ein. Ich war gewiß keine Zionistin, aber aus Protest gegen den polnischen Antisemitismus wollte ich eine Schule besuchen, in der ich unter Juden und nicht unter Polen war. Da ich sprachbegabt bin, war der Lehrer mit mir sehr zufrieden, ich machte rasch Fortschritte, war auch sehr fleißig, saß stundenlang über hebräische Bücher gebeugt und lernte Grammatik und die Wörter. Heute noch fallen mir hebräische Wörter ein, aber gerade von dieser Sprache habe ich viel vergessen, vielleicht deswegen, weil ich schon älter war, als ich sie erlernte. Ich kann allerdings noch hebräisch zählen. Damals bestand ich die Aufnahmeprüfung in allen Fächern gut, nur Hebräisch blieb mein schwächster Punkt. In dieser kurzen Zeit hatte ich mir nicht alles aneignen können, was verlangt wurde, aber immerhin habe ich auch im Hebräischen bestanden und ging von da an in das jüdische Gymnasium, war dort in der 5. und 6. Klasse. Zwei Jahre vor meinem Abitur im Jahre 1921 beschloß mein Vater, nach Berlin umzuziehen.

Alles in allem waren die drei Jahre keineswegs unglücklich für mich. In dieser hebräischen Schule fühlte ich mich wohl, ich hatte nette Schulkameradinnen und auch gute, sympathische Lehrer. Ich war sehr lebenslustig und heckte gerne Streiche aus, die mir aber nicht angekreidet wurden, weil ich eine gute Schülerin war. Von den Lehrern hatte ich den Polonisten Professor Bromberg, der gleichzeitig Direktor war, am liebsten. Er war ein sehr umfassend und vielseitig gebildeter Mensch, der uns ohne Pedanterie die polnische Literatur beibrachte – vor allem die klassische polnische Literatur des frühen 19. Jahrhunderts, die sehr häufig Episoden aus der leidvollen Geschichte Polens zum Gegenstand hatte. Bei Professor Bromberg vergaß ich meinen antipolnischen Affekt und las mit großem Eifer Dichter wie Adam Mickiewicz, Juliusz Słowack, Wyspiański und Żeromski. Klavierunterricht und Zeichnen gingen weiter, so daß meine Tage voll ausgefüllt waren.

Mit 15/16 Jahren erlebte ich meine erste Liebe. Benio war ein Freund meines älteren Bruders Izio, ein stiller, nachdenklicher Mensch und Kommunist, was in Polen gefährlich war. Die Liebe zur Sowjetunion verband uns, wir führten oft politische Gespräche. Benio wohnte bei seinem Vater und ich besuchte ihn oft. Obwohl wir in seinem Zimmer ganz ungestört waren, gab es zwischen uns keinerlei sexuelle Beziehungen. Er schrieb mir zwar glühende Liebesbriefe, schickte Blumen, aber er wagte nicht, mich zu küssen. Es war eine keusche, schöne Liebe. Meine Mutter erfuhr durch mein Tagebuch davon und sah mich, trotz meiner Beteuerung, die Liebe sei platonisch, schon ein Kind kriegen.

Polen war in diesen ersten Jahren seiner Unabhängigkeit wirtschaftlich schwach, aber politisch aggressiv. Die litauische Stadt Wilna wurde im Handstreich erobert. Da in Rußland der Bürgerkrieg wütete, wohl auch geschürt von ausländischen Mächten, hatte sich Polen 1920 der antisowjetischen Front angeschlossen und war von der Roten Armee bis an die Weichsel zurückgedrängt worden. Aber Piłsudski schlug die Russen durch eine Gegenoffensive zurück, es kam zum Waffenstillstand. Mein Freund Benio war als Mitglied der verbotenen Kommunistischen Partei Polens über die politischen Ereignisse gut informiert. Einmal klebte er Plakate, wurde erwischt und kam für ein Jahr ins Gefängnis. Sein Abitur konnte er nicht machen, hat es aber später in einer anderen Stadt nachgeholt. Im Gefängnis kritzelte er unentwegt »K.P.« an die Wand. Der Wärter ermahnte ihn, nicht die Initialen der Kommunistischen Partei auf die Gefängnismauern zu malen, aber Benio beteuerte, daß dies nur die Initialen seiner allerliebsten Karola Piotrkowska seien. Als meine Familie 1921 nach Berlin zog, war Benio noch im Gefängnis und ich sah ihn erst später in Berlin wieder. Mit der Liebe war es zwar aus, aber die Freundschaft blieb erhalten. Zuletzt sah ich ihn 1960 in Israel, wohin er mit Frau und Sohn emigriert war. Als Andenken übergab er mir damals einen Packen Briefe, die ich ihm in jenen frühen Jahren geschrieben hatte.

BERLIN
1921–1933

Als mein Vater 1921 beschloß, Lodz zu verlassen und nach Berlin zu ziehen, waren wir Kinder glücklich. Die armselige Stadt Lodz hatte uns nie gefallen, wir freuten uns auf die Großstadt. Berlin stand im Ruf, trotz des verlorenen Krieges, des Elends, der Inflation, einen kulturellen Aufschwung zu erleben. Warum mein Vater Lodz verließ, weiß ich nicht genau. Wahrscheinlich wollte er den heranwachsenden Kindern bessere Bildungschancen bieten. Die Wohnung in Lodz wurde nicht aufgegeben, eine Haushälterin versorgte sie. Mein Vater pendelte zwischen Berlin und Lodz, wo er eine Bleibe brauchte. Seine Fabrik vergrößerte sich. Ende der zwanziger Jahre hatte sie, glaube ich, 600 Arbeiter.

Nach Berlin fuhren wir im Schlafwagen. Wir Kinder hatten ein Abteil mit vier Betten, die Eltern eins mit zwei. Es war ein schöner französischer Zug, die Abteile mit eleganten Schnörkeln verziert, fin de siècle. Wir lagen in unseren Betten, übermütig und lustig, machten eine Kissenschlacht und schliefen erst ein, als wir, am nächsten Morgen, schon fast in Berlin waren. Mit zwei Pferdedroschken fuhren wir in den Westen der Stadt, wo wir in der Pension Simon, Joachimsthaler Straße, angemeldet waren. Unterwegs entzückten uns die Dekorationen der Schaufenster auf dem Kurfürstendamm. Deutschland war arm nach dem verlorenen Krieg, man sah Krüppel und Bettler, aber an den Auslagen merkte man die Armut nicht. Auch die Pension Simon war hübsch eingerichtet. Die Besitzerinnen, eine alte Frau und ihre ältliche Tochter, bemühten sich sehr um ihre Gäste. Wir bezogen mehrere Zimmer. Das Essen allerdings war mäßig, das ewige Pflaumenkompott als Nachtisch schmeckte nach Gummi. Aber wir waren Schlimmeres gewöhnt. Gut kann ich mich an das erste Erwachen in Berlin erinnern. Es war ein schöner Frühlingsmorgen, draußen hörte ich das Traben einer Pferdedroschke, das mir sanft vorkam. In Lodz waren die Straßen nicht asphaltiert, sondern nur mit »Katzenköpfen« gepflastert; die harten Räder der Wagen machten einen ziemlichen Lärm. Wie verhalten klang mir dagegen diese Berliner Droschke in den Ohren! Wir konnten nicht schnell genug frühstücken, um uns so bald wie möglich die Stadt anzusehen. Wir waren schon einmal in Berlin gewesen, 1914, hatten damals aber nur die Gegend um das Schloß und die Prachtstraße Unter den Linden kennengelernt. In den Berliner Westen kamen wir 1921 zum ersten Mal. Die Atmosphäre dort nahm uns sogleich gefangen, sogar die Häuser aus der Gründerzeit beeindruckten uns, trotz ihrer Häßlichkeit. Wir gingen in Ausstellungen, lernten die Dada-Bewegung kennen, die nach dem Krieg aus der Schweiz nach Berlin gekommen war und als vehementer pazifistischer Protest viele Kriegsgegner begeisterte; wir erfuhren vom Cabaret Voltaire, das Hugo Ball in Zürich 1916 gegründet und in dem sich damals Romain Rolland, Tristan Tzara, ja, sogar Lenin, mit jungen Künstlern getroffen hatten, die in Bildern und Schriften ihren Haß gegen den Krieg ausdrückten. In Berlin gehörten George Grosz, John Heartfield, Wieland Herzfelde und viele Expressionisten diesem Kreis an. Die Zeichnungen und Bilder von George Grosz, Max Beckmann, Rudolf Schlichter überzeugten uns, sahen wir doch in den Straßen diese Krüppel, diese Dirnen, diese noch immer wilhelminischen Polizisten, die auch auf den Bildern der Maler zu sehen waren. Unsere Moskauer Erlebnisse erschienen uns jetzt wie eine Vorschule für diese Kunst.

Im Sommer dieses ersten Berliner Jahres fuhr die Familie nach Bad Pyrmont in ein vornehmes Hotel. Am Tage ging man viel spazieren und besichtigte auch das Heimatmuseum. Mich interessierten die schönen alten Möbel und Gebrauchsgegenstände. Unvergeßlich ist mir ein Dreipersonenbett: Es gehörte im 13. Jahrhundert dem Grafen von Gleichen, der die Kreuzzüge mitgemacht und aus dem Morgenland eine Türkin heimgebracht hatte. Obwohl er in Deutschland bereits verheiratet war, bekam er vom Papst Dispens und durfte fortan mit zwei Frauen leben. Sie schliefen alle drei in einem Bett – und dieses Bett war eine Sehenswürdigkeit.

Abends war meist Tanz und ich wurde viel aufgefordert. Mit einem meiner Tänzer, einem jungen Arzt aus Düsseldorf, ging ich oft spazieren. Wir diskutierten ausführlich über das Buch »Geschlecht und Charakter« von Otto Weininger, das ich gerade gelesen hatte. Wir waren uns einig in der Empörung über Weiningers Haß gegen die Frauen und die Juden. Der junge Mann schien von mir sehr beeindruckt zu sein. Eines Tages kam er zu meiner Mutter und »bat um meine Hand« (ich war gerade 16 Jahre alt). Meine Mutter wies ihn auf mein Schulalter hin, ich müsse noch das Abitur machen und sei außerdem so selbständig, daß ich über meine Zukunft selbst entscheiden könne. Meine Geschwister und ich lachten schallend, als uns meine Mutter von dem Heiratsantrag erzählte, es war wie in Fontanes »Effi Briest«. Der junge Mann war eingeschüchtert, sagte mir auch jetzt nichts von seiner Liebe, küßte meine Hand, schickte mir einen Strauß von 16 langstieligen weißen Rosen und fuhr weg. Dann kam aus Düsseldorf ein mehrere Seiten langer Brief voller Liebesbeteuerung und Verehrung; er flehte mich an, die Schule zu beenden und ihn dann zu heiraten. Er wollte warten. Ich habe kaum die Hälfte des Briefes verstanden, schon wegen der schwierigen Handschrift und der gehobenen Sprache. Immerhin bewahrte ich den Brief auf als meinen ersten Heiratsantrag; sonst aber machte ich mir aus dem Düsseldorfer gar nichts. Otto Weininger allein war zu wenig!

Von Bad Pyrmont ging es zurück nach Berlin. Der Ernst des Lebens fing an: Schulprobleme. Meine Schwester, die in Moskau ihr Abitur gemacht hatte, immatrikulierte sich an der Berliner Universität, für Nationalökonomie, glaube ich. Aber es war kein ernstes Studium, denn meine Eltern dachten in erster Linie daran, die ältere Tochter unter die Haube zu bringen.

Meine Brüder dagegen mußten sich, wie auch ich, noch für eine deutsche Schule vorbereiten. Ein Lehrer wurde engagiert, der ins Haus kam. Er hieß Kretzer. Ich sehe ihn noch vor mir – groß, hager, mit Brille und dünnen schwarzen Haaren. Er war sehr gebildet, hatte mehrere Doktortitel, war sympathisch und sachlich. Während meine Brüder, die in Lodz in ein deutsches Gymnasium gegangen waren, sehr bald in einem Berliner Gymnasium unterkamen, geriet ich in Schwierigkeiten. Mein Deutsch war nicht gut genug, um das große Pensum für das Abitur zu bewältigen. Auch sonst war der Schulstoff schwieriger als der in Lodz. Herr Kretzer riet vom Abitur ab. Da ich sowieso einen künstlerischen Beruf ergreifen wollte, entschied ich mich für die Kunstgewerbeschule Reimann, von wo ich später auf die Hochschule für bildende Künste am Steinplatz überwechseln wollte. Dort mußte ich eine Aufnahmeprüfung ablegen. Dazu brauchte ich vorbereitenden Zeichenunterricht, und jemand empfahl mir den expressionistischen Maler Ludwig Meidner als Lehrer. Er sei arm und halb verhungert; es täte ihm gut, etwas in den Bauch zu kriegen. Mit Geld konnte man in der Inflation nicht zahlen, es war bereits am nächsten Tag völlig entwertet. Man gab Naturalien: Brot, Butter, Fleisch. Ich bekam die Adresse von Meidner, er wohnte in der Motzstraße. Dorthin ging ich also und stieg, stieg, stieg die Treppen. Natürlich wohnte er ganz oben, fünftes Stockwerk. Ich klopfte an die Tür. Ein Spalt öffnete sich, und ich sah ein ganz kleines Männchen, häßlich, mit einem runden schwarzen Käppi auf dem Kopf. Er fragte: »Was wünschen Sie?« Ich sagte meinen Namen, ein bißchen eingeschüchtert, und nannte denjenigen, der ihn mir empfohlen hatte. »Ich möchte Zeichenunterricht haben, da ich eine Prüfung an der Hochschule für bildende Künste ablegen will.« Das alles sagte ich durch die Türritze. Darauf Meidner: »Kommen Sie rein.« Ich betrat einen Raum, in dem eine Unordnung herrschte, wie ich sie noch nie gesehen hatte. Da lagen haufenweise irgendwelche Papiere, Lappen oder ich weiß nicht was in dem sehr kleinen Zimmer verteilt. Es stand da allerdings auch eine Staffelei, und es gab in einer Ecke eine winzige Küche mit einem Kocher und einem Ausguß. Damit ich mich setzen konnte, mußte erst ein Stuhl freigemacht werden. Meidner warf den ganzen Wust kurzerhand auf den Fußboden. »Bitte, nehmen Sie Platz.« Wir fingen an miteinander zu sprechen und verstanden uns sofort. Er zeigte mir einige seiner Zeichnungen und Bilder. Ich war entzückt und sagte ihm, wie sehr mir seine Arbeiten gefielen, wie stolz ich sei, bei ihm lernen zu dürfen.

Meidner war ein gläubiger Jude, trug immer eine kleine runde

Kappe, wie ich sie von den polnischen Juden her kannte, aber in Deutschland bis dahin noch nicht gesehen hatte. Mich faszinierten seine klugen Augen, ungewöhnlich kluge, wie mir schien. Er war überhaupt gescheit, konnte auch schreiben, nicht nur zeichnen und malen. Später schenkte er mir sein Buch »Im Nacken das Sternenmeer« mit einer sehr schönen Widmung, in der er mich als Kanarienvogel gezeichnet hatte.

Bald darauf fing der Unterricht an: Es wurde ein Modell bestellt, ich zeichnete den Akt mit Kohle. Meidner setzte sich dann zum Korrigieren neben mich, und da konnte man sehen, was für ein leidenschaftlicher Zeichner er war. Besessen davon, nach einem Modell zu zeichnen, aber zu arm, um selbst eins zu bezahlen, war er froh, durch mich eines zu bekommen. Manchmal dachte ich, ich käme auf gar keinen grünen Zweig, weil nur *er* zeichnete. Doch er nahm sein Lehren sehr ernst, machte mich aufmerksam auf die Dinge, die bedeutungsvoll waren. Unter seinen Bildern, die er mir zeigte, beeindruckte mich besonders eines, das »Ich und die Stadt« hieß. In der Mitte Meidners Kopf, Entsetzen im Gesicht, rund um ihn hohe Steinhäuser, die auf ihn niederzufallen schienen. Apokalyptische Stimmung.

Und doch, wenn ich an Meidner zurückdenke, stehen im Mittelpunkt für mich nicht der Zeichenunterricht, so notwendig und schön er auch war, sondern die Gespräche mit ihm und die Begegnungen mit seinen Freunden und Bekannten im Atelier. Eines Abends, als ich nach Hause gehen wollte, sagte er zu mir: »Wollen Sie denn nicht noch ein bißchen bleiben, heute abend kommt ein junger Dichter, Johannes Becher, kennen Sie ihn?« – »Ja, dem Namen nach.« »Vielleicht kommt auch Alfred Wolfenstein.« Manchmal stieß auch ein schlesischer Landsmann von Meidner zu dieser Gesellschaft: Hermann Stehr. Die kleine Bude war oft ganz voll von Besuchern. Viele von ihnen waren junge Leute, ehemalige Schüler Meidners.

Ich blieb häufig abends in der Motzstraße. Manchmal kam ich erst um 2 Uhr in der Nacht nach Hause. Meine Mutter war keineswegs einverstanden: »Wo bleibst du denn so lange, du bist doch schließlich erst siebzehn.« Ich erzählte dann, was für interessante Menschen zu Meidner kämen und wie spannend die Gespräche wären, da könne ich mich nicht von der Gesellschaft trennen.

Zu diesen Zusammenkünften bei Meidner brachte jeder seine Stulle mit, es waren ja alle arm. Man sprach über Gott und die Welt. Und die Politik spielte eine große Rolle. Die Weimarer Republik erlebte eine heiße Zeit: kommunistische Unruhen in Hamburg, im Ruhrgebiet, Räterepublik in München, Rechtsextremismus, Mord an Erzberger, Rathenau, Leviné. Die Meidner-Gäste waren zum Teil Kommunisten wie Becher, aber es kamen auch bürgerliche Demokraten.

Wenn ich mit Meidner allein war, erzählte er viel von sich. Er war ein verzweifelter Mensch, nicht nur für seine Person, er sah schwarz für die Welt und hatte geradezu prophetische Visionen von der Zukunft der Menschheit. Das sah man in seinen apokalyptischen Bildern. Im ersten Weltkrieg hatte er sich den expressionistischen revolutionären Malern angeschlossen und mit ihnen den Sozialismus als den einzigen Ausweg aus der Misere gefordert. Aber als ich ihn kennenlernte, 1922/23, war er desillusioniert, flüchtete in die Religion, suchte Trost in der Bibel. Er mokierte sich etwas über meinen Kommunismus. »Sie kommen doch aus einem reichen Haus, warum machen Sie das? Sicher wollen Sie nur Ihre Eltern ärgern.« Ich erzählte ihm nun von meinem Erlebnis der Russischen Revolution, wie sie mich schon als Kind geprägt hatte. Meidner und ich mochten uns gern, die Gespräche mit ihm waren für mich von großer Bedeutung.

Bei Meidner lernte ich eines Tages auch Fränze Herzfeld kennen. Sie kannte Ernst Bloch, schätzte ihn außerordentlich, aber nicht so sehr als Philosophen, sondern als Schriftsteller, Erzähler und vor allem als fabelhaften Gesellschafter. Bloch hatte damals schon »Geist der Utopie« und »Thomas Münzer« veröffentlicht. Aber ich hörte seinen Namen zum ersten Mal und in erster Linie als den eines »entzückenden Menschen«. »Den müssen Sie mal kennenlernen, der wird Ihnen bestimmt gefallen«, sagte Fränze Herzfeld und lud mich zu sich ein. Aber Ernst Bloch habe ich damals nicht bei ihr gesehen. Ich sollte ihn erst einige Jahre später kennenlernen, und Fränze behielt recht – er gefiel mir sehr gut. Aber schon damals 1922/23 hat Fränze Herzfeld Bloch erzählt, sie habe bei Ludwig Meidner ein junges schönes Mädchen kennengelernt, eine »anima candida«, eine reine Seele, die sehr begeisterungsfähig und an allem interessiert sei.

Durch die Begegnung mit Fränze Herzfeld, die sehr viel von Philosophie wußte (später hat sie in Paris, als die Deutschen die Stadt besetzten, Selbstmord begangen), kam mir der Gedanke, daß mir auf die Dauer das Zeichnen allein nicht genügen würde. Ich begann also, mich mit Philosophie zu beschäftigen. Ich erfuhr von Bekannten, daß in unserer Nähe ein Philosoph lebte, Kurt Sternberg, der Unterricht in Geschichte der Philosophie gab und auch Bücher schrieb. Ich ging zu ihm und wir wurden schnell handelseinig: Auch diese Stunden mußten mit Naturalien bezahlt werden. Ich erzählte Sternberg, daß ich mich auf ein Studium an der Hochschule für bildende Künste vorbereitete und bisher vorwiegend gezeichnet hätte. »Ich weiß etwas über Kunst, lese Kunstbücher, auch literarische Werke, aber von Philosophie habe ich wenig Ahnung.« »Ich helfe Ihnen gern«, sagte er. Also ging ich zu ihm, und er begann, mich mit den großen Griechen bekannt zu machen, mit den Vorsokratikern, mit Platon. Er ging ziemlich systematisch vor, übersprang jedoch die mittelalterliche Philosophie, um vor allem zu *seinem* Philosophen zu kommen: zu Kant. Er war, wie sich herausstellte, ein Neukantianer.

Später haben wir uns überworfen, denn plötzlich kamen wir auf politische Themen zu sprechen, und da stellte sich heraus, daß Sternberg ein typischer deutschnationaler Jude war. Er gehörte zu jenen Menschen, die mir später, nach 1933, besonders leid taten, eben weil sie als Juden so begeisterte Deutsche gewesen waren. Sternberg sprach von Deutschland mit großer Liebe, die deutsche Philosophie ging ihm über alles. Aber politisch war er ganz konservativ. Ich wurde immer wütender und wütender und sagte schließlich: »Wie können Sie bloß so denken in dieser Zeit, in der die Welt sich ändert, so oder so, nicht nur in Rußland. Denken Sie nur an das, was heute bei uns passiert, denken Sie an die Schieber, es wimmelt von ihnen, sie verdienen an der Inflation, sie haben gutes Geld, das Volk hat nichts. Finden Sie nicht, daß hier etwas getan werden muß, Herr Sternberg?«Einmal stritten wir so sehr (ich glaube, er hatte den Krieg von 1914 verteidigt), daß ich ihm einen Bleistift ins Gesicht warf – aus purer Wut, ich war eben temperamentvoll. Dann aber dachte ich mir: Nein, so eine Philosophie ist nichts für dich! Wenn man nur lernen darf, daß es einen Thales, einen Heraklit oder einen Protagoras gegeben habe . . . und den ganzen Stoff ohne politische und soziale Analyse in sich hineinstopfen sollte, dann blieb die ganze Sache abstrakt und hatte nichts Zukunftsweisendes an sich. Für mich gibt es keine Philosophie, die frei in der Luft schwebt. Von Marx wußte ich damals noch wenig, aber ich hatte von seiner Bedeutung gehört. Gelesen hatte ich nur das »Kommunistische Manifest«, von Lenin »Was tun?« und »Der linke Radikalismus, die Kinderkrankheit des Kommunismus«. Dazu auf Russisch einige seiner kleinen Schriften und politischen Aufsätze.

In Berlin gab es damals sehr viele russische Emigranten. Ich hatte Verbindung zu manchen von ihnen. Sie waren durchaus nicht alle Weißgardisten, besonders die jungen Menschen nicht, die mit den Bolschewiken sympathisierten. Manche von ihnen gingen später in die Sowjetunion zurück. Wenn irgendwelche Schriften aus Rußland kamen, verschlangen wir sie gierig. Besonders die Kulturrevolution hatte es uns angetan. Schon 1918, als Kind in Moskau, hatte ich einiges über den Proletkult erfahren, aber nicht alles begriffen. Nun, vier – fünf Jahre später konnte ich diese neue revolutionäre Strömung erfassen. Sie war sehr radikal, gewillt, die bürgerliche Kultur zu zerstören und eine neue, proletarische zu schaffen. Sogar die großen Dichter wie Puschkin, Gogol, Tolstoj wurden verworfen. Die Arbeiter sollten selbst schreiben, ihre Maschinen verherrlichen; in der Musik sollten die Fabrikgeräusche einkomponiert werden, das Theater sollte von Ort zu Ort wandern. Man forderte, daß die Masse des Volkes sich mit dem Inhalt der Theaterstücke identifizieren könne. Dampfer und Waggons wurden mit Bildern und revolutionären Losungen bemalt. Eisenbahnwagen verwandelten sich in Schulräume für Erwachsene. Der Kampf gegen das Analphabetentum wurde aufgenommen. Die Verantwortlichen in der Partei aber, Lenin an der Spitze, lehnten

die Zerstörung der alten Kultur ab, proklamierten ihre fortschrittliche Beerbbarkeit. So konnte der Proletkult sich nur einige Jahre
halten, brachte jedoch viel Bewegung, Anfeuerung für die Massen.

Natürlich wurde im Meidner-Kreis viel über diese Dinge gesprochen. Ich brachte russisches Material mit, Bilder der bemalten Ei-
senbahnzüge, Plakate usw. Die Abende wurden immer länger.
Und meine Mutter war jedes Mal außer sich, wenn ich so spät nach
Hause kam. Sie dachte: »Vielleicht hat Karola ein Techtelmechtel
mit diesem Maler, man weiß ja, wie die Künstler sind.« Ich versicherte ihr, daß ich mich nie in einen Mann wie Meidner verlieben
könnte. »Damit du dich aber selbst überzeugen kannst, lade ihn
doch zu uns zum Abendessen ein.« Meine Mutter war einverstanden. Ich sagte ihr, sie dürfe nicht Fleisch und Milch zusammen an-
bieten, denn Meidner sei ein frommer Jude, der nur koscher esse,
und schlug ein fleischloses Essen vor. Meine Mutter war baß erstaunt: »Du hast komische Bekannte, nie hätte ich gedacht, daß
ausgerechnet du mit so einem orthodoxen Juden befreundet sein
würdest.« Am Abend wurde der Tisch schön gedeckt, das Essen
von einem Hausmädchen aufgetragen. Meidner kam herein mit
seinem Käppchen auf dem Kopf, ging an den Tisch und sagte:
»Erst kommt das Gebet.« Er blieb stehen und sprach ein jüdisches
Gebet. Meine Mutter aber sah vor allem, daß der Gast häßlich und
ganz klein war, ein verhutzeltes Männchen, trotz seiner schönen
und klugen Augen. (Es gibt manche Selbstporträts von Meidner,
die ihn gut wiedergeben.) Ich werde nie vergessen, wie sie mich an
diesem Abend öfters von der Seite ansah, so, als ob sie sagen wollte: »Nein, ich glaube doch nicht, daß du mit diesem Mann ein Liebesverhältnis hast.«
Jedenfalls begann das Essen mit Beten; dann gab's Blumenkohl auf
polnisch und dann sprach der Gast von der jüdischen Religion.
Nicht von der Malerei. Er sah gleich, daß meine Eltern nicht viel
davon verstanden, sondern sich eher in den jüdischen Gesetzen
auskannten. So verlief der Abend glimpflich, meine Mutter war
beruhigt, und ich konnte weiterhin zu Meidner gehen und ohne
Vorwürfe die halben Nächte bei ihm verbringen.

33

Unter denen, die sich im Meidner-Kreis in mich verliebten, war der Dichter Alfred Wolfenstein. Eines Abends, nach einer kleinen Party bei Bekannten, brachten mich Becher und Wolfenstein nach Hause. Plötzlich flüsterte mir Wolfenstein ins Ohr, ob er nicht einmal mit mir alleine sein könne. Aus einer Laune heraus antwortete ich: »Ja natürlich, warum nicht.« Wir verabschiedeten uns vor dem Haus meiner Eltern in der Lietzenburger Straße, ich legte mich schlafen. Plötzlich klopfte es an meine Tür. Unser Hausmädchen kam herein und sagte mit aufgeregter Stimme: »Fräulein Karola, da draußen steht ein Mann und möchte Sie sprechen.« Ich ging hinaus, machte die Tür ein wenig auf und wen sah ich? Wolfenstein! »Herr Wolfenstein, was wollen Sie denn hier?« – »Sie haben doch gesagt, Sie würden gern mal mit mir allein sein.« – »Sind Sie denn verrückt geworden, jetzt kommen Sie zu mir, in dieses bürgerliche Elternhaus, wecken das Hausmädchen auf, mitten in der Nacht . . . Wie sind Sie denn überhaupt hereingekommen, das Haus wird doch abends geschlossen?« »Es kamen gerade Leute, da habe ich mich mit ihnen durchgeschmuggelt.« Ich gab ihm meinen Schlüssel, damit er das Haus wieder verlassen konnte. Von da an habe ich den Dichter etwas gemieden, und er hat auch keine neuen Annäherungsversuche gemacht.

Ich war in dieser Zeit viel mehr an geistigen Erlebnissen und Gesprächen als an Liebeseskapaden interessiert. Ich hatte auch bis dahin keine wirkliche Liebe erlebt. Wie ich später erfuhr, war der Überfall von Wolfenstein ein Streich von Becher gewesen, der als böser Kobold bekannt war. Er kolportierte auch die Geschichte, daß mein Vater an dem ominösen Abend im Nachthemd in die Diele gestürzt wäre und den armen Wolfenstein die Treppe hinuntergeworfen hätte. Eine reine Fiktion, denn meine Eltern waren an dem fraglichen Abend verreist gewesen – Gott sei Dank!

Unberührt von solchen Ereignissen dauerte meine Freundschaft mit Meidner an, auch nachdem ich die Aufnahmeprüfung der Hochschule für bildende Künste bestanden und dort zu studieren begonnen hatte.

Irgendwann heiratete Meidner dann eine Malerin und zog um. Von da an sahen wir uns seltener. In der Nazizeit emigrierte er

34

nach London. Ich verlor seine Spur. Aber 1953 kehrte er nach Deutschland zurück, allein: Von seiner Frau hatte er sich getrennt, sein Sohn David war nach Israel gegangen. Als ich in der DDR lebte, erfuhr ich durch Zufall seine Adresse. Er wohnte in der Nähe von Frankfurt am Main, in Marxheim. Ich schrieb ihm aus Leipzig und bekam einen reizenden Brief zurück, in seiner schönen, großen Graphikerschrift. Er erinnerte an die alten Zeiten und machte mir eine späte Liebeserklärung – seinerzeit habe er nicht gewagt, mir das zu sagen.

Als Ernst Bloch und ich im Herbst 1958 von Leipzig aus nach Frankfurt fuhren, um an einer Hegel-Tagung teilzunehmen, schrieb ich Meidner, daß ich ihn in Marxheim besuchen wolle. Dieses Mal brauchte ich nicht so viele Treppen zu steigen, er wohnte im Erdgeschoß. Als ich aber den Raum betrat, wähnte ich mich wieder in der Motzstraße anno 1922. Das jetzige Zimmer war größer, aber die Unordnung die gleiche. Ein riesiger Berg von Zeitungen, Ramsch, Lappen lag auf dem Fußboden. Der Tisch war bedeckt mit Zeichenpapier, Pinseln, Tuschflaschen. Ich fühlte mich zu Hause, wie beim früheren Meidner. Es gab eine herzliche Begrüßungsumarmung, und wir beäugten uns neugierig. Er hatte sich eigentlich wenig verändert, ich mich wahrscheinlich mehr. Ich nahm Platz an dem voll belegten Tisch. Meidners Schüler, der dabei war, fing emsig an, etwas Platz zu schaffen. Meidner ging an den Kleiderschrank, kramte in seiner Wäsche und zog einen Schein heraus. Er gab dem jungen Mann das Geld und sagte: »Jetzt holst du aber Kuchen für Karola; spare nicht, den besten holst du, verstanden?« Der Schüler ging, Meidner brachte Teller und Tassen, wir tranken Kaffee und das Erzählen nahm kein Ende. Doch schon bald holte er sich ein Blatt Papier und begann, mich mit Kohle zu zeichnen. Ich erinnerte ihn daran, daß er einmal eine Radierung von mir gemacht habe, die er mir nie hatte verkaufen wollen. »Die habe ich immer bei mir«, sagte er bedeutungsvoll, kramte in einer Mappe und zeigte mir das Blatt, das ich auch jetzt noch sehr schön fand. Aber er wollte es mir immer noch nicht überlassen. Er bedauerte, daß Bloch nicht hatte mitkommen können; er hätte ihn gerne kennengelernt.

Nach dieser Begegnung sah ich Meidner jahrelang nicht mehr. Erst 1964, drei Jahre nachdem wir in die Bundesrepublik übersiedelt waren, hatte ich Gelegenheit, ihn wiederzutreffen. Man feierte seinen 80. Geburtstag in Darmstadt, wohin er inzwischen umgezogen war. Ich fuhr hin und freute mich, ihn so glücklich zu finden. Gemeinsam gingen wir durch die große Ausstellung seiner Bilder und Graphiken. Er malte jetzt nicht mehr expressionistisch, mehr naturalistisch, aber immer mit seiner eigenen Note und der alten Vorliebe für Blau, Grün und Gelb. Es gab ein großes offizielles Essen, für mich aber vorher noch einen Besuch in seiner jetzigen, gar nicht zu ihm passenden Neubauwohnung. Seine Frau Else war zur Feier von London nach Darmstadt gekommen. Sie brachte viele eigene Bilder mit, mit denen sie die Wohnung überschwemmte. Ich hatte aber das Bedürfnis, mich auf Meidner zu konzentrieren. Das war das letzte Mal, daß ich ihn gesehen habe. Er starb 1966.

Doch zurück nach Berlin in das Jahr 1922. Aus der Pension Simon zogen wir in eine große möblierte Wohnung in der Kleiststraße. Während dieser Zeit wurde an einem eigenen Domizil für uns gebaut: Mein Vater besaß ein Haus in der Lietzenburger Straße 7 und ließ über dem ganzen Haus eine Etage aufstocken. Es wurde eine schöne 10-Zimmer-Wohnung mit zwei zusätzlichen Zimmern für Köchin und Hausmädchen und einem Frühstücksraum, dessen Wände von meinem Bruder, mir und jungen Freunden mit lustigen Sprüchen und ulkigen Bildern ausgemalt wurden.

Einer dieser jungen Freunde war Xanti Schawinsky, der später Meister im Bauhaus wurde. Xanti war ein vitaler, lebenslustiger Mensch, ein gern gesehener Gast in der Lietzenburger Straße. Auch er bereitete sich für die Prüfung an der Hochschule für bildende Künste vor. Wir studierten eine Zeitlang zusammen, bis Xanti ins Bauhaus nach Weimar überwechselte. Dort konnte man Malerei, Bildhauerei, Weberei, Industrial Design, Architektur, auch Innenarchitektur, kurz alles, was mit der bildenden Kunst zusammenhing, studieren. Einmal lud mich Xanti zu einem Bauhaus-Fest ein. Es dauerte drei Tage und drei Nächte. Ich war wie berauscht. Xanti ging mit mir auch in die Ateliers der Meister. Besonders gefiel mir Paul Klee – nicht nur seine Bilder, auch seine schönen, großen braunen Augen fand ich herrlich, Augen, wie man sie nur bei Malern erlebt. Moholy-Nagy's montierte Kästchen, Zahnräder, Glassplitter faszinierten mich sehr. Dieser Ungar sprach mit starkem Akzent, voller Leidenschaft. Wunderbar fand ich das Triadische Ballett, das Oskar Schlemmer geschaffen hatte. Ich erinnere mich noch an die phantastischen pyramiden- und kugelförmigen Kostüme der Tänzer. Ich war hingerissen von den Einfällen, die die Künstler des Bauhauses hatten, der Art, wie sie Gedichte vortrugen, unsinnige Worte skandierten, die dann sinnvoll wurden: Es war eine akustische Pantomime. Die Phantasie kannte keine Grenzen.

Zurück in Berlin fand ich nach all den Erlebnissen meine Hochschule am Steinplatz etwas fade. Mein Hauptlehrer war Professor Böhm, ein fähiger Kunstgewerbler, aber ohne das Genie der Bauhauskünstler. Ich lernte Emaillearbeiten, Porzellanmalerei, Mosaik aus Glas und gespalteten Strohhalmen. Ich habe sogar einige Arbeiten an die Deutschen Werkstätten verkaufen können, was mich und die Eltern mit Stolz erfüllte. Aber das Kunstgewerbe befriedigte mich nicht, ich wäre viel lieber in die Technische Hochschule gegangen, um Architektur zu studieren. Die moderne Architektur, ihr Licht-Luft-Grünanlagen-Programm, die Auflehnung gegen die düsteren Hinterhöfe, neue Raumvorstellungen, neue Materialien fand ich äußerst anregend. Aber ich hatte damals noch kein Abitur und darum war mir die Technische Hochschule nicht zugänglich.

ALFRED KANTOROWICZ

Inzwischen hatte sich etwas Neues in meinem Leben ereignet: Ich verliebte mich zum ersten Mal richtig. Im Sommer war ich in Heringsdorf an der Ostsee gewesen und hatte dort Alfred Kantorowicz kennengelernt. Er war groß und hager, das Gesicht markant und sensibel. Von Beruf Journalist, schrieb er für die Vossische Zeitung, war arm und ziemlich bedürfnislos, aber ehrgeizig. Er träumte davon, Romanschriftsteller zu werden. Politisch stand er mir nicht links genug, aber die Zuneigung überwog die politischen Differenzen. Kanto, wie er von Freunden genannt wurde, hoffte, daß die bürgerliche Demokratie eine soziale Gerechtigkeit schaffen würde. Als junger Mensch war er Zionist gewesen. Das Thema seiner Dissertation hieß »Die völkerrechtlichen Grundlagen des nationaljüdischen Heims in Palästina«. Diese Phase war vorbei, als ich ihn kennenlernte. Während seines Studiums in Erlangen hatte er böse Erfahrungen mit nationalistischen, völkischen, antisemitischen Kommilitonen gemacht. Er haßte dieses »Pack«, wie er sagte. Umso mehr liebte er das bessere Deutschland, seine Dichter und Denker. Heinrich Mann verehrte er sein Leben lang. Mir schenkte er den »Untertan« und meinte, daß der Autor den deutschen Kleinbürger wie mit Röntgenstrahlen durchleuchtet hätte. Natürlich las ich den Roman sofort und kann bis heute jene Stelle nicht vergessen, wo der Held des Romans seine Geliebte schwängert und als sie ihn bittet, sie zu heiraten, zur Antwort gibt: »Du wirst doch nicht erwarten, daß ich eine Frau heirate, die keine Jungfrau mehr ist!«

Die Verachtung solchen Kleinbürgertums verband uns sehr und sorgte dafür, daß uns der Gesprächsstoff auch später in Berlin nie ausging. Hier wohnte Alfred mit einigen Freunden in einer möblierten Wohnung in der Kleiststraße. Das waren junge Intellektuelle, die es nicht weit gebracht hatten. Bohemiens mit allen Vor- und Nachteilen. Ich kam in eine Räuberhöhle, verglichen mit unserer eleganten Wohnung. Es gab oft nichts zu essen. Ich schleppte von zu Hause fort, was immer ich konnte. Unsere gutmütige, kugelrunde Köchin Marie packte mir Pakete, meine Mutter merkte kaum etwas. Einer in der Kleiststraße hieß Harry Landry, ein kluger, lebhafter, philosophisch und literarisch gebildeter Mensch, der sich für ein Genie hielt. Seine Freunde teilten diese Meinung. Trotzdem wußte niemand so recht, worin denn eigentlich sein Genie bestand. Landry hatte sein Studium nicht beendet, er schrieb für Zeitschriften. Gerne telefonierte er mit einem Freund in London. Sein »how do you do« kostete viel Geld, oft war das Telefon wegen unbezahlter Rechnung gesperrt. Ich zahlte die Rechnung, wurde eine Goldmine für die armen Teufel. Landry hatte eine sympathische und kluge Frau, Erika Hirsch, die später mit Sebastian Haffner verheiratet war. Ihre Schwester war eine berühmte Kabarettistin, Annemarie Hase, der Bruder ein Mathematiker, der später in den USA Professor wurde. Erika, ihre Schwester und ihren Bruder habe ich nach Jahrzehnten wiedergesehen. Auch Harry besuchte ich einmal in München Anfang der sechziger Jahre. Er war mit einer amüsanten Person verheiratet, hatte von verschiedenen Frauen mehrere Kinder und bewahrte seine genialischen Allüren, aber was er nun eigentlich tat, blieb mir nach wie vor verborgen. Auch an einen zweiten Freund Kantos, Lehrmann, kann ich mich erinnern. Er hat mich einmal sehr hereingelegt. Als er hörte, daß sich mein Bruder für sein Zimmer eine Bibliothek zusammenstellen wollte, beteuerte er mir, daß er Beziehungen zu verschiedenen Verlagen hätte, so daß mein Bruder die Bücher verbilligt bekommen könnte. Das Geld allerdings müßte im voraus bezahlt werden. Da es schon nach 1923 war, also nach der Stabilisierung der deutschen Mark, die einen festen Wert bekam, kriegte Lehrmann einen schönen Batzen Geld in die Hand. Nach einiger Zeit, als die Bücher noch immer nicht ankamen, fragte ich nach ihnen. Ja, ja, sie werden schon kommen, war die fröhliche Antwort. Inzwischen studierte Izio Wirtschaftswissenschaften, obwohl er eigentlich auch gerne Architekt geworden wäre. Aber mein Vater wollte seinen ältesten Sohn als Erben für die Lodzer Fabrik haben und Izio konnte sich gegen den starken Vater nicht durchsetzen.

In der Räuberhöhle in der Kleiststraße gab es noch einen dritten Freund, Hans Joachim, einen begabten Schriftsteller, der mehrere Hörspiele geschrieben hatte, ein ernster, ein besonderer Mensch. Er war Kantos bester Freund. 1933 emigrierte Joachim nach Paris. Dort geriet er später in die Hände der Gestapo und wurde umgebracht. Kanto hat nach dem Kriege versucht, ein Hörspiel dieses Freundes über Victor Hugo zu veröffentlichen, aber es gelang ihm nicht.

Damals in der Kleiststraße war immer die Bude voll und immer etwas los: Zusammenkünfte, Diskussionen, Partys. Geld wurde gepumpt, Geselligkeit mußte sein. Zu einer solchen Party kam eines Tages auch Ernst Bloch mit seiner zweiten Frau Linda, einer Malerin aus Frankfurt. Ich sah ihn zum ersten Mal. Er war in Nordafrika gewesen und trug einen Burnus und arabische Pantoffeln. Ich tanzte mit ihm, wie mit anderen auch. Zu einem Gespräch, das mir in Erinnerung geblieben wäre, kam es nicht. Ich liebte Alfred so sehr, daß mich andere Männer nicht nachhaltig zu interessieren vermochten.

Meine Eltern allerdings waren mit meinem Auserwählten keinesfalls einverstanden. Als ich mitteilte, daß ich ihn heiraten wolle, gab es einen Krach ohnegleichen. Sie hatten sich einen anderen Schwiegersohn vorgestellt. Kanto war arm, nicht schön und imponierte meinen Eltern gar nicht. Nur mein Bruder Izio unterstützte mich und war immer sehr nett zu Alfred. Im Sommer gingen wir oft nach Kladow, einem Ort am Ufer des Kladow-Sees, wo der Lyriker Peter Huchel ein Quartier hatte. Huchel gehörte auch zum Kreis um Kanto, er war besonders mit Hans Joachim befreundet.

Am 21. Januar 1924 starb Lenin. Izio und ich gingen in ein Kino, in dem ein russischer Film über die Trauerfeier gezeigt wurde. Wir weinten und mit uns viele der Kinobesucher, auch die russischen Menschen auf der Leinwand weinten. Es war bezeichnend, daß ich mit meinem Bruder dort hingegangen war und nicht mit Alfred.

Ich dachte darüber nach und es war mir schmerzlich, daß Alfred und ich in einer wesentlichen Beziehung nicht ganz übereinstimmten.

Um mich von Berlin und Kanto abzulenken, schlug mir meine Mutter vor, mit ihr nach Vichy, wo sie eine Kur machen wollte, und nach Paris zu reisen. Zum ersten Mal war ich in Paris, ließ meine Mutter oft allein, die mehr Interesse für die Kleider- und Wäschegeschäfte hatte als für Museen. Mein Bruder Izio, der damals in Genf studierte, besuchte uns, so daß ich einen passenden Begleiter für Stadtbesichtigungen und Museen hatte. Auch mein jüngerer Bruder Dadek, der gerade sein Abitur gemacht hatte, kam. Er war ein schöner, intelligenter, auch sportlicher Mensch und wollte nach den Ferien im Bauhaus Architektur studieren. Ich liebte ihn sehr. Während meine Mutter Crépe-de-Chine-Unterwäsche, handbestickt und kostbar, für die Mitgift meiner Schwester kaufte, verbrachte ich mit meinen Brüdern wunderbare Tage in Paris, auch schöne Abende im Theater oder in den glanzvollen Revue-Veranstaltungen. Dadek wollte von Paris aus in die Normandie ans Meer fahren. Wir verabschiedeten uns. Es war das letzte Mal, daß wir ihn sahen. In der Normandie bekam er plötzlich eine Herzattacke und starb innerhalb weniger Minuten. Wir erfuhren das kurz nach unserer Rückkehr in Berlin. Mein Vater fuhr sofort nach Frankreich. Die Leiche wurde nach Polen überführt und auf dem Friedhof in Lodz begraben. Es war ein großer Schmerz für uns alle. Vielleicht war die Krankheit, die ich kurz danach bekam, psychosomatischer Natur. Ich hatte ständig erhöhte Temperatur, bis 38,5°, war sehr apathisch. Meine Lunge war angegriffen und die Ärzte rieten zu einem Klimawechsel.

Im Winter gelang es mir, nach Berchtesgaden zu fahren. Dort hatte ein Onkel von Alfred ein Haus mit Gästezimmern. Meine Eltern wußten nicht, daß ich zu Kantos Onkel fuhr, sie hatten aber gegen meinen Reiseplan keine Einwände. Es wurde ein wunderschöner Aufenthalt bei sehr sympathischen Menschen. Außer mir wohnte noch ein älterer Mann im Haus, der gerne Schach spielte. Er brachte mir das Spiel bei, es wurde auch meine Leidenschaft, die mich bis in die Träume beschäftigte. Einmal träumte ich, daß das

Pferdchen auf meinem einen Auge saß und über die Nase aufs andere Auge sprang und es eindrückte. Alfred konnte nicht immer in Berchtesgaden sein, kam aber öfters, und dies waren vielleicht die glücklichsten Tage unserer Liebe. Wir planten, sobald ich wieder gesund sein würde, zu heiraten. Kanto schenkte mir damals ein Buch über Eleonora Duse, das mich sehr beeindruckte. Jahrzehnte später war ich mit Ernst in Asolo, der Geburtsstadt der Duse. In Erinnerung an jenes Buch ging ich in das Duse-Museum und auf den Friedhof, wo sie begraben liegt.

In jenen Tagen machten wir schöne Ausflüge. Oft zog mich Alfred auf einem Schlitten, dann gab es Schneeballschlachten, wir waren jung, ausgelassen, verliebt.

Zurück in Berlin mußte ich erleben, wie sich meine Eltern bemühten, meine Schwester zu verheiraten, und zwar durch Heiratsvermittlung. Die Einwilligung in diese entwürdigende Unternehmung nahm ich meiner Schwester sehr übel.

Ich erinnere mich, daß einer der Bewerber ein gewisser Professor Schneersohn war. Meine Eltern luden ihn zum Essen ein, es ging sehr vornehm zu. Aber Herr Schneersohn war keinesfalls anziehend, das Essen fand umsonst statt. Maryla wollte von Herrn Schneersohn nichts wissen. Ich war darüber sehr froh, denn ich wußte, daß Maryla in einer besonderen Situation war: Sie hatte auf der Universität einen Griechen kennengelernt, Harry M., die beiden liebten sich. Harry war ein gutaussehender und bezaubernder Mensch. Er kam aus »bester« Familie, sein Vater war Minister in Athen. Er war häufig zu Gast bei uns, wir alle mochten ihn gern. Aber er hatte nur einen Fehler: Er war kein Jude. Meine Eltern würden nie einer Ehe mit einem Christen zugestimmt haben. Obwohl ich meine Schwester beschwor, einfach mit Harry davonzulaufen, wollte sie als gute Tochter den Eltern diesen Schmerz nicht antun.

Wir waren sehr verschieden, Maryla und ich. Sie hielt mich für exaltiert, aufwieglerisch, kompromißlos, und ich fand sie langweilig und nachgiebig. Die schöne Liebe zu Harry endete mit der Trennung. Meine Schwester heiratete später einen Mann, den sie durch Heiratsvermittlung kennengelernt hatte und der sich in keiner Weise mit Harry M. messen konnte. Nach vielen Jahrzehnten sollte ich jedoch Harry wieder begegnen.

Im Jahre 1960 besuchte ich meine Schwester in Tel Aviv. Ich flog von Leipzig nach Athen und nahm nach einigen Tagen ein Schiff von Piräus nach Haifa. In Athen fiel mir ein, daß Harry dort noch leben könnte. Der Portier im Hotel fand tatsächlich die Telefonnummer und man kann sich das Erstaunen, aber auch die Freude von Harry vorstellen, als er von meiner Anwesenheit in Athen erfuhr. Gleich kam er zu mir ins Hotel. Wir aßen zusammen. Er schlug vor, am Abend gemeinsam auf die Akropolis zu gehen. Er wollte mir Stellen zeigen, die sonst Touristen nicht zu sehen bekamen. Nach unserem Rundgang setzten wir uns auf die Stufen des Nike-Tempels, eines Tempels, dessen Details ich gut kannte: Als Architekturstudentin hatte ich ihn im großen Maßstab gezeichnet. Es war Vollmond, die Akropolis sah in diesem Licht schöner aus denn je. Und nun erzählte mir Harry von seiner Liebe zu Maryla. Er hatte zwar geheiratet, hatte auch einen Sohn, aber die Ehe war nicht glücklich. Beruflich hatte er Karriere gemacht, er war Gerichtspräsident. Aber er machte mir dennoch einen traurigen Eindruck. Als ich abreiste, brachte er mich ans Schiff in Pyräus. Seitdem habe ich ihn nicht wiedergesehen.

Zurück nach Berlin 1926. Der Aufenthalt in Berchtesgarden hatte mir gesundheitlich nicht geholfen. Das Fieber wollte nicht weichen, und nun sollte ich in den Süden fahren. Man entschloß sich für ein Sanatorium in Lugano, mit anschließendem Aufenthalt an der französischen Riviera in Menton. Dort leistete mein Bruder mir Gesellschaft, wir genossen den Karneval in Nizza, die duftenden Mimosen mitten im Winter. Meinen 22. Geburtstag verbrachte ich in dieser schönen Gegend.

Inzwischen hatte Kantorowicz eine Stelle in Mannheim bekommen, als Redakteur an der Mannheimer Zeitung. Mein Bruder und ich beschlossen, auf dem Heimweg in Mannheim haltzumachen, um Alfred zu besuchen. Wir wohnten in Heidelberg in einer Pension an der Hauptstraße. Eines Tages sagte Kanto, Ernst Bloch sei auch in Heidelberg, ob wir nicht zusammenkommen wollten? Bloch sah anders aus als damals auf der Party in Berlin. Er war sehr mager geworden, was ihm gut stand. Zu dieser Zeit war er ziemlich heimatlos. Seine zweite Ehe mit Linda war nicht glücklich gewesen, sie hatten sich getrennt, ihr Haus in Berlin-Zehlendorf aufgegeben und die Möbel irgendwo eingelagert. Bloch hatte sich eine Zeitlang in Ludwigshafen, seiner Geburtsstadt, aufgehalten, wo er bei seinem Schulfreund Max Hirschler und dessen Frau gewohnt hatte (Hirschlers blieben bis zu ihrem Tode intime Freunde von Ernst. Er hat bei ihnen manches Mal ein Stück Heimat gefunden. Später in der Emigration in den USA ist Ernst oft zu Hirschlers nach Lewiston, Maine gefahren, er fühlte sich bei ihnen immer zu Hause). Und nun saßen wir mit Bloch an einem schönen Frühlingstag in einem Heidelberger Kaffeehaus oben am Berg auf einer Terrasse, von der man das Schloß sehen konnte, den Neckar, die prachtvolle alte Brücke, die herrliche Landschaft. Bloch erzählte von Nordafrika, von Paris. Kanto verließ uns nach einer Weile, er mußte in die Redaktion. Mein Bruder und ich aber hörten weiter mit angehaltenem Atem zu. Izio flüsterte mir polnisch zu: »Was für ein ungewöhnlicher Mensch! So einen Erzähler habe ich noch nie erlebt.« Ich war zu verzückt, um etwas zu antworten. Wie verblaßten alle Gestalten, die ich bis dahin in meinem Leben getroffen hatte, im Vergleich mit diesem Vulkan von einem Menschen. Ich spürte das Gewicht, das diese Begegnung für mich hatte, und auch Bloch schien nicht unbeeindruckt. Wir verabredeten uns für den nächsten Tag – Izio mußte zurückreisen – nur wir zwei. Da erzählte mir Ernst vor allem von seiner ersten Frau Else, die im Januar 1921 gestorben war. Er liebte sie immer noch tief und weinte nach beinahe sieben Jahren um diese ungewöhnliche Frau. Ich war erschüttert von seiner Erzählung und versuchte, mir diese Frau vorzustellen: eine baltische Adlige, Bildhauerin, die 1912 nach Bayern gekommen war, nach Baiersbrunn, wo sich auch Ernst vorübergehend aufhielt. Eines Tages, als Else und ihre Schwester auf einer Bank saßen, erschien Ernst und setzte sich hinzu, es kam zu einem ersten Gespräch und bald traf man sich öfter. Die beiden verstanden sich sofort. Ich erfuhr, wie sehr Elses christliche Frömmigkeit Ernst beeindruckt hatte, und daß sein erstes Buch, »Geist der Utopie«, viel ihrem Einfluß verdankte. Als

44

ich später das Buch las, mußte ich an diese Worte denken. Else war sehr krank. Sie heirateten 1913, als es ihr vorübergehend besser ging. Aber die Krankheit kam immer wieder zum Ausbruch. Else starb am 2. Januar 1921 nach einer Operation.

Seit diesem Gespräch sah ich Ernst täglich in Heidelberg. Er erzählte mir aus seinem Leben. Seine Kindheit war unglücklich gewesen. Der Vater, ein Eisenbahnbeamter in Ludwigshafen am Rhein, war ein ungebildeter Mensch, der kein Verständnis für seinen einzigen Sohn hatte. Die Mutter war geistig beweglicher als der Vater, aber auch sie hatte keine Ahnung davon, was für ein ungewöhnliches Kind sie hatte. Da Ernst ein schlechter Schüler war, wurde er immer für seine Zeugnisse bestraft. Und als er schon in frühen Jahren philosophische Bücher las, wurde ihm das von den Eltern verboten, er sollte lieber französische Vokabeln pauken. So versteckte er die Bücher, ging heimlich in die Mannheimer Bibliothek und begann sich die Grundlagen eines philosophischen Wissens anzueignen. In der Schule kam er zunächst mit den Kameraden nicht zurecht. Erst als er in der Obertertia sitzen geblieben war und in eine neue Klasse kam, fand er plötzlich Freunde unter den Mitschülern. Sehr bald wurde er zur führenden Figur und fand Trost in der Schule. Mit dem Abitur sah es allerdings schlecht aus – seine Schulzeugnisse waren so miserabel, daß er fürchten mußte, durchzufallen. Mit seinem besten Freund, Fritz Heckert, schmiedete er einen Plan für den Fall, daß er durchfallen sollte: Die Mutter des Freundes sollte ihm Geld für eine Reise in die Schweiz geben. Er wußte, daß man dort auch ohne Abitur Philosophie studieren konnte. Aber mit Ach und Krach bekam er dann doch das Reifezeugnis. Als ihn der Schuldirektor fragte, was er studieren wolle, sagte Ernst: »Philosophie«. »Was, Philosophie? Dazu sind Sie ja viel zu dumm!« Nicht von ungefähr hieß dieser Gymnasialdirektor Stumpf.

Ernst studierte in München, promovierte nach drei Studienjahren bei Külpe in Würzburg. Dann ging er 1908 nach Berlin zu Simmel, den er sehr schätzte, weil er nichts von einem Katheder-Philosophen an sich hatte. Ernst wußte, daß Simmel ein Privatissimum hielt, zu dem begabte junge Menschen eingeladen wurden. Ernst

45

wollte daran teilnehmen. Zuerst zögerte Simmel, als aber Ernst von seiner Philosophie des Noch-Nicht-Seins erzählte, war Simmel betroffen und nahm ihn in das Kolloquium auf. Zu diesem gehörten unter anderem Groetheuysen, Gertrud Kantorowicz, Margarete Susman, mit der ihn bald eine tiefe Freundschaft verband. Er nannte sie Leila (hebräisch: die Nacht). Später schrieb sie eine sehr zustimmende Kritik über »Geist der Utopie«. Auch mit Simmel freundete er sich an, kam oft zu ihm und genoß neben philosophischen Gesprächen Simmels Suppen, denn Simmel war ein leidenschaftlicher und erfinderischer Suppenkoch. 1911 gingen beide nach Italien, eine Reise, die Ernst genoß, da Simmel ein großer Kunstkenner war. Diese Freundschaft endete, als der 1. Weltkrieg ausbrach: Simmel entpuppte sich als ein deutscher »Patriot«, der bei Kriegsausbruch 1914 in der Uniform eines Hauptmanns der Reserve flammende Reden hielt. Für den Sozialisten und Pazifisten Bloch war das unerträglich, er hat dies Simmel später geschrieben.

Nach drei Jahren Berlin hatte der Pfälzer genug von Preußen, der Universität, den Korpsstudenten und ging Ende 1911 zurück in seine Heimat, lebte alternierend in Garmisch und Heidelberg. Das bedeutungsvollste Ereignis in dieser Zeit war neben der Begegnung mit Else die Freundschaft mit Georg Lukács, die sich freilich Anfang der zwanziger Jahre sehr abkühlte, als Lukács, der schon 1918 Mitglied der ungarischen kommunistischen Partei wurde, seine früheren Werke verleugnete und nur noch der Parteidisziplin gehorchte.

Ernst und ich wußten immer mehr voneinander, lernten einander immer besser kennen. Ich erzählte ihm viel von meiner Kindheit, von der erlebten Revolution in Moskau. Ernst konnte nicht genug davon hören, er sprach mit Leidenschaft von der Oktober-Revolution. Dieses politische Einverständnis hat uns ein Leben lang begleitet.

Ernst führte mich dann bald bei seinen Heidelberger und Ludwigshafener Freunden ein – in Heidelberg vor allem bei Ilse Blankenstein, Sekretärin von Gundolf. Sie pflegte, ähnlich wie Ludwig XIV., ihre Gäste morgens im Bett zu empfangen. Das hat mir viel

46

Spaß gemacht, man traf immer besondere Leute bei ihr. Später heiratete sie Dolf Sternberger. Nach Jahrzehnten habe ich Ilse 1958 wiedergesehen: Ernst und ich waren von Leipzig aus in Frankfurt. Wir saßen im Opern-Café. Plötzlich stand eine Frau vom Nebentisch auf und begrüßte uns erstaunt und voller Freude. Es war Ilse Blankenstein-Sternberger. Sogleich waren wir miteinander vertraut wie früher. »Karola«, fragte sie mich, »hast du immer noch so einen schönen Busen?«

Auch Ernsts engste Freunde, Hirschlers, lernte ich damals kennen. Sie waren mir sofort sympathisch. Max hatte ein sanftes, gutartiges Wesen und ein Talent, ohne jede Bösartigkeit ironisch zu sein. Lene war eine geistig interessierte Frau, die sehr gerne berühmte Leute um sich sammelte. Sie war mit Klemperer befreundet und mit Edith Stein. In der Wohnung stand ein großer Flügel und Ernst spielte und sang dort ganze Opern. Obwohl seine Eltern in Ludwigshafen wohnten, hat mich Ernst dort nie vorgestellt. Er mied das Haus in der Maxstraße.

Bald gab es keine Frage mehr: Ernst und ich liebten uns, und ich wußte, daß die Trennung von Kantorowicz unvermeidlich wurde. Aber Alfred war ein souveräner und integerer Mensch und verehrte Bloch so sehr, daß er meine Bezauberung verstehen konnte. Kanto und ich blieben die besten Freunde bis zu seinem Tod 1979. Sowohl in Berlin in den dreißiger Jahren, wie in der Emigration in Paris und den USA waren wir stets in engster Verbindung. Auch in der DDR.

In Heidelberg, in dem denkwürdigen Frühling 1927, trennten wir uns alle drei. Alfred verließ seine Mannheimer Zeitung und ging nach Paris. Ernst fuhr nach Italien, nach Positano, wo er schon früher gewesen war und wo er auch Kanto kennengelernt hatte. Ich fuhr nach Hause. Aber dieses Mal war mein Zuhause nicht mehr Berlin: Meine Eltern waren nach Lodz zurückgekehrt. Dadeks Tod hatte sie sehr mitgenommen, und das Pendeln zwischen Lodz und Berlin fiel meinem Vater schwer.

Für mich war das Wiedersehen mit dieser abscheulichen Stadt bedrückend. Ich wurde aus allem herausgerissen, was für mein Leben bedeutungsvoll geworden war. Ich mußte meinen Eltern mitteilen, daß ich mit Kantorowicz Schluß gemacht und mich in einen Philosophen namens Bloch verliebt hätte. Dieser Name bedeutete für meine Eltern nichts. Dazu kam, daß Bloch zwanzig Jahre älter war und noch verheiratet, wenn auch von seiner Frau getrennt. Das war ja beinahe noch schlimmer als meine Beziehung zu Kantorowicz! Meine Eltern blieben jedoch nicht lange im Unklaren darüber, wie stark die Liebe zwischen mir und Ernst war, denn beinahe täglich kamen Briefe aus Positano, und auch ich schrieb stundenlang. Ich war entschlossen, mich mit Ernst in Italien zu treffen. Sehr rasch fand ich eine italienische Lehrerin, die eine gute Methode hatte, einem schnell die Sprache beizubringen. Ich lernte italienische Texte auswendig und eignete mir rasch ein Vokabular an, das mir in Italien helfen konnte, durchzukommen. Ich verabredete mit Ernst, daß wir uns im Juli in Genua treffen wollten. Wieder mußte ich die Loyalität meiner Eltern bewundern, die mir die Reise nicht verwehrten. Ich bekam Geld, reiste per Schlafwagen nach Genua. Dort erwartete mich Ernst auf dem Bahnhof, wir fuhren in ein kleines Hotel und blieben einige Tage dort. Dann ging es an die italienische Riviera, nach Santa Margherita in Ligurien. Wir mieteten uns auf einer Anhöhe ein kleines Haus, abends gingen wir hinunter auf die Marina und aßen in einer Trattoria. Wir nahmen Schinken, Käse, Brot und Eier mit hinauf in unser Häuschen und frühstückten am Morgen ausgiebig. Ernst arbeitete an den »Spuren« und an »Erbschaft dieser Zeit«, oft bis spät in die Nacht. Er schenkte mir die zweite Fassung von »Geist der Utopie«, die 1923 herausgekommen war, mit einer wundervollen Widmung. Dieses mir so kostbare Exemplar habe ich noch heute, obwohl wir fast alles in Leipzig verloren haben, als wir 1961 in die Bundesrepublik übersiedelten. Ein Leipziger Freund, der wußte, wie teuer mir dieses Buch war, holte es aus unserem Haus und schickte es mir nach Tübingen. »Geist der Utopie« und »Thomas Münzer« las ich damals in Santa Margherita. Ich fand die Lektüre schwierig und mußte mir viele Wendungen der expressionistischen Sprache erst von Ernst erklären lassen. Und er erklärte mir gern alles. Ich erinnere mich, daß Ernst von Alfred Döblin ein Buch geschenkt bekommen hatte, »Die drei Sprünge des Wang

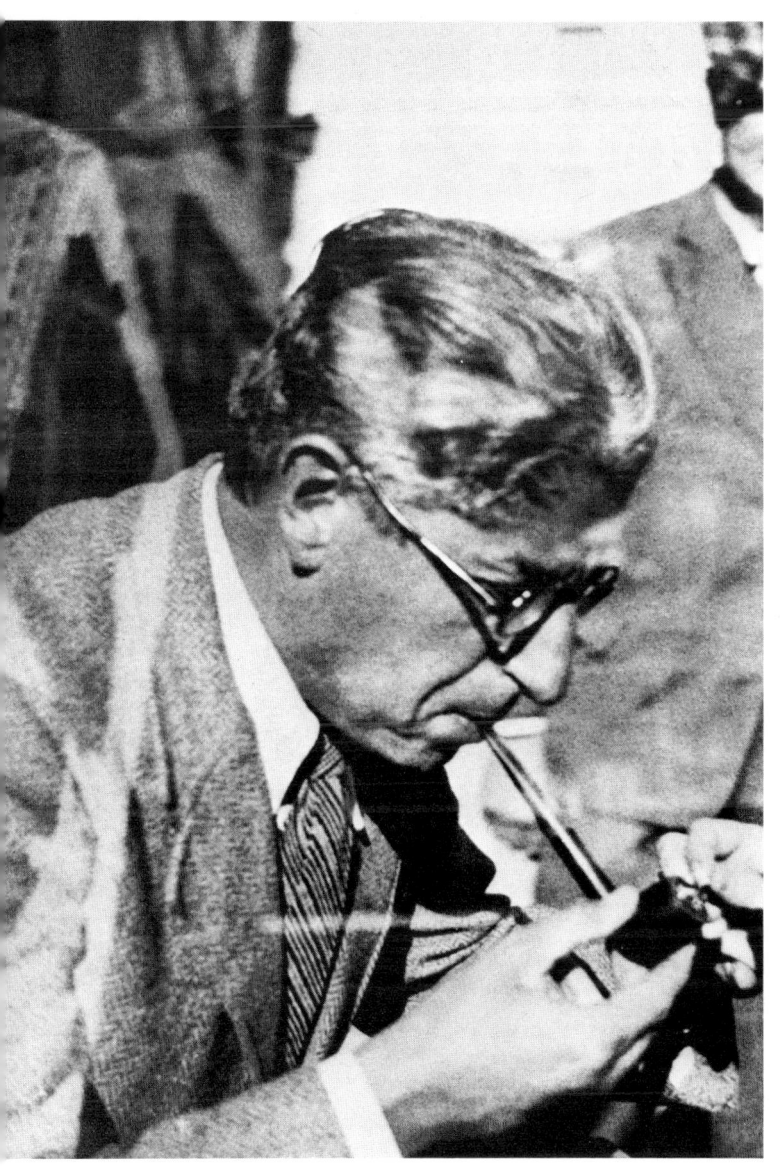

Ernst Bloch in Mailand, 1934

Karola und Izio in
Menton, Winter 1927

Karola mit Jan in
New York – Riverdale,
1940

Jans erster Geburtstag
Valley Cottage, USA, 1938
v. l. n. r.: Hanns Eisler, Karola Bloch,
Lou Eisler, Sylvia Schumacher, Ernst Bloch,
Joachim Schumacher

Karola und Ernst Bloch mit Jan
vor ihrem Haus in Cambridge, Mass.
69 Vassal Lane, 1943

Haus für
Harry
Slochower
in Andover,
New Jersey

Wohnhaus
von Blochs in
Cambridge,
Mass.,
69 Vassal
Lane,
1941-1949

Ernst Bloch mit Mirjam in Jugoslawien, 1969

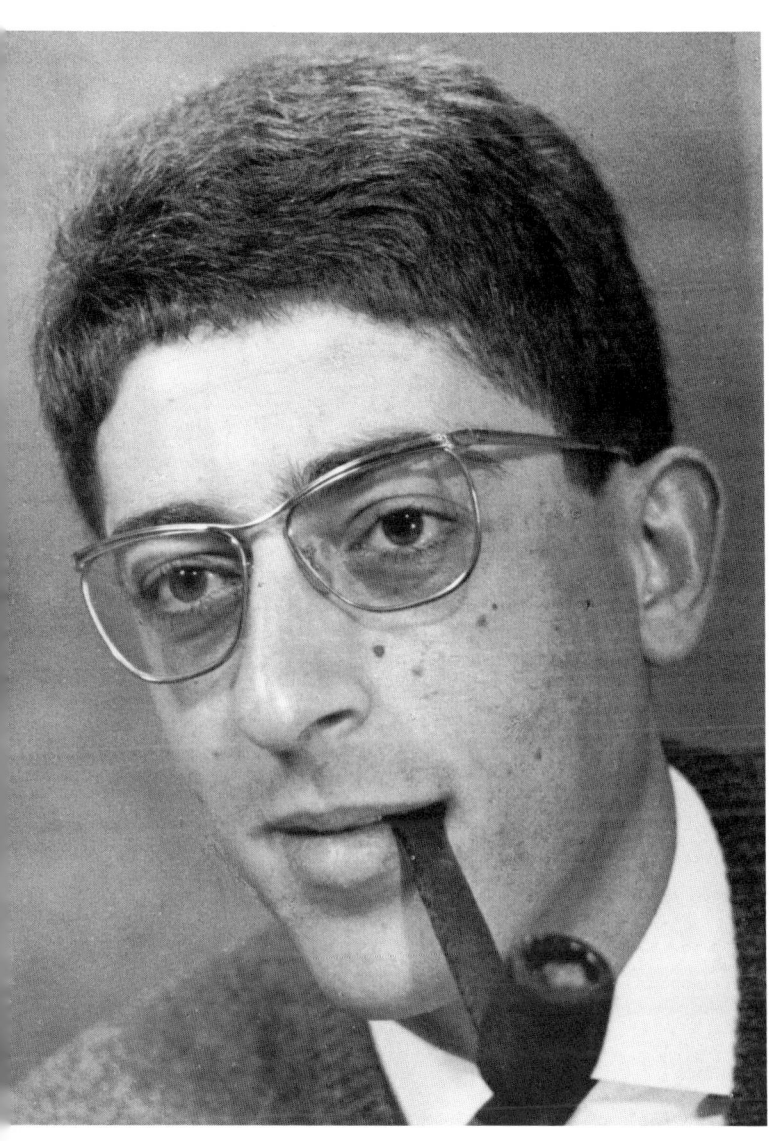

Jan Bloch in Leipzig, 1961

Ernst Bloch bei der Arbeit,
Leipzig, Wilhelm-Wild-Straße 8, 1955

Diese Bilder gehören zu jenem kleinen Rest von
Fotos, die ich noch besitze. Viele Fotos, auch
aus der Emigration, sind in Leipzig geblieben.

lun«, das noch schwerer zu verstehen war. Döblin fühlte sich damals dem Expressionisten Bloch sehr verbunden und schrieb in das Buch als Widmung: »Der Wurzel desselben Baums«. Sehr viel unterhielten wir uns über politische Ereignisse. Wie ich schon sagte, arbeitete Ernst gerade an »Erbschaft dieser Zeit«, einem Buch, das auch eine Analyse des deutschen Faschismus enthielt. Ernst wußte früh, was mit Hitler auf Deutschland zukam. Er erkannte die Gefahr rauschhafter Agitatorik: »Die Siebzehnjährigen brennen Hitler entgegen«, und er wußte: »Der Tribun Hitler, eine höchst suggestive Natur, ist leider um gar vieles vehementer als die echten Revolutionäre, die Deutschland 1918 zitiert haben.« Ernst und ich waren uns einig, daß die Sozialdemokratie nicht in der Lage war, diesem kunstvoll inszenierten Elan etwas entgegenzusetzen. Ich war glücklich, mit einem Marxisten zusammenzuleben, und Ernst freute sich über meine revolutionäre Gesinnung. Damals schon erwog ich, in die KPD einzutreten und praktische politische Arbeit zu leisten.

Ach, es war ein wunderbarer, oft sehr heiterer Sommer. Wenn wir von der Marina in unser Häuschen hinaufstiegen, es waren zum Teil steile Treppen, dann stützte mich Ernst im Rücken und sagte: »Na, Mutterl, geht es noch?« Ich war zweiundzwanzig und er zweiundvierzig. Auf dem dunklen Weg erzählte er schauerliche Gespenstergeschichten, und ich war froh, wenn wir endlich oben waren. Elektrisches Licht gab es nicht, nur Petroleumlampen und Kerzen. Ernst reiste in Italien immer mit einer Schachtel, in der eine Petroleumlampe verpackt war. Abends las ich oft Karl May, den hatte Ernst immer bei sich. Er liebte Karl May und freute sich, wenn ich Winnetous Tod beweinte oder mit »durch die Wüste« ritt. Ernst schien sehr glücklich zu sein. Ich kann mich an keine Mißstimmung erinnern, nur an Heiterkeit und Gespräche über seine Arbeit.

Damals erzählte mir Ernst auch von seinem Schweizer Aufenthalt 1917. Er war mit Else dort gewesen, um eine Arbeit über pazifistische Schweizer Strömungen zu schreiben.

Aber ich selbst erlebte auch traurige Stunden, die ich vor ihm zu verbergen suchte. Zu abrupt war die Trennung von Alfred gekommen, zu sehr fühlte ich mich noch immer mit ihm verbunden. Ja, manchmal sehnte ich mich nach ihm. Dann kam mir Ernst wie ein Fremder vor, ich kannte ihn erst so kurz. Und ich selbst fühlte mich entwurzelt – ohne Beruf, ohne richtige Heimat. Denn nach Lodz wollte ich keinesfalls zurück und ich hatte Angst, daß mir meine Eltern die Rückkehr nach Berlin nicht erlauben würden. Doch genau das war Ernsts und mein Plan: im Herbst nach Berlin zu fahren.

Von Santa Margherita aus machten wir Ausflüge, so einmal nach Portofino, wo wir in einem Restaurant auf einem Berg, »Portofino Kulm«, aßen. Als wir am Abend wieder unten waren, sah man die Lichter auf der Anhöhe. »Sieh mal, unsere Kulm!« rief ich. Von da ab nannte mich Ernst nur »Kulmchen«, nie mehr hörte ich von ihm meinen Namen Karola. Ich nannte ihn »Bärlein«, ein Name, den ihm Else gegeben hatte.

Auch nach Pisa fuhren wir, und es gibt (aber nicht mehr in meinem Besitz) ein vom Photografen aufgenommenes Bild von uns beiden mit dem schiefen Turm im Hintergrund. Ein konventionelles Bild, wir lachten darüber, aber zugleich ein besonders schönes. Ernst war ganz mager, ich auch, wir stehen da wie zwei Striche, Ernst mit seinem üppigen dunklen Haar, ich mit einem zerzausten Blondschopf.

Irgendwann erzählte ich Ernst auch von meinem Philosophielehrer Kurt Sternberg. Merkwürdigerweise kannte er dessen Namen, sogar ein Buch von ihm. Als ich erzählte, daß Sternberg bei meinem Unterricht die mittelalterliche Philosophie ausgelassen hätte, begann Ernst sogleich von Abälard zu erzählen, von seiner ketzerischen Philosophie, die nicht von Gnadenethik bestimmt war, sondern von Gesinnungsethik. Und von der wunderbaren Liebe zu Heloise. Immer wieder sagte er: »Jetzt werde ich dein Sternberg!« Sein Gedächtnis war so phänomenal, daß er alles auswendig wußte. Und was er erzählte, war spannend, bunt, lebendig, nichts war schulmeisterlich.

Unsere Idylle näherte sich ihrem Ende. Ich mußte zurück nach Lodz. Ernst ging nach Berlin. Ich versprach, ihm nachzukommen, so schnell wie möglich. In Berlin hatte ich eine ältere Freundin, die mit einem Arzt verheiratet war, ich hoffte, bei ihr wohnen zu können.

In Lodz angekommen, erfuhr ich, daß die Heiratsvermittlung für meine Schwester schließlich doch geklappt und sie sich mit einem unscheinbaren Geschäftsmann verlobt hatte. Die Hochzeit folgte bald. Meine Schwester wurde eine liebevolle Ehefrau. Als Mitgift bekam sie 40 000 $, die der unglückselige Ignaz so schlecht anlegte, daß er bald alles verlor. Die Wut meines Vaters kann man sich vorstellen. Aber dann bekam Ignaz doch die Stelle eines Fabrikdirektors, und von da ab ging es ihm gut.

Eine sehr charakteristische und unwürdige Geschichte erlebte mein Bruder: Er verliebte sich in ein entzückendes Mädchen, schön, klug und begabt. Sie war Tänzerin, Schülerin von Mary Wigman. Aber mein Vater war gegen diese Ehe, weil die Familie der Angebeteten nicht »gut« war. Das heißt: Der Vater von Andziula Tagelicht war zwar ein einfacher, jedoch sehr sympathischer und gütiger Mensch, aber sein Ansehen als Kaufmann war eben nicht so groß wie das des Herrn Piotrkowski. Mich empörte dieser klassenbedingte Hochmut, und ich tat alles, um gegen den Dünkel meines Vaters vorzugehen. Zum Glück hat mein Bruder seine Ehe mit Andziula durchgekämpft. Manchmal denke ich mit Trauer an die späteren Jahre, als 1940–1942/43 die Familien Piotrkowski und Tagelicht im selben Warschauer Getto lebten und wie das Leid alle sozialen Unterschiede nivellierte.

Im Herbst 1927 ging ich wie geplant nach Berlin und wohnte bei meiner Freundin. Ernst hatte ein möbliertes Zimmer »In den Zelten«. Er lebte bescheiden, aber er hatte aus dem Erbe von Else etwas Geld aus Riga bekommen und konnte sich über Wasser halten. Wir sahen uns täglich, und ich lernte, wie zuvor seine Heidelberger, so jetzt seine Berliner Freunde kennen. Das waren vor allem Theodor Adorno, der damals Wiesengrund hieß, Walter Benjamin, Siegfried Kracauer, Kurt Weill und Otto Klemperer. Die Freundschaft mit Klemperer war älteren Datums. Als Bloch 1917 sein erstes Buch »Geist der Utopie« schrieb, hatte er das Manuskript dem Verlag Duncker & Humblot gegeben. Der aber wußte nicht recht, ob er das Buch drucken sollte und schickte es an Georg

Simmel nach Straßburg, um eine Beurteilung einzuholen. Da die Philosophie der Musik einen großen Teil des Buches ausmacht, hatte Simmel das Manuskript an den Dirigenten Otto Klemperer weitergegeben, der sehr positiv beeindruckt war. So kam durch Klemperers Intervention »Geist der Utopie« 1918 im Verlag Duncker & Humblot heraus. Bloch und Klemperer, der Ende der zwanziger Jahre in Berlin dirigierte, wurden Freunde und blieben es bis zu Klemperers Tod 1973.

Klemperer gründete 1927 in Berlin die Kroll-Oper. Es sollte ein Experimentiertheater werden mit Malern wie Moholy-Nagy, Schlemmer, de Chirico als Bühnenbildner. Das preußische Kultusministerium, repräsentiert durch den Musiker und Reformer Leo Kestenberg, hatte großes Interesse an diesem neuen Haus, obwohl Berlin schon zwei Opern besaß. Klemperer beabsichtigte, aus dem Haus eine erstrangige Bühne zu machen, wo bis zur Perfektion gearbeitet und geprobt wurde. Er verpflichtete zunächst den Bühnenbildner Dülberg und den Musiker und Theaterfachmann Hans Curjel, mit dem sich Bloch sehr anfreundete. (Wir waren später oft in Zürich mit ihm zusammen.) Bloch war sehr angetan von dem Stil des neuen Hauses, er besuchte viele Proben, ich ging mit, wann ich nur konnte. Klemperer und Curjel besprachen oft mit Ernst Fragen der Aufführungen und holten seinen Rat. Höhepunkt für Ernst war damals die Aufführung des »Fidelio«. Selten habe ich ihn so bewegt im Theater gesehen. Ich sah viele glanzvolle Aufführungen in der Kroll-Oper.

Von den Zeitgenossen war es vor allem Strawinsky, den Klemperer verehrte und in seinem Theater viel dirigierte – nicht nur die Opern, sondern auch Konzertstücke: Apollon Musagète, die Psalmensymphonie und vieles andere. Zu der Vorstellung von »Oedipus Rex« kam Strawinsky selbst nach Berlin. Ich hörte in diesem Jahr 1927/28 sehr viel Musik, vor allem lernte ich von Ernst auf diesem Gebiet. Bis dahin hatte ich kein besonderes Interesse für Opern gehabt. Aber Ernst liebte diese Form der Musik. Er besaß Klavierauszüge von vielen Opern und spielte und sang diese vom ersten bis zum letzten Akt in einer Weise, daß es jeden mitriß. Fidelio liebte er so sehr, daß er nicht nur jede Note auswendig wußte, sondern auch jedes Wort. Solange ich Ernst kannte und wir einen Flügel besaßen, (und den haben wir fast immer gehabt, außer in den USA und in Tübingen) hat Ernst oft gespielt und gesungen.

Die Kroll-Oper wurde sehr bald von reaktionären politischen Kräften scharf angegriffen. Die Nationalsozialisten tobten gegen dieses »bolschewistische« Theater, auch das Geld war knapp und schließlich wurde die Kroll-Oper 1931 geschlossen.

Ernst war sehr traurig darüber, obwohl auch ihm manches Bühnenbild zu übertrieben schien. So hatte Moholy-Nagy in der »Zauberflöte« die Dekoration aus Glas und Stahl gestaltet und die Schlange durch einen Staubsaugerschlauch ersetzt; das brachte Ernst auf die Palme.

Walter Benjamin habe ich auf originelle Weise kennengelernt. Wir trafen ihn auf dem Kurfürstendamm, Ernst machte mich mit ihm bekannt. Benjamin sagte zu mir: »Gnädigste, ist Ihnen schon einmal das kränkliche Aussehen der Marzipanfiguren aufgefallen?« Er zog aus seiner Tasche eine halbe Walnußschale, in die eine Krippe mit Maria und dem Jesuskind aus Marzipan kunstvoll eingearbeitet war. Wir gingen zu dritt in die Mampe-Stube und bewunderten die Walnuß. Dann begann das Erzählen. Benjamin war unlängst in Rußland gewesen, erzählte von Moskau und seiner Freundin, der lettischen Regisseurin Asja Lacis, die ihn auf den Weg des Marxismus gebracht hatte (Benjamins Buch »Einbahnstraße« ist ihr gewidmet).

Gerschom Scholem, Benjamins Jugendfreund und Zionist, der in Palästina lebte, hatte vergeblich darum gekämpft, Benjamin zum Zionismus zu bekehren und ihn ins Land der Väter zu holen. Bloch war Benjamin bereits 1918 in der Schweiz begegnet, dann traf er 1925 oft mit ihm in Paris zusammen. Es war eine sehr intensive geistige Beziehung. Die Liebe für das Kleine, Unscheinbare, hinter dem sich etwas Tiefes verbirgt, war beiden eigen. Benjamin war ein glückloser Mensch. Sein Versuch, sich zu habilitieren, scheiterte; seine Ehe war nicht glücklich. Er war arm, wohnte in einem möblierten Zimmer. Als wir ihn einmal besuchten, lag er auf dem Sofa und schrieb in dieser zum Schreiben nicht gerade geeigneten Stellung (ähnlich wie Proust, nur daß Proust krank war und liegen mußte). Obwohl Benjamin keine Wärme, keine Heiterkeit ausstrahlte, war er mir sympathisch, seine Originalität und sein Intellekt beeindruckten mich sehr. Dann und wann trafen wir auch Adorno. Er hatte mit 19 Jahren »Geist der Utopie« mit solcher Begeisterung gelesen, daß er sagte, er würde nie ein Wort schreiben, ohne den Geist der Utopie im Kopf zu haben. Er war liiert mit einer Chemikerin, Gretel Karplus (seiner späteren Frau), bei der man sich öfters traf. Ich erinnere mich vor allem an Adorno und Benjamin, auch an Kracauer, den ich viel mehr mochte als Adorno. Die Freundschaft zwischen Ernst und Kracauer hatte eine stürmische Vorgeschichte. Kracauer hatte »Thomas Münzer« in der »Frankfurter Zeitung« vernichtend kritisiert. Ernst rächte sich mit einem bissigen Kracauer-Porträt in seinem Buch »Durch die Wüste«. Die beiden Männer waren verfeindet, bis sie sich nach einigen Jahren zufällig in Paris trafen. In einem Café am Place de l'Odéon versöhnten sie sich. Ernst schätzte die klugen Feuilletons Kracauers in der »Frankfurter Zeitung« (in der er selbst auch schrieb) und liebte den autobiographischen Roman »Ginster«, er mochte Kracauers Stil.

Ich lernte »Krac« 1928 kennen, als er kurz in Berlin war. Sonst arbeitete er in der Feuilleton-Redaktion der »Frankfurter Zeitung«. 1930 jedoch wurde er nach Berlin versetzt, und in diesen frühen 30er Jahren sahen wir uns oft. Ich empfand große Sympathie für ihn – sie beruhte auf Gegenseitigkeit. Seltsamerweise hatte ich eine mütterliche Neigung für Krac. Vielleicht lag das daran, daß er von der Natur so benachteiligt war: klein, nicht schön, dazu stotternd. Aber diese Äußerlichkeiten wurden überstrahlt von großer Klugheit. Da Krac von Hause aus Architekt war (er arbeitete zuerst wegen Geldmangels in diesem Beruf), gerieten wir oft in Fachsimpelei und tauschten manche sarkastischen Bemerkungen über moderne Architektur aus. Aber hauptsächlich beschäftigten mich die Kracauerschen Analysen sozialer Zusammenhänge der damaligen Zeit. Seine Methode war marxistisch, wenn er auch kein Kommunist war, eher Sozialdemokrat, was manchmal zu einer gewissen Entfremdung zwischen Ernst und Krac führte. Die

Freundschaft blieb aber herzlich, wie die vielen Briefe bezeugen. Auch seine Frau Lili war uns sympathisch, obwohl sie etwas trocken war. Nach dem Tod von Krac, 1966, besuchte uns Lili zwei Mal in Tübingen und war sehr reizend, voll Liebe und Anhänglichkeit. Sie hat auch aus New York oft geschrieben, ziemlich ausführlich. Sie starb Anfang der 70er Jahre. Beide Kracs haben wir nach langer Trennung 1965 in München wiedergesehen.

Mit Bert Brecht, Kurt Weill, Lotte Lenya war Ernst sehr gern zusammen, wohnte den Proben für die Dreigroschenoper bei, liebte dieses Werk und freute sich über dessen enormen Erfolg. In »Erbschaft dieser Zeit« hat er die Musik und das Libretto gewürdigt. Und in den »Literarischen Aufsätzen« veröffentlichte er einen 1929 geschriebenen Essay »Lied der Seeräuberjenny in der Dreigroschenoper« mit dem Vorspann: Kurt Weill und Lotte Lenya mit Gruß. Ernst liebte dieses Lied so sehr, daß er es als Nationalhymne bei frohen Anlässen empfahl.

STUDIUM
Wien – Berlin – Zürich

Wenn ich an das Jahr 1928 in Berlin zurückdenke, so bleibt es mir in Erinnerung als ein bewegtes und schönes, aber auch als ein spannungsreiches Jahr, durchaus nicht nur glücklich.

Zunächst hatte mich ein Brief von Else Lasker-Schüler verwirrt, in dem sie Ernst mitteilte, daß seine Tochter ein entzückendes Baby sei. Nie hatte mir Ernst von einer Beziehung zu der Mutter dieser Tochter erzählt, als unsere Liebe begann. Der Brief von Else Lasker-Schüler brachte es an den Tag: In Positano, wo Ernst sich aufgehalten hatte, nachdem wir uns in Heidelberg zuerst begegnet waren, lebte eine Naturwissenschaftlerin, Frida Abeles, die sich in Ernst verliebt hatte. Trotzdem war sie so großzügig gewesen, das Haus für mich und Ernst in Santa Margherita ausfindig zu machen, nachdem ihr Ernst von mir erzählt hatte. Kurz vor der Trennung der beiden war es »geschehen«; am 11. April 1928 wurde eine Tochter geboren, Mirjam genannt. Frau Abeles war so souverän, daß sie Ernst weder von der Schwangerschaft noch von der Geburt der Tochter benachrichtigte. Sie war glücklich über das Kind bis zum Ende ihres Lebens.

Durch einen Zufall habe ich Mutter und Kind später kennengelernt, im Jahre 1933 in Ascona, wo ich mit Ernst meine Semesterferien verbrachte. Wir waren gerade in einem Schuhladen, als eine Frau mit einem 5jährigen Mädchen das Geschäft betrat. Ich merkte plötzlich, wie Ernst verlegen wurde. Dann begrüßte er die Frau und machte uns miteinander bekannt. Frida Abeles lebte damals ständig in Ascona. Ich beschäftigte mich gleich mit dem Kind, was mir eine willkommene Ablenkung war. Ernst versprach, Frida zu besuchen, tat es aber dann nicht. Er haßte Komplikationen. Und da ihm eine besondere Beziehung zu Frida Abeles fehlte, drückte er sich vor einem Gespräch. Ich weiß, daß ich das damals nicht sehr schön fand. Später haben wir Mirjam oft gesehen; ich hatte und habe noch heute eine sehr gute Beziehung zu ihr.

Zurück nach Berlin ins Jahr 1928. Es war eine bewegte Zeit mit vielen Begegnungen, Gesprächen, Diskussionen, Theatererlebnissen. Aber ich persönlich lebte nicht meinen Intentionen entsprechend. Ich hatte keinen Beruf, das Kunstgewerbe befriedigte mich nicht, ich sehnte mich nach dem Studium der Architektur, nach Arbeit. So groß meine Liebe und Bewunderung für Ernst waren, die Beziehung zu ihm konnte mein aktives Wesen nicht ganz ausfüllen. Deshalb beschloß ich, mich von ihm zu trennen, das Abitur nachzuholen und dann Architektur zu studieren. Da Berlin viel zu viel Ablenkung bedeutete, ging ich nach Wien, um mich ganz der Arbeit widmen zu können. Ich quartierte mich in einer Pension ein und fand bald eine sogenannte »Presse« auf dem Getreidemarkt, das heißt eine Abendschule, in der man sich für ein Extern-Abitur vorbereiten konnte. Meine Kollegen waren berufstätig, meistens Männer, die durch das Abitur ihre Aufstiegschancen verbessern wollten. Sie brauchten mehrere Jahre, um ihr Ziel zu erreichen. Ich konnte das schneller fertigbringen, denn schließlich hatte ich die ganzen Tage frei für das Lernen. Mit Energie stürzte ich mich in die Arbeit und sogar mit Vergnügen. Ich war eben kein Schulmädchen mehr, mußte nicht zwangsweise lernen, hatte diese Tätigkeit frei gewählt und fand Spaß an dem vielfältigen Wissen, das ich mir aneignete. Da ich an einem Realgymnasium (Döblinger Realgymnasium) mein Abitur ablegen sollte, hatte ich sehr viel Mathematik und naturwissenschaftliche Fächer im Lehrplan. Mathematik lag mir besonders. Ich saß oft bis spät in die Nacht, um alle Aufgaben, die im Buch standen, zu lösen, einfach aus Interesse. Darstellende Geometrie war mir besonders lieb; ich konnte nicht genug Kugeln durch Pyramiden dringen lassen, oder Würfel durch Kegel, um dann die schönen Kurven zu konstruieren. Auch Geschichte interessierte mich, obwohl für meinen Geschmack zu viel Wert auf die österreichische Historie gelegt wurde. Wahrscheinlich bin ich eine der wenigen, die wissen, weshalb die österreichische Fahne rot-weiß ist: weil ein Babenberger im Mittelalter in einer Schlacht verwundet wurde und seine Wunden mit weißem Tuch verband. Das Tuch wurde rot-weiß durch das durchsickernde Blut – so soll die österreichische Fahne entstanden sein.

Ich faßte das Schulpensum leicht auf. Da ich aber bestrebt war, das Abitur so schnell wie möglich hinter mich zu bringen, bat ich den Direktor des Gymnasiums, mir einen Lehrer zu empfehlen, der gerade in Mathematik (es kamen schwierige Abschnitte – Integral- und Differentialrechnung, sphärische Trigonometrie usw.) den Fortgang beschleunigen könnte. Er nannte mir einen Physikstudenten, der seine Schule besucht und in allen Fächern glänzend abgeschlossen hatte. So kam Theodor E. zu mir, ein etwas schüchterner, sehr sympathischer Student, mit dem ich gut arbeiten konnte. Theodor war sehr angetan von meiner schnellen Auffassungsgabe, aber noch mehr von meiner Weiblichkeit. Er führte mich in seine Familie ein, die aus einer besonders netten Mutter, einem Bruder und einer Schwester bestand. Nun war ich in Wien nicht mehr so allein. Bald verliebte sich Theodor in mich, und wir hatten ein reizendes Liebesverhältnis, das meinem Fleiß jedoch keinen Abbruch tat. Als der Winter kam, hieß es: Karola muß Ski fahren lernen! Gemeinsam (die ganze Familie E. ging mit) wurde die Ausrüstung gekauft; ich fühlte mich sehr wohl in den Hosen mit den vielen Taschen, und nun begann auf den nahe gelegenen Schneehügeln der Skiunterricht. Leicht fiel mir das nicht, weil ich sportlich nicht sehr begabt bin. Aber die Geduld meines Fedja, wie ich ihn nannte, kannte keine Grenzen, und so lernte ich schließlich die Skier halbwegs richtig zu gebrauchen. Ernst hatte ich darüber nahezu verdrängt, obwohl ich immer wieder seine Lieblingsromane »Der grüne Heinrich« von Keller und »Hans im Glück« von Pontoppidan las. Ich war sehr gefangen genommen durch die viele Arbeit, hatte, wie man sieht, aber auch mein Vergnügen. Nach elf Monaten des Paukens war ich so weit, daß ich meine Prüfungen ablegen konnte. Es wurde unter anderem eine schriftliche Arbeit zu einem literarischen oder philosophischen Thema gefordert. Ich schrieb vierzig Seiten über Lessings »Erziehung des Menschengeschlechts«. Ernst las das »Werk« später und fand es sehr gut. Ich bestand alles ausgezeichnet und hatte im Sommer 1929 mein Abitur in der Tasche. Im gleichen Jahr immatrikulierte ich mich an der »Technik«, wie die Technische Hochschule in Wien hieß. Erst dann fuhr ich nach Lodz, um meine Eltern wiederzusehen. Mein Bruder hatte mich mehrmals in Wien besucht, einmal auch mit seiner jungen Frau Andziula.

Ich zog aus der Pension aus und mietete mir ein möbliertes Zimmer bei einem Fräulein Samek in der Belvederegasse, in der Nähe der »Technik«. Mit Fedja kam ich oft zusammen, anstelle des Skifahrens gab es im Sommer das Segeln auf der alten Donau. Da läutete es Anfang Dezember eines Tages bei Fräulein Samek an der Tür und wer stand da: Ernst Bloch. Ich war zwar immer in Kontakt mit ihm gewesen, aber ich wollte die alte Beziehung nicht wieder aufnehmen. Doch Ernst wich und wankte nicht, er bezauberte mich aufs neue, so daß ich glücklich war, ihn in Wien zu haben. Auch er nahm sich ein möbliertes Zimmer, nicht weit von mir in der Marokkanergasse; wir sahen uns täglich, aßen in den netten kleinen Wiener Lokalen und unterhielten uns ausgezeichnet. Dem armen Fedja mußte ich nun sagen, daß es zwischen uns aus sein müsse. Seine Verzweiflung war groß. Aus dieser Verzweiflung vielleicht und wohl auch aus Wut hat er sich der aufkommenden österreichischen nationalsozialistischen Bewegung angeschlossen. Seine Mutter, eine gläubige Katholikin und überzeugte Nazi-Gegnerin, erzählte mir später, daß sie die Naziuniform ihres Sohnes verbrannt hätte.

Ernst hatte in Wien nur wenig Bekannte. Eine von ihnen war Margot Starke, eine sympathische und schöne Frau, mit einem Journalisten Lachmann verheiratet. Margot war Anhängerin der »Christian Science«, was mich Rationalistin mit Skepsis erfüllte. Einmal hatte ich Gelegenheit, »Christian Science«-Praxis aus der Nähe kennenzulernen: Ernst hatte sich beim Sturz auf einer glatten Straße den Knöchel gebrochen. Während ich nach einem Arzt telefonierte, saß Margot in Ernsts Zimmer und meinte zuversichtlich, wir bräuchten keinen Arzt, sie würde beten, dann käme alles in Ordnung. Ich zog einen Arzt vor. Das Bein wurde in Gips gelegt, der Knöchel heilte mit oder ohne »Christian Science«.

Gleich nach der Ankunft in Wien sah Ernst Georg Lukács wieder, der (ich hatte keine Ahnung davon) mit seiner Frau Gertrud, seinen beiden Stiefsöhnen und seiner Tochter in der Umgebung von Wien lebte. Ich glaube, daß Ernst ihn damals nur einige Male gesehen hat. Aber die Gespräche müssen sehr brisant gewesen sein: Jedenfalls schrieb Ernst über Lukács an Kracauer: »Seine formelle Starrheit ist etwas gesprungen. Er gab zu, daß das, was Sie, Benjamin und ich machen, geschichtsphilosophisch fällig ist.« Kracauer war Lukács gegenüber sehr skeptisch, ihn irritierte dessen Dogmatismus. Für Ernst war es jedoch wichtig, die unterbrochene Freundschaft zu seinem Djury zu erneuern. Daß Kracauer im Grunde aber recht hatte, bewies die Tätigkeit Lukács' im Berlin der dreißiger Jahre, wo er den Bund »Proletarisch revolutionärer Schriftsteller« auf die »richtige« Stalinsche Linie bringen sollte. Da wurde auch der Kontakt mit Ernst unterbrochen.

Blochs Korrespondenz mit Kracauer Mitte der zwanziger und Anfang der dreißiger Jahre war vor allem deshalb ergiebig, weil beide Männer die gemeinsame Tätigkeit an der »Frankfurter Zeitung« verband – eine Zeitung besonderer Art: über dem Strich bürgerlich, unter dem Strich zuweilen linksliberal. Kracauer war Feuilleton-Redakteur in Frankfurt, ab 1930 Korrespondent in Berlin. Er schrieb viel im Feuilleton, bekam allerdings mit fortschreitendem Einfluß des Faschismus in Deutschland Schwierigkeiten mit der Leitung der Zeitung, blieb aber noch in Berlin in seiner Funktion bis zur Machtübernahme durch die Nazis. Ernst versuchte sogar, noch nach 1933 unter einem Pseudonym Beiträge in der »Frankfurter« unterzubringen, aber das gelang dann doch nicht. Seine Freunde Kracauer und Fritz Gubler (ein Schweizer Mitarbeiter, der die Zeitung auch hatte verlassen müssen) waren nicht mehr da; kaum jemand hatte noch den Mut, gegen den Strom zu schwimmen. Zu diesem Thema ist folgender Brief Kracauers vom 5. Juli 1934 aus Paris interessant: » . . . Ihre Frage, ob Sie in der F.Z. mitarbeiten sollen oder nicht, ist durch die jüngsten Ereignisse überholt bzw. wieder aktuell geworden. Ich hätte Ihnen seinerzeit meine tiefen Bedenken nicht vorenthalten und mich höchstens – wenn nicht unbedingt – dem einzig wirklichen Gegenargument gebeugt, daß Sie eben materiell auf solche Mitarbeiterhonorare angewiesen seien. Streng genommen stehe ich auch heute auf ablehnendem Standpunkt. Hier wäre jetzt der richtige Ort für eine genaue Analyse der nun in Deutschand zur Herrschaft gelangten Reaktion und der Katastrophen, denen das Regime nach dem Zusammenbruch seiner Mythologie entgegen muß (vorausgesetzt, daß die Weltwirtschaftskrise nicht behoben wird, wozu ich einstweilen keine nennenswerten Möglichkeiten sehe). Aber ich müßte dann schon den Brief zu einer Abhandlung verlängern . . . Schade, zu schade, daß wir uns nicht wie einst bei Hessler fortlaufend verständigen können.

Benjamin erzählte mir von seiner Korrespondenz mit Ihnen. Er ist nach Dänemark abgereist zu seinem Gott (gemeint ist Brecht – K. B.), und Hamlet hätte die Gelegenheit, manche Bemerkungen über die beiden anzubringen. Überhaupt: es gibt jetzt einen Verlag für Sexualpolitik in Kopenhagen. Vielleicht hat er Ihnen inzwischen seinen Essai über Kafka zugänglich gemacht, auf den er sehr stolz ist. Die Abhandlung ist auch wirklich tief und schön: natürlich wieder von jener extremen Verschrobenheit, die Sie kennen. Kafka wäre sicher erstaunt, wenn er erführe, daß er so enge nachbarliche Beziehungen zu Brecht und zum Kommunismus unterhielt. Dies ganz entre nous!

Stimmt es, daß Karola ihr Diplomexamen gemacht hat? Man hört so mancherlei und möchte es ganz genau wissen. Sollte das mit dem Examen seine Richtigkeit haben, so beglückwünschen wir sie von Herzen. Und wie steht es mit Ihnen? Lili und ich wünschten sehr, auf dem Laufenden zu sein. Ist Ihr Landschaftsbuch weit gediehen? Oder arbeiten Sie an einem anderen Buch? Grüßen Sie die liebe Karola sehr, sehr herzlich von uns.

Wir gedenken Ihrer und umarmen Sie, Ihr alter Krac«

Dieser Brief erreichte uns in Zürich, wo ich tatsächlich mein Diplom 1934 erhielt. Doch ich berichte nun weiter über unsere Wiener Zeit in den Jahren 1929 bis 1931. Die Technische Hochschule fand ich etwas altmodisch. Aber ich war froh, endlich mein Ziel erreicht zu haben. Wir mußten viel antike, gotische und barocke Bauteile zeichnen. Ich tat es gern und zeichnete den

Nike-Tempel auf der Akropolis, konstruierte die schwierigen Schatten, die die ionischen Kapitelle auf den Schaft der Säulen warfen.

Unsere Lehrer waren altvorderlich; in der Statik hatten wir einen alten verknöcherten Professor, der sich nicht daran gewöhnen konnte, daß auch Frauen Architektur studierten. Mit Vorliebe rief er die Studentinnen (wir waren nur wenige) an die Tafel und verlangte schwierige Berechnungen, die nur mit Integral- und Differentialrechnung gelöst werden konnten. Da war ich froh, daß ich fürs Abitur diese höhere Mathematik durchgepaukt hatte! Trotzdem war dies nicht leicht und für Anfänger im ersten Semester eine verfrühte Aufgabe. Überhaupt waren die sonst für ihre Liebenswürdigkeit bekannten Österreicher als Professoren den Studentinnen gegenüber ungerecht. Die Diskriminierung des weiblichen Geschlechts in diesem Fach war sichtbar. Wenn wir mit dem Geologen Exkursionen in den Wiener Wald machten, Steine sammelten und sie klassifizierten, war der Professor immer scharf darauf bedacht, Fehler bei uns Mädchen zu entdecken. Trotzdem mochte ich dieses Fach sehr, hatte mir bald eine schöne Sammlung von Steinbrocken angelegt und fand es interessant, durch die Straßen Wiens zu gehen, die Gebäude genau anzusehen und festzustellen, aus welchem Gestein sie gebaut waren. Auch Ernst begann sich für Geologie zu interessieren und ließ sich gerne von mir berichten.

Die moderne Architektur war in Österreich hervorragend vertreten durch Adolf Loos, Otto Wagner, Joseph Maria Olbrich, Peter Behrens. Loos setzte sich für eine Schlichtheit in der Bauweise ein, in der vor allem die Proportionen, das Material und die Zweckmäßigkeit sprechen sollten. Jedes Ornament nannte Loos ein »Verbrechen«. Ich persönlich war für die moderne Architektur und teilte seine Ansichten. Nicht so Ernst. Ihn entzückte alles Schmückende, wenn es nicht epigonal war. In »Geist der Utopie« schrieb er, daß eine Geburtszange glatt sein solle, eine Zuckerzange aber mitnichten. Das Ornament war für ihn bedeutungsvoll und symbolträchtig, deshalb sein Gefallen an Orientteppichen. Einig waren wir uns nur in der Ablehnung der epigonalen Architektur der zweiten Hälfte des 19. Jahrhunderts und in der Liebe zum Biedermeier. Ernst, der noch immer an »Erbschaft dieser Zeit« arbeitete, durchleuchtete in den »Hieroglyphen des 19. Jahrhunderts« scharf und genau diese seltsame Zeit, in der Kitsch und Schönheit, Wahrheit und Lüge durcheinander wirbelten. Seine Interpretationen beschäftigten mich sehr. Wenn ich zu ihm kam, las er mir jeweils ein Stück des Manuskripts vor, und ich war später stolz darauf, daß er »Erbschaft dieser Zeit« »Meiner lieben Karola Piotrkowska« widmete.

Obwohl wir Wien schön fanden, die Oper lobten, die Konzerte genossen, stieß uns die Stadt ab durch ihre provinzielle Langeweile. Wir beschlossen deshalb, die Weihnachtsferien in Berlin zu verbringen. Wir waren aber dort nicht immer zusammen, denn ich wollte meine alten Freunde wiedersehen wie Kanto zum Beispiel, der Paris wieder verlassen hatte, und andere wie Fritz Sternberg, den Marxisten und Lehrer von Brecht. Sternberg hatte ich in meinen früheren Jahren bei Meidner kennengelernt. Er lebte als freier Schriftsteller und hatte mich manchmal auf seine politischen Reisen mitgenommen, sich über mein Interesse gefreut. Wir blieben über viele Jahrzehnte befreundet, er schrieb mir noch nach Tübingen.

In jenen Weihnachtsferien 1930/31 traf ich ihn also wieder und er schlug vor, an Silvester zu Brecht zu gehen, dort fände eine Party statt. Ernst war woanders eingeladen. So ging ich allein mit Sternberg in das schöne große Atelier, wo Brecht mit Helene Weigel lebte. Ich kannte ihn flüchtig von früher. Das Gespräch kam bald auf Ernst Bloch. Wir erinnerten uns beide, wie die zwei Männer sich kennengelernt hatten: Bloch saß in einer Berliner Kneipe. Da sagte ihm sein Begleiter, daß Brecht an der Theke stünde. Bloch ging auf ihn zu und sagte: »Barzan läßt es sein«. Dies war der Titel einer früheren Kurzgeschichte von Brecht, die Ernst gefesselt hatte. Der Kontakt war sofort hergestellt und blieb immer gut. Bloch nannte Brecht in »Erbschaft dieser Zeit« den »Leninisten der Schaubühne«.

Die Silvesterfeier war nicht so lustig, wie solche Parties sonst zu sein pflegten. Die politische und wirtschaftliche Weltlage war nach dem »schwarzen Freitag« im November 1929, an dem die amerikanische und nach ihr die europäische Börse zusammengebrochen waren, verheerend. Die Arbeitslosigkeit hatte schwindelnde Höhen erreicht, die Nationalsozialisten errangen im Parlament immer mehr Mandate. Fritz Sternberg war an jenem Abend ziemlich pessimistisch, beklagte, daß die KPD, durch Fraktionskämpfe zerrissen, keine Kraft hatte, dem Nationalsozialismus entgegenzuwirken. Brecht äußerte sich vorsichtig, was die KPD anbelangte, obwohl sein Freund und Lehrer, Karl Korsch, aus der Partei ausgeschlossen worden war. Aber Brecht hatte nun einmal auf das Pferd KPD gesetzt und wollte nicht abspringen.

Ich ging nach Mitternacht noch zu Kanto, das hatte ich ihm versprochen. Auch das Gespräch mit ihm drehte sich um Politik. Kanto war nahe daran, der KPD beizutreten, als der einzigen Partei, die konsequent eine antifaschistische Politik verträte. Er hatte in der Zwischenzeit große politische Erfahrung gesammelt. Wir trennten uns als gute Freunde.

Trotz der beunruhigenden Situation in Deutschland fanden Ernst und ich Gefallen an Berlin und beschlossen, im nächsten Jahr Wien zu verlassen und nach Berlin zu ziehen. Wir wollten aber den Frühling und Sommer noch in Wien erleben und gingen, als es warm wurde, nach Mödling aufs Land. Während des Semesters pendelte ich mit dem Zug zwischen Wien und Mödling und zog dann ganz zu Ernst. In den Semesterferien verbrachten wir zwei Wochen in Kärnten, schwammen viel im Wörther See und hatten einen vergnügten Urlaub. Das Schwimmen hatten wir in Mödling erlernt. Dort entdeckte ich eines Tages ein Schwimmbassin mit Bademeister, und da wir beide nie schwimmen gelernt hatten, beschlossen wir, dies nachzuholen. Ernst stieg ins Wasser und schon schwamm er! Es war erstaunlich und doch erklärlich: Es lag an seinem Körperbau. Er hatte einen mächtigen Brustkasten und sehr schmale Hüften und Beine. Er konnte wunderbar wassertreten. Während ich niemals eine gute Schwimmerin wurde, schwamm Ernst bis ins späte Alter mit Vergnügen und Ausdauer. Jetzt wurde mir auch klar, warum er früher so gute Noten im Turnen hatte.

Bevor wir Wien verließen, fuhren wir mit dem Schiff die Donau hinunter bis Budapest, an Schloß Melk vorbei, durch die Wachau. Ernst kannte Budapest von früher, aus der Zeit der Freundschaft mit Lukács. Nun war er gerührt, die Stadt wiederzusehen. Wir gingen auf die Insel Margarethen zum Schwimmen, genossen die schönen wienerischen Cafés. Ernsts größter Triumph auf dieser Fahrt war, daß ich mit so großer Spannung »Die Regulatoren von Arkansas« von Gerstäcker las. Denn ich hatte manchmal die Nase gerümpft über seine Vorliebe für Kolportage und nun konnte ich mich schwer von den »Regulatoren« losreißen. In solchen Augenblicken kam Ernsts kindliche Natur zum Ausdruck, er benahm sich wie ein Bub.

Nach Wien zurückgekehrt, packten wir bald unsere Koffer und zogen nach Berlin. Zuerst wohnten wir in Steglitz in einem Junggesellenhaus, wo man schlafen und essen konnte. Dort wohnte auch Arthur Köstler – damals ein fanatischer Kommunist und, ebenso wie Kanto, der sich um diese Zeit der Partei anschloß, ein entschiedener politischer Kämpfer. Auch ich selbst begann jetzt politisch zu arbeiten: zunächst auf der Technischen Hochschule in Charlottenburg, wo ich mich gleich nach meiner Ankunft immatrikulierte. Dort gab es einen »Roten Studentenclub«, der eine Zeitschrift »Der rote Student« herausgab. Ich trat der Gruppe, die 15 bis 20 Mitglieder hatte, bei – einer Gruppe, zu der auch Suse Chotzen und Grete Ehrmann gehörte, mit denen ich mich anfreundete. Suse emigrierte später nach Frankreich, Grete nach Dänemark. Mit beiden Frauen behielt ich Kontakt. Suse, die auf ihre alten Tage noch Bildhauerin geworden war, besuchte mich in Tübingen; zu Grete bin ich, 1978, nach Kopenhagen gefahren. Sie erzählte mir die erstaunliche Geschichte der Rettung der Juden in Dänemark im Jahre 1943. Ein deutscher Gesandtschaftsbeamter (später natürlich hoch geehrt) unterrichtete einen dänischen Politiker über die von Berlin beabsichtigte Durchführung der »Endlösung« der Judenfrage. Die Dänen reagierten sofort. Sie quartierten die Juden in andere Wohnungen um. Der schwedische König proklamierte die Öffnung seines Landes für die Verfolgten. Grete und ihre Tochter wurden aus ihrem Quartier geholt und auf Umwegen zu einem Schiff gebracht, auf dem sich noch 100 andere Flüchtlinge befanden. Das Schiff fuhr nach Schweden. Diese kollektive Aktion zur Rettung der Verfolgten steht einzig da, wie mir Grete sagte. Sie war für den eigentlichen Widerstand organisatorisch von außerordentlicher Bedeutung.

Von den männlichen Kommilitonen stand mir besonders Fritz Eichenwald nahe, der Maschinenbau studierte. Auch er war in der KPD und in der Gewerkschaft »Bund Technischer Angestellter und Beamter«. Ich trat als Hospitantin dem BVTAB bei, dafür sorgte Fritz, der die gewerkschaftliche Arbeit für besonders wichtig hielt. Er war ein glänzender Redner, der vehement gegen die »lahmen« Sozialdemokraten zu Felde zog. Das Leben und Schicksal von Fritz und seiner Frau Lissy ist so exemplarisch für jene Zeit, daß ich das Bedürfnis habe, es zu schildern.

Lissy kam aus einer proletarischen Familie (ihre Eltern waren Kommunisten) und wurde ein eifriges Mitglied der KPD. Sie war bereits ein Jahr im Gefängnis gewesen, bevor ich sie kennenlernte. Das war Anfang 1933, als die Nationalsozialisten die Macht ergriffen hatten. Lissy und Fritz mußten Deutschland verlassen und flohen in die Sowjetunion. Manchmal kam ein karges Wort von Fritz in meine Schweizer und später in die Prager Emigrantenwohnung. Plötzlich tauchte er 1937 in Prag auf, wo er als Ingenieur etwas für seinen Moskauer Betrieb erledigen sollte. Er war verändert, deprimiert, so hatte ich ihn nie gekannt. Ich fragte nach seinen Erfahrungen in der Sowjetunion. Es gehe ihm und Lissy gut, sagte er. Aber es fiele ihnen schwer, sich an die völlig kleinbürgerliche Atmosphäre im russischen Proletariat zu gewöhnen. Konsumbedürfnisse verdrängten politische Fragen, Diskussionen, wie er es aus Berlin gewohnt war, gäbe es nicht. Fritz wollte nicht lange über das Thema sprechen. Ich war traurig und verwirrt, denn noch immer überstrahlte in meiner Vorstellung die Oktoberrevolution alles Negative, was man aus der Sowjetunion hörte. Fritz war in Eile, wir trennten uns. Dann hörte ich lange nichts mehr von ihm. Bis 1938 Lissy auftauchte. Sie war aus Moskau ausgewiesen und in einen Zug gesetzt worden, der sie nach Deutschland bringen sollte. Deutschland: das bedeutete für sie sofortige Inhaftierung, KZ. Es gelang ihr zu fliehen, sie landete in Prag, kam sofort zu mir. Ich fragte nach Fritz; sie erzählte, daß vor mehreren Monaten morgens GPU-Leute in ihre Wohnung gekommen wären und Fritz verhaftet und abgeführt hätten, ohne den Grund anzugeben. Lissy war von einem Gefängnis zum anderen gerannt, aber Fritz blieb unauffindbar. Sie glaubte nicht, daß er noch lebte. »Aber warum?« fragte ich verzweifelt. Lissy war sehr vorsichtig und sagte nur, daß in der Sowjetunion Dinge passierten, die ihr unverständlich seien, aber sie wolle nicht entscheiden, ob Recht oder Unrecht regiere. Ich versuchte, so gut ich konnte, zu helfen – Lissy hatte gar kein Geld, nur einen Koffer mit etwas Garderobe. Ich wandte mich an die deutsche KP in Prag und bat, der alten Genossin beizustehen. Da aber stieß ich auf eine Mauer; es hieß: Wenn die Sowjetunion an Fritz und Lissy so gehandelt habe, gäbe es Gründe dafür. Die Partei weigerte sich, Lissy zu unterstützen. Ich fand jedoch unter den Genossen Einzelne, die bereit waren, für Lissy etwas zu tun. Wir waren damals gerade dabei, nach den USA auszuwandern, Lissy brachte uns an den Zug – das war das letzte Mal, daß ich sie gesehen habe. Sie ist verschollen. Heute noch krampft sich mein Herz zusammen, wenn ich an diese Freunde denke.

Zurück zur Technischen Hochschule in Charlottenburg und dem RSC. Seine Hauptaufgabe war, den Einfluß der Nazis auf die Studenten soweit wie möglich zu verhindern und die Diskussionen mit Sympathisanten, vor allem aber mit dem Gegner selbst zu führen. Ich hatte gleich am Anfang ein charakteristisches Erlebnis: Da ich aus Wien kam, mußte ich erst den Studienplan näher kennenlernen. Ein liebenswürdiger Student meines Semesters erklärte sich sofort bereit, mir zu helfen. Die Zusammenarbeit war gut, der junge Mann hofierte mich sehr. Als wir uns einmal auf dem Gang unterhielten, begegnete uns ein Kommilitone, der prononciert jüdisch aussah. Mein »Freund« sah ihn verächtlich an und sagte zu mir: »Hoffentlich dauert es nicht mehr lange, bis wir diese jüdischen Fratzen nicht mehr zu sehen brauchen. Gucken Sie sich selbst an, wie Sie aussehen und wie dieser abscheuliche Goldberg aussieht!« »Aber, Herr Kommilitone, ich bin auch eine Jüdin.« Der junge Mann wurde leichenblaß. »Nein, das ist nicht möglich! Sie können keine Jüdin sein!« »Aber wieso denn, ich bin rein jüdisch, habe keinen arischen Blutstropfen.« Er wandte sich ab und grüßte mich nicht mehr seit diesem Gespräch. Ich habe damals zum ersten Mal an mir selbst erlebt, wie tief vielen Deutschen der Judenhaß eingeimpft worden war.

In meinem Semester waren etwa 10 Prozent der Studierenden Mädchen. Ich kann mich besonders gut an Esther von Kluge erinnern, die Tochter des Generals von Kluge, der im 2. Weltkrieg eine bedeutende Rolle spielte. Esther war ein sympathisches, sehr sportliebendes Mädchen. Wir hatten ein gutes Verhältnis zueinander; ich versuchte, sie kommunistisch zu beeinflussen, machte sie mit meinen politischen Freunden bekannt und schleppte sie in kommunistische Versammlungen. Aber man konnte sie nur neutralisieren und gegen die Nazis stimmen, nicht mehr. Ich sollte sie wiedersehen, nach vielen Jahrzehnten: 1961, nachdem wir nach Tübingen übersiedelt waren, bekam ich eine Karte von Esther. Sie wohnte am Bodensee und besuchte mich in Tübingen. Sie war noch immer schlank, sah gut aus, hatte mehrere Kinder, übte ihren Architekten-Beruf aber nicht aus. Obwohl sie mir durchaus sympathisch war, kam es zu keiner engeren Verbindung, der Schatten ihres Vaters stand zwischen uns.

In Berlin wechselten wir die Wohnung und zogen nach Wilmersdorf in den sogenannten »Roten Block«, auch Künstlerkolonie genannt, am Laubenheimer Platz. Um den Platz herum hatten die Bühnengenossenschaft und der Schutzverband Deutscher Schriftsteller für ihre Mitglieder drei Wohnblocks gebaut. Die Wohnungen waren billig und nicht unkomfortabel. Wir zogen in die Kreuznacherstraße 52. Mehrere Freunde waren im selben Haus unsere Nachbarn. So Peter Huchel und Gustav Regler. In der Nähe wohnten auch Kantorowicz mit seiner klugen, reizenden Frau Friedel – sie war Schauspielerin, vorher mit dem Tänzer Wagner-Regeny verheiratet (Sohn des Komponisten) – der Regisseur Erich Engel, der Sänger Ernst Busch, Susanne Leonhard mit ihrem Sohn Wolfgang, Hermann Budzislawski, Axel Eggebrecht, Alfred Sohn-Rethel und viele andere. Der »Rote Block« bildete eine erfreuliche Gemeinschaft, in der Parteilose, Kommunisten und Sozialdemokraten versammelt waren. Bei uns wehten nur die Fahnen Schwarz-Rot-Gold und Rot. In der kleinbürgerlichen Nachbarschaft Steglitz und Friedenau dagegen wimmelte es von schwarz-weiß-roten und Hakenkreuz-Flaggen.

Es war lustig, die Lebensgewohnheiten der einzelnen Nachbarn kennenzulernen. Huchels zum Beispiel (seine damalige Frau Dora war eine deutsche Rumänin aus Siebenbürgen) verwandelten den Tag zur Nacht. Das Leben begann mit der Abenddämmerung. Wenn ihre Katze miaute, wußte ich, die Huchels waren auf. Dora selbst glich einer Katze mit ihren großen Augen und grazilen Bewegungen. Wann immer die Zeit es zuließ, ging ich zu Huchels. Ernst kam manchmal mit, er schätzte die Bohème-Atmosphäre. Peter oder Piese, wie ihn seine Freunde nannten, las dann oft ein neues Gedicht vor, mit seiner schönen ruhigen Stimme. Ich liebte seine Gedichte, die Natur, die Landschaft in ihnen. Oft kamen agronomische Ausdrücke vor, altertümlich und wohlklingend. Die mußte ich mir erst erklären lassen.

Bei den Parlamentswahlen vom 14. September 1930 hatte die NSDAP mächtig zugenommen, sie wurde die zweitstärkste Partei. Piese, der in keiner Partei war, wollte von mir wissen, was wir »Roten« gegen die braune Pest unternähmen. Auch ich begann, mir diese Frage eindringlicher zu stellen, und nachdem Alfred Kantorowicz 1931 der KPD beigetreten war, folgte ich ihm 1932. Es war kein einfacher Entschluß, obwohl ich schon so lange Jahre mit dem Kommunismus sympathisiert hatte. Ich wußte, daß in der KPD strengste Parteidisziplin herrschte, daß man sich den Beschlüssen der oberen Instanzen fügen und eigene Meinungen, wenn sie gegen die Parteilinie gerichtet waren, unterdrücken mußte. Mir wäre eine Rosa Luxemburg'sche Linie lieber gewesen, die da sagte: »Die Freiheit ist immer auch die Freiheit des anderen.« Aber die gefährliche politische Situation in Deutschland erforderte einen disziplinierten Kampf gegen die Nazis, und ich war überzeugt, daß nur die KPD ihn exemplarisch führen konnte. So schob ich die Bedenken zur Seite und trat in die sogenannte Straßenzelle des »Roten Blocks«, die bei Kantorowicz tagte, ein. Wir trafen uns, etwa zehn Genossen, einmal wöchentlich. Der politische Leiter war Kanto, der organisatorische Leiter Gustav Regler. Ein Genosse regelte die Finanzen (wir zahlten Beiträge, je nach den Möglichkeiten des einzelnen Mitglieds). Ich übernahm die Arbeit für die Rote Hilfe, eine Organisation, die sich um Arbeitslose kümmerte und um kommunistische Gefangene. Denn der Justizapparat der Weimarer Republik war derselbe wie zu Kaisers Zeiten – genauso wie der Beamtenapparat – die Sozialdemokraten hatten nicht viel daran geändert.

Neben den Straßenzellen, als den kleinsten Einheiten der Partei, gab es Betriebszellen. Die Genossen des »Roten Blocks«, die gewerkschaftlich organisiert waren, wurden Mitglieder dieser Zellen. Wir arbeiteten mit ihnen zusammen, wenn es um Demonstrationen oder sonstige Veranstaltungen ging. Unsere Direktiven bekamen wir von der Bezirksleitung. Die Politik der KPD wurde von der Komintern bestimmt, die Kämpfe in der Leitung der Partei von den Russen entschieden. So hat das Politbüro der Sowjetunion Thälmann an die Spitze der KPD gehievt.

Ich war jetzt sehr beschäftigt: Als Studentin mußte ich termingerecht Zeichnungen abliefern, Vorlesungen und Seminare besuchen. Außerdem gab es noch die Tätigkeit für den »Roten Studentenclub«. Es war uns gelungen, für den sogenannten Stehkonvent (das waren morgendliche Treffen der einzelnen Studentengruppierungen) alle antinazistischen Studentengremien zu vereinigen. Wir nannten uns die »freiheitliche Studentenschaft« und wurden der größte Kreis. Einmal, als wir unseren Stehkonvent abhielten, fiel eine Art Sprengkörper von der Galerie im I. Stock in unsere Mitte und brannte lichterloh. Es gab Verwirrung. Der Rektor mußte die Polizei rufen. Aber niemand kam zu Schaden.

Abends kochte ich für Ernst und mich, er erzählte von seiner Arbeit an »Erbschaft dieser Zeit« oder las einen Artikel vor, den er für die »Weltbühne« oder »Das Tagebuch« geschrieben hatte. Ossietzky schätzte ihn sehr und stand ihm ritterlich in einer »Plagiatsgeschichte« bei. Ernst hatte vor mehreren Jahren im Börsen-Kurier einen Beitrag gelesen, der »Exzentrik« hieß und mit Bohdan unterschrieben war. Er hielt »Exzentrik« – da über dem

Strich, nicht im Feuilleton gedruckt – für einen Bericht. Der Inhalt war ihm interessant, weil er das Incognito des Menschen berührte: Ein Clown wird vom Stallmeister gefragt: »Wer sind Sie, wie heißen Sie?« Der Clown wirkte plötzlich verwirrt und sagte: »Ich weiß nicht, ich weiß nicht . . .«. Er wurde ein Niemand. Aber plötzlich erwachte er und schrie: »Nein, ich bin ein Clown und heiße ›Der dumme August‹!« Dieser jähe Identitätsverlust war für Bloch philosophisch interessant. Er hatte damals zu dem vermeintlichen Tatsachenbericht eine Glosse geschrieben und sie an das »Berliner Tageblatt« geschickt. Zu seinem großen Erstaunen mußte er erfahren, daß der vermeintliche Tatsachenbericht »Exzentrik« die Originalgeschichte eines Herrn Fanta war. Jahre später bezichtigte nun das »Berliner Tageblatt«, aus Rache, weil Bloch das Feuilleton des Tageblatts kritisiert hatte, Ernst Bloch des Plagiats. Die Erklärung, die Ernst zu diesem Vorfall an die Zeitung schrieb, wurde nicht abgedruckt. Da schrieb Ossietzky unter dem Titel »Plagiatgeschrei« eine glänzende Rechtfertigung Blochs und eine Würdigung seiner Philosophie. Später wollte Ernst die Clown-Geschichte gerne in seine »Spuren« aufnehmen, aber wegen der Querele mit dem »Berliner Tageblatt« wartete er mit der Veröffentlichung bis zu der erweiterten Ausgabe der »Spuren« im Suhrkamp Verlag im Jahr 1969, wo die Geschichte unter dem Titel »Ein incognito vor sich selber« zu finden ist. Wie wichtig Ernst der Zwischenfall war, geht aus einem Brief an Siegfried Kracauer hervor, in dem er den Fall ausführlich beschrieb.

In die Sitzungen meiner Parteizelle ging ich gerne. Es war ein Kreis von Genossen und Freunden, der sich da traf. Der gemeinsame Kampf gegen den Faschismus beherrschte uns so, daß persönliche Probleme zweitrangig wurden. Und individuelle Nöte verblaßten vor der Kraft der kommunistischen Idee. Ich kann mich gut an den Kunsthistoriker Max Schröder erinnern, einen ungewöhnlich sympathischen, wenn auch melancholischen und innerlich zerrissenen Menschen. Für ihn war die Partei Zuflucht und Rettung vor der Melancholie. Er ging in der Parteiarbeit auf. Auch Gustav Regler war ganz erfüllt von seinen Parteiaufgaben (seine frühen Romane spiegeln das wider). Er war Saarländer und ging

1933 in seine Heimat, um illegal für die Wahlen zu kämpfen, die entscheiden sollten, ob das Saarland, das vom Völkerbund verwaltet wurde, französisch oder deutsch werden sollte. Regler, begabter Redner und Organisator, hatte guten Kontakt zu den saarländischen Bergarbeitern und kämpfte eifrig gegen den Anschluß an Deutschland. Aber leider ohne Erfolg. Er war mit einer hübschen und sanften Frau verheiratet, Marieluise, Mieke, genannt. Sie war die Tochter des Jugendstil-Malers Heinrich Vogeler. Auch Vogeler war Kommunist und ist 1940 irgendwo in Kasachstan verhungert. Mieke hatte das Talent des Malens vom Vater geerbt, aber nicht seine politische Aktivität. Wenn ich mich mit ihr unterhielt, dann nicht über Politik, sondern über Malerei oder über Paris, eine Stadt, die sie liebte.

Am Ende des Wintersemesters 1932 war ich ziemlich abgerackert, und wir beschlossen, die Semesterferien in Italien zu verbringen. Sowohl Ernst wie ich liebten dieses Land mehr als jedes andere, das wir kannten. Der italienische Faschismus schreckte uns nicht ab, er war ganz anders als der deutsche, wir wurden in Italien nie behelligt. Unser Plan war, zuerst zur Erholung an den Gardasee zu fahren und dann nach Brescia, Verona, Venedig und Rom. Wir mieteten uns in Maderno am Gardasee in einer kleinen Pension ein. Es war nicht so warm, wie wir gedacht hatten (Anfang April), aber sonnig und landschaftlich wunderschön. Am Ufer des Sees stand eine bezaubernde kleine romanische Kirche, die mich immer wieder anzog, bis ich den Plan faßte, sie baulich aufzunehmen. Es gehörte zum Studienplan, ein besonders attraktives Bauwerk aufzunehmen. Meine Kommilitonen wählten zum Teil kleine Adelswohnhäuser in Potsdam für diesen Zweck. Aber ich wurde immer mehr von der Idee angezogen, diese kleine Kirche darzustellen, obwohl ich mich eigentlich ausruhen wollte. Ich ging zum Pfarrer des Dorfes und fragte ihn, ob ich die Kirche vermessen und aufnehmen dürfe, ob er mir jemand zur Hilfe stellen könne, der aufs Dach, auf den Campanile steigen würde. Der Pfarrer war sehr geschmeichelt, versicherte mir, daß er sich über mein Vorhaben freue. Die Kirche, Chiesa S. Andrea, genannt St. Herkulianus, stünde unter Denkmalschutz, er gab mir auch eine kleine Broschüre mit der Beschreibung und der Geschichte von S. Andrea. Die Kirche war im XII. Jahrhundert über römischen Tempelruinen aus deren Steinen erbaut worden. Es war eine dreischiffige Basilika mit einer typisch romanischen Eingangstür mit Archivolten auf eckigen Säulen. Das Tympanon schmückte ein schönes Bild Marias mit dem Kind. Ich machte mich an die Arbeit. Der Pfarrer gab mir als Helfer einen jungen Elektriker, der hohe Leitern herbeischaffte. Ich zeichnete zunächst einmal die Kirche, den Campanile von allen Seiten, fotografierte auch im Innern alle Kapitelle; jedes war anders und alle von großer Schönheit. Die Fassade war in unregelmäßigen Formaten mit Marmorplatten verkleidet, in zarten rosa und beige Tönen. Mit einem langen Meterstab nahm ich die Maße auf. Der junge Elektriker stieg aufs Dach und auf den Campanile und schrie von oben herunter: »Cinquanta centimetri, signorina!« Ich trug die Zahlen ein. Die Dorfkinder saßen auf dem Gehsteig um mich herum und begleiteten mit großen Augen neugierig jeden Strich, den ich machte. Manchmal kam der Pater und sagte den Kindern: »Seht, so sind die Deutschen. Die Signorina ist zum Urlaub hierher gekommen, aber statt auszuruhen arbeitet sie.« Ich habe ihm nicht widersprochen, ihm nicht verraten, daß ich gar keine Deutsche war. Die Arbeit gedieh und machte mir Spaß. Am Abend aß ich mit Ernst in einer freundlichen Trattoria. Er erzählte von seiner Arbeit, ich von meiner, und immer wieder sprachen wir von Deutschland.

Nach zwei Wochen war ich fertig, hatte eine schöne Mappe voll Zeichnungen und Fotos beisammen und freute mich schon auf die Ausführung der Skizzen. Es gab noch einen rührenden Abschied vom Geistlichen und dem jungen Elektriker. Wir fuhren nach Verona, Venedig, Brescia. Ernst war von früheren Italien-Reisen mit Land und Leuten vertraut. In Brescia sahen wir, wie neben einem wunderbaren Frührenaissance-Bau ein brutaler faschistischer Monumentalbau entstand: Und das Ganze sollte nur ein Postamt geben! Anfänglich war der italienische Faschismus künstlerisch fortschrittlich gewesen, hatte dann aber dem deutschen Un-Stil folgend, sehr schnell politische Brutalität auch in Bauwerken zum Ausdruck gebracht.

Unser Hauptreiseziel war Rom – da war ich noch nie gewesen. Zunächst fiel mir die ungeheure Menge von Priestern auf, in ihren schwarzen Soutanen, mit den breitkrempigen Hüten, denen man überall begegnete. Ich weiß noch, wie ich zu Ernst sagte, daß ich Martin Luther verstehe, der gegen diese Nichtstuer und manchen Papst von Abscheu erfüllt war. Bald aber hatte die überwältigende Präsenz von Jahrtausenden menschlicher Geschichte für uns alles andere verdrängt. So gingen wir zuerst ins Colosseum. Wunderbar abwechslungsreich fand ich die architektonischen Stilordnungen – die dorische, die ionische und die korinthische – die die drei Geschosse des Amphitheaters charakterisieren. Die Phantasie spielte mit – man stellte sich die Gladiatorenkämpfe vor, die Christenverfolgungen – dort wurden die Christen auf der Arena gefoltert und gemordet. Das frühe Christentum war und ist für mich ein ergreifendes Kapitel der menschlichen Geschichte. Darum fanden die Katakomben mein besonderes Interesse, Friedhöfe, in denen die Urchristen begraben wurden, dunkle Höhlen, in die sich die Christen vor den Verfolgungen durch die Römer retteten. Manchmal standen aus den Nischen schmale Steinplatten vor, auf die die Priester, wenn sie für die Märtyrer Messen lasen, Kelch und Hostie stellten. Zum ersten Mal sah ich hier frühchristliche Malerei.

Unbedingt wollte ich die Kirche Il Gesú sehen. Ursprünglich von Michelangelo entworfen, wurde sie nach seinem Tode von Giacomo Vignola 1568 gebaut. Im Architekturstudium spielt Il Gesú eine hervorragende Rolle, weil nach ihrem Muster unzählige Jesuitenkirchen in Italien und anderen katholischen Ländern gebaut wurden. Mir war die Kirche innen zu prunkvoll, die Pracht ist aber nicht auf Vignola zurückzuführen, sondern auf spätere Ausstattung im Hochbarock. Ich habe viel fotografiert. Das schönste Bild gelang mir vom Dach der Peterskirche: Wunderbar war der Petersplatz mit den Collonaden von Bernini zu sehen.

Nachdem wir einige Zeit in Rom waren, meinte Ernst: »Laß uns nach Nordafrika fahren.« Er kannte Tunis, Algier, Marokko – der Maghreb zog ihn an. Aber ich wollte zurück nach Berlin, weil ich meine Semesterferien schon überzogen und Angst hatte, noch mehr in der Hochschule zu versäumen. Ich versprach Ernst, im nächsten Jahr mit ihm nach Nordafrika zu reisen. Aber das nächste Jahr war 1933! Flucht, Emigration, Heimatlosigkeit begannen und so habe ich Nordafrika nie gesehen. Wir fuhren im Mai 1932 zurück nach Berlin.

Inzwischen hatte sich die Front der Nazis verstärkt, die Situation des »Roten Blocks« wurde immer prekärer. Abends kam es zu Überfällen der Braunhemden auf Genossen, es gab blutige Schlägereien. Wir verstärkten unsere Verteidigung, man verschaffte sich Waffen. Unsere Propaganda lief auf Hochtouren. Wir marschierten in Gruppen (sie nannten sich Agit-Prop) in die benachbarten Bezirke, diskutierten mit den Bewohnern in den Höfen, spielten kurze Theaterstücke, sangen revolutionäre Lieder und fanden durchaus Zuhörer, vor allem unter den Arbeitern. Wir luden hungernde Arbeitslose zu uns ein, halfen ihnen so gut wir konnten, obwohl einige von uns selbst arbeitslos waren und nicht wußten, wie sie die nächste Miete bezahlen sollten. Trotz dieser schweren, gefährlichen Zeiten, in denen mancher Genosse bei Übergriffen der Nazis verschleppt und gefoltert wurde, sind die Erinnerungen an diese Monate erfüllt von dem positiven Erlebnis einer Epoche der Gemeinschaft, der Solidarität. Nie habe ich mich einsam gefühlt, auch wenn Ernst nicht da war. Und er war öfters in Ludwigshafen bei den Freunden Max und Lene Hirschler. Das Berlin der damaligen Tage war ihm zu turbulent. Er brauchte Konzentration für seine Arbeit, die Pfalz war ruhiger und für ihn oft eine Oase.

Ich selbst begann neben meinem Architekturstudium an Kursen der »Masch« (Marxistische Arbeiterschule) teilzunehmen. Diese Schule war im Winter 1926/27 eröffnet worden und hatte sich im Laufe der Jahre zu einer ansehnlichen Lehranstalt entwickelt, die in vielen deutschen Städten Zweigschulen gründete. Als Lehrer fungierten bewährte Marxisten wie Hermann Duncker und viele prominente kommunistische Intellektuelle. Denn die »Masch« war eine Bildungsstätte der KPD. Der Lehrplan umfaßte die ökonomischen Grundlehren des Marxismus-Leninismus, die Geschichte der deutschen Arbeiterbewegung, Grundfragen der Gewerkschaftsbewegung, die Analyse des Faschismus, die Weltanschauung des Marxismus-Leninismus. Für mich war die »Masch« nicht nur eine Schule des Marxismus, in der ich manches lernen konnte, sondern auch eine Möglichkeit, näheren Kontakt mit Proletariern zu finden. Mit manchen von ihnen schloß ich Freundschaft, sie besuchten mich, ich besuchte sie in ihren ärmlichen Behausungen. Das war für mich wichtig, denn im »Roten Block« wohnten keine Arbeiter; der einzige Prolet, den ich dort kannte, war Johnny, der uns die »Rote Fahne« brachte. Und im Roten Studenten-Club war unter meinen Freunden nur einer proletarischer Abstammung, Franz Petrak, den ich später in der DDR nach beinah 20 Jahren wiedertreffen sollte. Der Prozentsatz der proletarischen Studenten betrug in der Weimarer Zeit etwa 2 Prozent. Aus dieser »Masch«-Zeit stammt auch meine Freundschaft mit dem Architekten Hannes Meyer, über dessen Tätigkeit in der Jiddischen Sowjetrepublik Birobidjan ich bereits berichtet habe. Meyer hatte im Jahre 1928 den Wettbewerb für den Bau der Bundesschule des Allgemeinen Deutschen Gewerkschaftsbundes in Bernau gewonnen. Diesen Bau bewunderte ich sehr, er hat sich auch in der Praxis gut bewährt. Der Architekt hatte statt eines großen Gebäudes für alle Internatsbewohner mehrere freistehende Blocks erstellt, die den Bewohnern Ruhe und Intimität ermöglichten.

Für die Bildung der Arbeiter wurde in der Weimarer Republik durchaus Sorge getragen. Es gab viele Möglichkeiten der Erwachsenenbildung. Neben den Volkshochschulen boten sowohl die SPD wie auch die Gewerkschaften Arbeiterschulen und -Kurse an. Aber die »Masch« verband theoretische Schulung mit der praktischen, was bei den anderen Bildungseinrichtungen nicht der Fall war.

Bei einer Veranstaltung der »Masch« lernte ich Lukács und seine Frau Gertrud (Nationalökonomin) kennen. Lukács, der in Moskau als Mitarbeiter des Marx-Engels-Instituts lebte, war 1931 von der Komintern nach Berlin geschickt worden, um politische Arbeit unter Schriftstellern zu leisten, sie also auf die »russische« Linie zu bringen. In der damaligen Zeit wurden linksbürgerliche Schriftsteller scharf angegriffen. Dafür sorgte schon Johannes R.

Becher in der »Linkskurve«, einer Zeitschrift des Bundes der proletarisch revolutionären Schriftsteller. Auch Toller und Barbusse waren in dieser Zeitschrift Zielscheiben des Angriffs geworden. Es war also kein Wunder, daß Lukács, als er nach Berlin gekommen war, keine Verbindung zu Bloch gesucht hatte. Mich hingegen luden sie bald zu sich ein, ich war durch meine Parteizugehörigkeit legitimiert, außerdem wurden wir sehr bald Freunde.

Lukács sah so aus, wie ihn Ernst beschrieben hatte: klein, zart, nicht schön, aber seine geistige Potenz machte ihn sehr anziehend. Bei Lukács's fanden öfters Zusammenkünfte von Genossen statt. Diskutiert wurden vor allem die politischen und literarischen Probleme. Zu diesen Nachmittagen ging ich gerne, wenn es mich auch kränkte, daß Ernst nicht eingeladen wurde. Beim Abschied gab es höchstens einen Gruß an ihn. Dabei hatten sich Lukács und Bloch 1930 doch in Wien wiedergetroffen und ihren alten Zwist, wie es schien, begraben. Jetzt, in Berlin, standen die zwei früheren Freunde auf sehr konträren Plattformen, was Literatur anbetraf. Noch als Lukács in Moskau lebte, war in der Exilzeitschrift »Das Wort« die berühmte Expressionismusdebatte entbrannt, in deren Verlauf die beiden Gegenpositionen einnahmen. Blochs Engagement galt der Avantgarde, Kafka, Joyce, Dos Passos, Brecht. Lukács war für den Realismus (er ist eigentlich der Vater des sozialistischen Realismus), nannte die Avantgarde dekadent. Seine Helden der literarischen Szene waren Paul Ernst, Thomas Mann und andere Autoren dieser Art. Ich war derselben Meinung wie Ernst, aber trotzdem kam ich gerne mit Lukács's zusammen. Erst in viel späteren Jahren, nach 1956, wurden wir zu einem Quartett, statt des bisherigen Trio. Das war die Zeit, als Lukács in Ungarn dem »Petöffi Klub« beitrat und Bloch als Revisionist und »Verderber der Jugend« in der DDR angegriffen wurde.

In der Technischen Hochschule war ich – abgesehen von politischen Zwischenfällen – sehr zufrieden. Meine beiden wichtigsten Lehrer waren Hans Poelzig und Bruno Taut. Hans Poelzig war nicht nur ein hervorragender Architekt (großes Schauspielhaus in Berlin, im Krieg zerbombt, Verwaltungsgebäude der IG Farben in Frankfurt am Main, das noch heute steht), sondern auch ein geistreicher Mensch und aufrechter Demokrat. Als einmal Studenten in brauner Uniform sein Seminar betraten, stand er wütend auf und warf sie hinaus: »In meinem Seminar haben Uniformierte keinen Zutritt!« Er haßte die Nazis so, daß er nach ihrem Machtantritt Deutschland verließ und einen Lehrstuhl in Istanbul übernahm. Dort ergab er sich aus Verzweiflung und Heimweh derart der Trunksucht, daß er nach kurzer Zeit starb.

Auch Bruno Taut war ein politisch fortschrittlicher Mensch. Er interessierte sich sehr für die frühe revolutionäre russische Architektur, reiste öfters in die Sowjetunion und hat dort auch einiges gebaut. Allerdings mußte er die große Enttäuschung erleben, daß unter Stalin die russische Architektur völlig degenerierte. Aus einer anfänglich originellen, eigenständigen Bauweise der frühen Nachrevolutionszeit – Architekten waren die Brüder Wessnin, Tatlin, Lissizki – geriet die Baukunst auf ein falsches Gleis und entartete zu einer völlig unfunktionalen epigonalen Architektur, ähnlich der des fin de siècle. Karyatiden überschatteten die Fenster, so daß die Zimmer schlecht beleuchtet waren. An einen Bau von Bruno Taut, der in Moskau erstellt wurde, klebten die Russen nachträglich Halbsäulen mit ionischen Kapitellen an die glatte Fassade. Taut war entsetzt. Entsetzt waren auch die linken Studenten, besonders über den Ausgang eines Wettbewerbs, der 1932/33 für den Bau eines Sowjetpalastes ausgeschrieben worden war und zu dem die berühmtesten internationalen Architekten eingeladen wurden. Mit Spannung erwarteten wir das Ergebnis: wer würde gewinnen? Le Corbusier, Hannes Meyer, Gropius, Mart Stamm? Die Entscheidung der Jury traf uns wie eine Bombe: Ein gewisser Fomin, ein Russe, hatte das Rennen gemacht. Niemand kannte ihn, sein Entwurf war abscheulich: ein kolossaler Rundbau, abgestuft mit einer riesigen Lenin-Statue auf der höchsten Stufe. Der Bau sah auf der Abbildung aus wie eine Torte mit einem Stöpsel als Verzierung. Die sehr vielen Räume, die das Programm verlangte, Räume verschiedenster Funktionen, wurden hineingezwängt in die runde Form. Die anderen Entwürfe hatten die Baumassen gegliedert, Leichtigkeit und Eleganz in das kolossale Bauvorhaben gebracht. (Dieser Sowjetpalast wurde übrigens niemals gebaut.)

Die Entscheidung für Fomin brachte die mit uns sympathisieren-
den oder neutralen Studenten ganz aus dem Konzept. Sie verlangten Erklärungen, wie so etwas im revolutionären Rußland möglich
sei. Wir konnten das häßliche Bauwerk nicht verteidigen und versuchten es so zu erklären, daß das Proletariat eben noch keinen
Geschmack habe und negativen Einfluß auf die Ästhetik in der
Sowjetunion ausübe. Wir trösteten unsere Freunde: diese epigo-
nale Periode würde wieder aufhören. Sie dauerte aber 20 Jahre und
beeinflußte noch nach dem Kriege die Architektur der »Sozialistischen Länder«. In Warschau, Sofia und Ostberlin stehen noch
immer diese monströsen Monumentalbauten (Brecht fragte mich
einmal, ob man sie nicht zerbomben sollte, er haßte jeden Pomp
und Plüsch). Erst als Chruschtschow 1953 eine Brandrede gegen
die herrschende Baukunst hielt, änderte sich der Kurs.
Wir Architekturstudenten waren durch unsere Lehrer Poelzig,
Tessenow, Bruno Taut im Geiste der modernen Baukunst erzogen
worden, lasen vor allem Bücher wie Siegfried Giedeons »Bauen in
Frankreich«, Bruno Tauts »Neue Baukunst« oder Schriften von Le
Corbusier. Schönheit und richtige Funktion waren für uns eine
Einheit und bedeuteten gute Architektur. Repräsentative Bauten
standen im Lehrplan nicht im Zentrum des Interesses. Der große
Wohnungsmangel erforderte in erster Linie den Entwurf von
Wohnsiedlungen und sozialen Einrichtungen. Die Wohnungen
mußten billig sein, man konnte deshalb nicht großzügig planen
und strengte so die Phantasie an, um bei kleinem Wohnvolumen
durch guten Grundriß das Beste herauszuholen. Ich erinnere mich
an ein Seminar von Bruno Taut, in dem wir die Aufgabe hatten,
eine große Wohnsiedlung zu entwerfen, mit Schule und Kindergarten. Wir wurden in Gruppen eingeteilt, jede hatte eine besondere Aufgabe übernommen. Meine Gruppe entwarf einen Kindergarten. Wir hatten nicht nur den Entwurf gemacht, sondern auch
einen längeren Text geschrieben, der das Thema vom pädagogi-
schen, hygienischen und sozialen Standpunkt aus wissenschaft-
lich fundierte. Die Arbeit fand bei Taut großen Anklang und sollte
als Broschüre veröffentlicht werden, aber die politischen Ereignisse machten den Plan zunichte.

Das deutsche Proletariat war in den kritischen dreißiger Jahren hoffnungslos gespalten. Die Kommunisten nannten die Sozialdemokraten Sozialfaschisten und für Sozialdemokraten waren Kommunisten die Lakaien der Sowjetunion. Die verzweifelten, nicht parteigebundenen Antifaschisten kämpften vergeblich um die Versöhnung der feindlichen Brüder. Ich sehe noch die Litfaßsäulen in Berlin vor mir, mit riesigen Plakaten beklebt: »Schafft die Einheitsfront gegen die Nazis«, unterschrieben von Käthe Kollwitz und Heinrich Mann, aber das war ein Schrei in der Wüste. Auch die »Weltbühne« kämpfte um eine Versöhnung – vergeblich. Eigentlich war mit dem Sturz der Regierung Müller (SPD) 1930 die parlamentarische Weimarer Republik zu Ende gegangen. Notverordnungen traten an die Stelle von Parlamentsbeschlüssen. Die Wirtschaftskrise hatte 6 Millionen Arbeitslose zur Folge. Die Nationalsozialisten paktierten mit den Deutschnationalen, das Bürgertum rückte immer mehr nach rechts. Am 30. Januar 1933 ernannte der Reichspräsident von Hindenburg Hitler zum Reichskanzler. Ich sah den Fackelzug, der unter fanatischem Jubel an der Reichskanzlei vorbeimarschierte.

Viele Genossen mußten untertauchen, wagten nicht mehr, in ihren Wohnungen zu bleiben. Am 27. Februar 1933 läutete es früh morgens an meiner Tür: Draußen stand Johannes R. Becher. Er kam herein und sagte: »Nimm dich in acht – der Reichstag brennt. Die Nazis haben ihn angezündet, um die Kommunisten der Brandstiftung zu beschuldigen, man wird uns jetzt ausräuchern.« Er ging bald weg, um andere Genossen zu warnen. Das erste, was ich tat, war, die Bibliothek durchzukämmen. Alle Bücher, die marxistisch waren, packte ich in eine Kiste und brachte sie mit Hilfe eines Genossen in eine nicht gefährdete Wohnung außerhalb des »Roten Blocks«. Dann bat ich den Genossen, zwei Koffer mit Ernsts Manuskripten aus dem Hause zu schaffen. Er versprach, am nächsten Morgen zu kommen. Das tat er auch, aber gleich nachdem er die Wohnung betreten hatte, forderte er mich auf, ans Fenster zu gehen. Ich blickte hinaus: Der ganze Laubenheimer Platz war von SA-Leuten und Polizisten umstellt, sie hatten ihre Maschinengewehre gegen unsere Fenster gerichtet. »Was nun,

Willy? Hier stehe ich mit den zwei Manuskriptkoffern.« »Sie kommen in jede Wohnung, kommen auch zu dir«, sagte Willy, »zunächst müssen mal die Koffer auf den Boden, vielleicht haben wir Glück, und sie suchen da oben nicht.« Willy brachte die Konterbande auf den Speicher und ging gleich danach weg. Er war Arbeiter und es wäre nicht günstig gewesen, wenn man bei mir einen Proletarier angetroffen hätte. Ich zog mich besonders elegant an und nahm mir vor, die polnische Dame zu spielen. Da läutete es schon an meiner Tür, ein SA-Mann und ein Polizist standen draußen. »Wir müssen Ihre Wohnung durchsuchen.« Sie gingen an jeden Schrank, an jedes Regal. Gottlob waren die verdächtigen Bücher weg, aber sie fanden Tolstojs »Über die Religion« und argwöhnisch nahmen sie das Buch mit. »Wo ist denn Dr. Bloch?« fragten sie. »Er ist auf Reisen, ich weiß nicht, wo er sich zur Zeit aufhält.« Die Männer nahmen alle meine Wäschestücke heraus, suchten Verdächtiges zwischen Unterkleidern, fanden nichts. Ich dachte schon, ich sei über dem Berg, als der SA-Mann sagte: »Jetzt zeigen Sie uns noch Ihren Dachboden.« Die Stufen, die ich nach oben stieg, waren wie Stufen aufs Schafott. Nun werden sie dich verhaften, wenn sie die Manuskripte finden. Mein Gehirn arbeitete konzentriert: Wie kannst du dich retten? Da fiel mir ein, daß an meinem Schlüsselbund auch der Schlüssel zum Boden von Peter Huchel hing. Wir hatten bei ihm eine mittelalterliche Holzplastik, eine Madonna mit Kind, untergebracht, die auf unserem Boden keinen Platz mehr gefunden hatte. Ruhig öffnete ich das Vorhängeschloß an Pieses Bodentür. Ich wußte, daß er, unpolitisch wie er war, nichts Verdächtiges bei sich hatte – und die Madonna mit dem Kind lächelte uns heiter entgegen. Die Männer verabschiedeten sich sogleich, die Manuskripte waren zunächst gerettet, ich auch. »Madonna hat geholfen«, schrieb Ernst später in einem Aufsatz.

Über den Reichstagsbrand weiß man heute viel, besonders über einen der Hauptangeklagten, Georgi Dimitroff, der so glänzend bei dem Prozeß auftrat. Unvergeßlich bleibt mir die in der Emigration wieder erschienene Nummer der »Arbeiter-Illustrierten«, in der John Heartfield seine großartige Photomontage veröffentlichte: ein riesiger brüllender Göring und vor ihm ein kleiner Dimitroff, der den Dickwanst fragt: »Haben Sie Angst vor meinen Fragen, Herr Ministerpräsident?«

Die letzten Reichstagswahlen fanden am 5. März 1933 statt. Die Sozialdemokraten erhielten 8 Millionen, die Kommunisten 6 Millionen Stimmen. Die Nationalsozialisten hatten, wenngleich mit nur wenigen Stimmen, die Linken überholt und wurden Sieger. Sie hatten erreicht, was Hitler immer anstrebte: »legal« an die Macht zu kommen.

Ernst erfuhr die Wahlergebnisse in Ludwigshafen. Ich rief ihn an und bat ihn, sofort Deutschland zu verlassen und in die Schweiz zu gehen. Zum Glück gelang ihm die Flucht, obwohl er bereits steckbrieflich gesucht wurde. Vorher gab es jedoch in Ludwigshafen noch eine merkwürdige Episode. Ernst hatte sich in eine Philosophie-Studentin, Elisabeth Waldmann, verliebt, was ich an sich nicht aufregend gefunden hätte, wenn Fräulein Waldmann nicht Mitglied der NSDAP gewesen wäre. Sie gehörte aber zu jener Gruppe der Nazis, die das Wort »Sozialismus« im Namen der faschistischen Partei ernst nahmen und die glaubten, daß die Nazis den Sozialismus verwirklichen würden. Elisabeth las Ernsts Bücher und fand im »Geist der Utopie« viele Gedanken, die sie überzeugten und die sie auf geheimnisvolle Weise mit der Nazi-Nomenklatur in Übereinstimmung brachte. Sie beschwor Ernst, der geistige Führer des Nationalsozialismus zu werden, die Sache mit dem Antisemitismus würde sich legen, meinte sie. Weil Verliebtheit manchmal auch intelligente Leute dumm macht, hat Ernst das Geschwätz wohl ohne Widerspruch hingenommen. Immerhin erwies sich Elisabeth bald als brauchbare Helferin: Als Ernst nach dem Sieg der Nazis in die Schweiz flüchten mußte, bat er das Mädchen, ihm das Manuskript »Erbschaft dieser Zeit« nach Basel zu bringen, er fürchtete die Kontrolle an der Grenze. Und tatsächlich brachte Elisabeth das Manuskript unbeschadet hinüber. Sie hatte zwar Gewissensbisse ihrer Partei gegenüber, aber die Liebe siegte. Von unseren Freunden in Ludwigshafen hörten wir, welche Angst sie vor dieser »Nazisse« hatten, aber sie hat ihnen nie etwas Böses getan. Später erfuhren wir, daß sie nach ihrem Studium beim

»Völkischen Beobachter« landete, was Ernst äußerst peinlich war. Sie wäre ganz in Vergessenheit geraten, wenn nicht – nach unserer Übersiedlung in die Bundesrepublik im Jahre 1961 – bei einer größeren gesellschaftlichen Veranstaltung in Frankfurt, zu der uns Unseld eingeladen hatte, plötzlich eine Frau aufgetaucht wäre, die sich als Elisabeth Waldmann entpuppte. Sie hieß jetzt anders, war Journalistin und wollte unbedingt die Bekanntschaft mit Ernst erneuern. Aber ihm war der »Völkische Beobachter« so in die Knochen gefahren, daß er nichts mehr von ihr wissen wollte. Sie versuchte noch einmal an seinem Seminar in Tübingen teilzunehmen, aber Ernst lehnte ihre Bitte ab. Dann hörte der Kontakt auf. Für mich jedoch bleibt die Dankbarkeit für die Rettung des Manuskripts »Erbschaft dieser Zeit«.

Ernst war schon am 6. März nach Zürich gefahren, ich blieb in Berlin bis Mitte April, da ich noch auf der Technischen Hochschule zu tun hatte und einiges für die Partei abwickeln mußte. Das war inzwischen sehr erschwert. Wie unbegabt selbst sonst kluge Linksliberale für die illegale Arbeit waren, erfuhr ich zum Beispiel durch Fränze Herzfeld. Als politisch unverdächtige Person hätte sie mir gut helfen können. Es handelte sich darum, Treffs mit Genossen zu verabreden, um Richtlinien und Informationen der KPD weiterzugeben. An meine Adresse konnte ich keine Post dieser Art kommen lassen. Ich bat also Fränze einzuwilligen, daß an mich gerichtete Briefe an ihre Adresse geschickt würden. Sie sollte sie öffnen, am Inhalt erkennen, daß sie nicht für sie bestimmt wären. »Es werden harmlose Briefe sein, Fränze, die dich um ein Rendezvous bitten«, sagte ich ihr. Von Zeit zu Zeit ging ich dann zu Fränze, doch sie hatte nichts für mich. Eines Tages aber, als ich bei ihr war, erzählte sie bei einer Tasse Tee, was für einen komischen Brief sie am Vortage bekommen hätte: Da habe ihr doch ein Peter geschrieben, wie sehr er sie liebe und ob er sie nicht endlich wiedersehen könne. Er habe sogar einen Termin in einem Café vorgeschlagen, aber sie kenne den Menschen doch nicht. So eine Unverschämtheit. Ich erstarrte: »Wo ist der Brief?« fragte ich aufgeregt. »Ach, solch dummes Zeug zerreiße ich sofort«, antwortete Fränze seelenruhig. Nun mußte ich ihr erklären, daß diese Liebeserklärung eben jener Brief gewesen sei, auf den ich so sehr wartete. Fränze versprach, sich zu bessern und tatsächlich, nach einigen Tagen übergab sie mir den erwarteten Brief. Aber noch eine andere Sache leistete sich Fränze: Ernst hatte ihr irgendwann ein Manuskript zur Aufbewahrung gegeben, das seine Arbeit über Logik enthielt. Später, als Fränze nach Paris emigrierte, hinterließ sie dieses Manuskript ausgerechnet einer Berliner jüdischen Gemeinde. Dort ist es natürlich verloren gegangen.

Bevor ich nach Zürich fuhr, ging ich zu Professor Poelzig und sagte ihm, daß ich Deutschland verlassen wolle, um in Zürich weiterzustudieren. Poelzig hatte völliges Verständnis für mich, schrieb einen Brief an den Dekan der Architekturfakultät an der Eidgenössischen Technischen Hochschule, Professor Weiß, in dem er ihn bat, mich zu unterstützen, ich würde Deutschland verlassen, weil ich mich dort als Jüdin und Polin nicht mehr wohlfühlte.

Die Wohnung in Berlin samt Möbeln, Teppichen und Flügel vermietete ich an eine Bekannte und fuhr nach Zürich. Ich nahm zwei Manuskriptkoffer mit, in der Hoffnung, als Polin glimpflich behandelt zu werden, was auch zutraf. Aus Vorsicht hatte ich Ernst nicht mitgeteilt, wann ich ankommen sollte. Das Gepäck ließ ich zunächst auf dem Bahnhof und ging in sein Hotel, St. Peter in der Altstadt. Wir waren überglücklich, uns wiederzusehen und außerhalb Deutschlands zu sein. Ernst freute sich über die geretteten Manuskripte. Ich begann sogleich, mich nach einer möblierten Wohnung umzusehen und fand eine in Küßnacht am Zürichsee in einer Villa, die, wie wir erst später erfuhren, einem Anhänger der Nationalen Front gehörte. Ich hatte zwar einen langen Weg zur Technischen Hochschule, mußte mit der Bahn fahren, aber die Lage der Wohnung war schön und für Ernst sehr passend.

Mein Antrittsbesuch beim Dekan Professor Weiß ging ziemlich kläglich aus. Als er den Brief von Poelzig las, wurde sein Gesicht immer länger. »Das Vordiplom müssen Sie an der E.T.H. noch einmal wiederholen«, sagte er. Ich war erstaunt, denn der Lehrplan der Charlottenburger T.H. war dem der E.T.H. ähnlich. Aber es half nichts: Ich mußte in einem Jahr sowohl das Vordiplom wiederholen wie das Hauptdiplom schaffen. Später erfuhr ich, daß Professor Weiß eine der führenden Figuren der Schweizer Nationalsozialisten war, ein Bewunderer von Goebbels und ein Verehrer Hitlers. Weiß war gerade aus Berlin gekommen, als ich bei ihm war, und erzählte jedem, was für eine großartige Goebbelsrede er soeben in Berlin gehört hätte.

In der Eingangshalle der Hochschule sah es auch nicht gerade rosig für mich aus: Studenten gingen umher mit Plakaten: »Wir wollen Professor Kelsen nicht bei uns haben. Raus mit den Juden.« Kelsen hatte Deutschland verlassen müssen und lehrte jetzt an der E.T.H. Das war also meine erste Begegnung mit der Schweiz, die ich naiv für einen bürgerlich-demokratischen Staat gehalten hatte, in dem Faschismus undenkbar sein mußte. Es dauerte nicht lange, bis wir erfuhren, wie eng das schweizerische Kapital mit dem deutschen zusammenarbeitete, wie mächtig die Fröntler (Schweizer Faschisten) wuchsen, bei denen nur Begeisterung für den Faschismus herrschte. Natürlich gab es auch Gegenkräfte, aber sie waren nicht stark genug, um grausame Maßnahmen gegen Juden und Antifaschisten, die in die Schweiz geflohen waren, zu verhindern. Flüchtlinge wurden abgewiesen und wieder nach Deutschland geschickt. Ernst wollte kaum seinen Ohren trauen, als ich ihm von meinen Züricher Erfahrungen erzählte. Er hatte, wie gesagt, die Schweiz im ersten Weltkrieg ganz anders erlebt. Damals hatte er viele Gesinnungsgenossen getroffen, sowohl unter Schweizern wie unter Deutschen und schon bald den Zugang zu dem Kreis um Hugo Ball und Emmy Hennigs gefunden, in deren »Freiem Verlag« er mitarbeiten konnte und für deren »Freie Zeitung« er viele Aufsätze schrieb, meistens unter Pseudonymen, die er oft aus dem »Datterich« von Niebergall auswählte. 1917 waren viele deutsche Kriegsgegner in die Schweiz geflohen, wie Annette Kolb, René Schickele, Wilhelm Muehlon. Vor allem Muehlon hatte bei Ernst, wie aus seinen Briefen hervorgeht einen starken Eindruck hinterlassen. Er muß in der Tat ein bemerkenswerter Mann gewesen sein. In der Kaiserzeit bei Krupp leitend tätig gewesen, wurde er von der Regierung oft zu Rate gezogen. Dabei war er Pazifist und strebte danach, den ersten Weltkrieg zu verhindern. Besondere

Empörung löste bei ihm der Überfall der Deutschen auf Belgien aus. In seinem Tagebuch aus dem Jahre 1914, das 1918 unter dem Titel »Die Verheerung Europas« erschienen war, schildert er die Deutschen mit einem Haß, den man nur mit dem Haß der deutschen Antifaschisten gegen die Nazis vergleichen kann. Muehlon konnte es im kaiserlichen Deutschland nicht mehr aushalten und ging 1916 in die Schweiz. Dort half er den Pazifisten, schrieb in der »Freien Zeitung«. Er unterstützte Ernst finanziell, der damals in der Schweiz äußerst arm gewesen war.

An diese Schweiz erinnerten wir uns nun, Ernst und ich, 1933, an diese »andere« Schweiz. Aber natürlich gab es auch 1933 schweizerische Antifaschisten und Demokraten. Einer von ihnen war der Schriftsteller Hans Mühlestein, in dessen Wohnung in Zollikon wir irgendwann umzogen, nachdem uns in Küßnacht die Nachbarschaft mit dem Front-Kämpfer, in dessen Haus wir wohnten, ungemütlich geworden war. Einige Briefe aus der Züricher Zeit, die Ernst an Freunde schrieb, haben sich erhalten, so die Briefe an Kracauer und Fritz Gubler, die meinem Gedächtnis nachhelfen. Ernst beendete in diesen Wochen »Erbschaft dieser Zeit«, und der Verleger Emil Oprecht war bereit, das Buch herauszubringen. Leider ging die Edition ziemlich langsam voran. Ernst hatte an Kracauer, der nach Paris emigriert war, geschrieben, daß er nun »Geographica« schreiben wolle, was er auch tat. Damals entstanden jene Essays über Städte und Landschaften, die zum Teil in Zeitschriften, vollständig aber erst in den »Literarischen Aufsätzen« erschienen sind. Engen Kontakt hielt er mit Fritz Gubler, der 1933, wie ich früher schon erwähnte, die »Frankfurter Zeitung« und Deutschland verließ und mit seiner Frau Elli nach Winterthur zurückkehrte.

Was mich anbetrifft, so hatte ich auch an der Züricher Hochschule bald Kontakt zu linken Kommilitonen gefunden. Ich mußte hart arbeiten, um mich auf das Vordiplom vorzubereiten und das Hauptdiplom voranzutreiben. Aber die politische Arbeit durfte nicht ruhen. Auch in Zürich gab es eine marxistische Studentengruppe, die eine Zeitschrift »Der rote Student« (später umbenannt in »Student im Angriff«) herausgab. Anfang Juni 1933 fand in Paris ein antifaschistischer Studentenkongreß statt, zu dem ich mit einigen Genossen hinfuhr. Hauptziel der Veranstaltung war der Kampf gegen die Rüstungsbudgets einzelner Staaten und die Gründung einer »Studenten-Internationale« auf revolutionärer Basis und antifaschistischer Komitees an allen Universitäten.

Unter den damaligen Mitstreitern sind es vor allem die polnischen Medizinstudenten Anna und Leon Gecow, an die ich mich gut erinnere, sie waren politisch sehr gut orientiert. Leon war früh ein entschiedener Gegner der stalinistischen Richtung. Ich erfuhr später, daß er 1938/39 und 1946/48 in Polen sehr mutige und der Parteilinie keinesfalls konforme Artikel geschrieben hat (unter dem literarischen Pseudonym Pawel Konrad). 1941 war Leon zur Roten Armee eingezogen worden. Nach dreijähriger Trennung, die Anna im Getto, im Arbeitslager und als Angehörige einer Partisanengruppe überlebt hatte, trafen sich die beiden wieder und kämpften in der polnischen Armee. Stets zeigte Leon sehr viel Mut im Kampf um die Verwirklichung seiner humanistisch-sozialistischen Ideale. Im Zuge der stalinistischen Prozesse (Slansky, Rajk, Kostow u.a.) wurden er und Anna 1949 unter Spionageverdacht verhaftet. Es gibt Beweise, daß Leon nie eine Schuld zugegeben hat. Trotzdem wurde er 1952 liquidiert. Anna machte man 1953 den Prozeß wegen anarchistisch-trotzkistischer Tätigkeit. Das Urteil lautete 6 Jahre Zuchthaus, aber im Zuge einer Amnestie wurde sie nach 4 Jahren freigelassen. Erst dann erfuhr sie von Leons Tod. Bis 1968 arbeitete Anna in einem Kinderspital in Warschau, danach verließ sie Polen wegen der antisemitischen Welle. Sie lebt seitdem in der Schweiz, wo sie 9 Jahre als Kinderärztin in einem Psychiatrischen Dienst arbeitete. Sie hat mich in Tübingen besucht.

In Zürich lernte ich auch Theo Pinkus kennen, der später die bekannte linke Buchhandlung in der Froschaugasse leitete. Er gründete danach die Stiftung Studienbibliothek zur Geschichte der Arbeiterbewegung in Zürich, eine ausgezeichnete Einrichtung, die noch heute besteht. Eine besondere Freundschaft verband uns mit Joachim Schumacher, einem Philosophen und Kunsthistoriker, mit dem Ernst jahrzehntelang korrespondiert hatte und der nach

Zürich emigriert war, obwohl er kein Jude war. So hatten wir schon bald einen Kreis von Freunden.

Nach dem Ende des Sommersemesters 1933 machten Ernst und ich Urlaub in Ascona, wo wir in einem Hotel unter Ernsts Namen zusammenlebten. Meine Post ließ ich mir poste-restante nachschicken. Ehe wir wieder abreisten, ging ich mit einer Freundin in einen Obstladen und ließ dort aus Versehen meine Handtasche liegen. Da ich mit Ernst auf dem Bahnhof verabredet war und keine Zeit mehr hatte, in das Geschäft zurückzukehren, bat ich meine Freundin, die Tasche abzuholen und sie mir nach Zürich zu schicken. Die Fahrkarten hatte Ernst bei sich. Als wir auf dem Bahnsteig den Zug nach Zürich erwarteten, näherten sich zwei Herren. Der eine klappte den Kragen seiner Jacke zurück, ließ ein Polizistenkennzeichen sichtbar werden und sagte trocken: »Bitte folgen Sie mir, Sie sind verhaftet.« Wir waren verdutzt, hatten keine Ahnung, was passiert war. Während wir hinter den Polizisten zur Vernehmungsstelle gingen, spekulierten wir über den Grund dieser unerwarteten Verhaftung. Ernst, versierter Kriminalromanleser, nahm die Sache sehr ernst. »Sicher werde ich mit einem Raubmörder verwechselt, der steckbrieflich gesucht wird. Falls meine Ähnlichkeit mit dem Täter groß ist, wird es schwierig sein, zu beweisen, daß ich nicht der Gesuchte bin.« Ich hatte eine einfachere Erklärung: In der Schweiz war (und ist teilweise heute noch) das Konkubinat verboten, wir aber hatten unter dem Namen Bloch in einem Hotelzimmer gewohnt. Auf der Polizeistelle wurden wir getrennt voneinander verhört. Der Kommissar fragte mich (auf italienisch), wie viele Sprachen ich spräche. Ich antwortete: »Sechs«. »Die müssen Sie wohl können«, sagte der Mann höhnisch. »Müssen muß ich gar nichts, aber in Polen lernt man eben viele Sprachen.« »Nicht als Polin, als Komintern-Agentin sprechen Sie so viele Sprachen«, schrie er mich an.

Nun stellte sich heraus, daß meine im Obstgeschäft vergessene Handtasche bei der Polizei gelandet war mit all den Briefen, die ich gerade auf der Post abgeholt hatte. Sie kamen von Freunden, die in verschiedene Länder emigriert waren. Ein Brief war von Gustav Regler aus dem Saarland. Dort kämpfte er gegen den Anschluß an

Deutschland. Regler hatte in diesem Brief ein polnisches Sprichwort zitiert: »Mensch schießt, Gott lenkt die Kugel.« Der Kommissar hakte hier ein: »Was heißt: ›Mensch schießt?‹« Vergeblich versuchte ich, ihm die Harmlosigkeit des Sprichwortes zu erklären, das es auch in deutscher Sprache gibt: »Der Mensch denkt, Gott lenkt«. »Jedenfalls bleiben Sie heute hier im Gefängnis und morgen bringen wir Sie nach Bellinzona«, war das lakonische Fazit. Das Untersuchungsgefängnis befand sich im Keller. Als ich mit dem Beamten hinunterkam, steckte in jeder Türklappe der Zellentüren der Kopf eines Tessiner Ganoven. Als die Männer mich sahen, schnalzten sie mit der Zunge und riefen fröhlich: »La signorina, la bionda, la bella!« Ich wurde in eine Zelle geführt und erfuhr, daß mein armer Ernst auch schon in so einem Etablissement saß. Der Kalfaktor brachte mir ein Abendbrot: eine abscheuliche wässrige Suppe, in der einige Nudeln schwammen. Empört lehnte ich den Fraß ab und spottete über Schweizer Gefängnisse. Nach kurzer Zeit kam der Beamte wieder mit Rotwein, Weißbrot, Schinken, Obst. Ich war erstaunt, daß meine scharfe Kritik eine so rasche erzieherische Wirkung hatte, aber der Mann sagte: »Das haben Sie dem Signore zu verdanken!« Nun stellte sich heraus, daß Ernst, in Gefängnisgepflogenheiten durch seine kriminalistische Bildung viel besser bewandert als ich, dahinter steckte: Er wußte, daß der Untersuchungsgefangene das Geld, das er bei der Einlieferung abgeben muß, für sich verbrauchen kann und hatte den Auftrag gegeben, für sich und für mich etwas zu essen zu kaufen. So kam ich zu einem feinen Abendbrot. Dafür war die Nacht umso schlimmer, es wimmelte von Wanzen. Am nächsten Morgen hatte ich erneut Gelegenheit, über Schweizer Gefängnisse zu schimpfen. In der Frühe wurde ich in den Gang geführt, wo es einen Wasserhahn gab. Dort stand auch Ernst – Brille, Krawatte und Gürtel waren ihm abgenommen worden. Später ging es zum Bahnhof, zum Zug nach Bellinzona. Dort gab es wieder Gefängniszellen mit Wanzen. Und ich verbrachte eine zweite Nacht hellwach. Aber der Mann, der mich in Bellinzona verhörte, schien vernünftiger zu sein. Er fragte mich, ob ich Kommunistin sei. »Ich bin Antifaschistin, ich hoffe, Sie auch.« »Sie haben recht, ich bin

Sozialdemokrat. Ich lasse Sie frei, Sie können nach Zürich zurückfahren. Aber die ganze Sache muß nach Bern gehen und wird dort entschieden. Außerdem werden Sie in Zürich unter Polizeiaufsicht stehen.«

Endlich waren wir frei, aßen mit Vergnügen in der Bahnhofswirtschaft Schnitzel mit Gemüse. Kaum waren wir wieder in Zürich, läutete es morgens an der Haustür. Herein kam ein dicker Polizist: »Ich muß mit Ihnen ein Protokoll machen«, sagte er. Er zog seinen Fragebogen aus der Aktentasche und stellte zunächst allgemeinübliche Fragen. Dann kam er auf Herrn Dr. Bloch zu sprechen. »Haben Sie ein Verhältnis mit Dr. Bloch?« »Nein.« »Aber Sie wohnen doch mit ihm zusammen!« »Ja, die Wohnung wäre mir allein zu teuer geworden, da habe ich Herrn Dr. Bloch als Untermieter aufgenommen.« Ich sah, wie er mit seinen dicken Fingern in das Protokoll hineinschrieb: »Hat kein Verhältnis mit Dr. Bloch. Dr. Bloch ist ihr Untermieter.« Der Beamte besuchte mich öfters und wurde für mich und meine Freunde eine große Hilfe. Denn zuweilen kam er auch und warnte mich: »Fräulein Piotrkowska, gehen Sie morgen nicht in das Café Odéon, da wird eine Razzia stattfinden.« Sofort informierte ich meine Freunde, die oft keine Papiere hatten und froh waren, einer Razzia zu entgehen. Inzwischen plante man in Bern, uns aus der Schweiz auszuweisen. Nur mit Hilfe einflußreicher Bekannter gelang es uns, unseren Aufenthalt so zu verlängern, daß ich mein Diplom fertig machen konnte. Ich stürzte mich mit besonderer Energie in die Arbeit, um das Studium im Sommer zu beenden und fuhr deshalb nicht zu dem »Kongreß für Neues Bauen CIAM« (Congrés International pour Architecture Moderne), der auf einem Schiff stattfand, das nach Athen fuhr. Dieses Treffen hätte ich gern mitgemacht. Le Corbusier war Mitinitiator der Veranstaltung, bei der Feststellungen und Richtlinien für die funktionelle Stadt diskutiert werden sollten. Trotz der vielen Arbeit versäumte ich es aber nicht, die Vorstellungen des Kabaretts »Die Pfeffermühle« zu besuchen, das Erika und Klaus Mann gegründet hatten. Ich ging auch in das Züricher Theater, wo damals Brecht, Friedrich Wolf und andere antifaschistische Dramatiker gespielt wurden.

Ernst bekam endlich die Korrekturen von »Erbschaft dieser Zeit« und arbeitete fleißig an ihnen. Wie immer änderte er viel und wir diskutierten oft stundenlang über eine einzige Passage. Eines Tages bekam ich einen Brief von meinem Vater, der geschäftlich in Zürich zu tun hatte und mich besuchen wollte. Kleiner Alarm in unserer Wohnung! Aus dem Badezimmer wurden alle männlichen Requisiten entfernt. In der Garderobe hing kein Herrenmantel mehr. Bevor mein Vater kam, betrachtete ich nachdenklich das Bild von Lenin, das über meinem Zeichentisch hing. Sollte ich es nicht lieber entfernen? Aber mein Stolz verbot mir, das zu tun. Auf die Gefahr hin, daß es einen gewaltigen Streit geben würde, ließ ich das Bild hängen. Als mein Vater kam, fiel sein Blick sofort auf das Lenin-Porträt. »Also bist du die Alte geblieben, weiter Kommunistin?« »Ja«, antwortete ich. »Und ich habe so große Pläne für dich in Warschau gehabt«, sagte mein Vater, »wollte dir ein schönes Architekturatelier einrichten, du hättest als freischaffende Architektin arbeiten können.« Das Gespräch, das dann folgte, war vielleicht das interessanteste, das ich mit meinem Vater je führte. Ich erzählte von der gefährlichen politischen Situation, in der sich die Welt nach Hitlers Machtantritt befand, und von der Lage der Juden im besonderen. In Polen hatte der Antisemitismus unter Hitlers Einfluß sehr zugenommen, mein Vater mußte es spüren. Ich pries die Sowjetunion als ein Bollwerk gegen diese Barbarei und den möglichen Krieg. Mein Vater war ein kluger Mensch und stritt nicht mit mir: »Du bist erwachsen, mußt wissen, was du tust.« Meinen Monatswechsel bekam ich weiter, auch später hat er mir immer wieder geholfen.

Zu unseren Bekannten in Zürich zählte auch Max Bill, Architekt, Bildhauer, Maler. Bill hatte sich ein Haus gebaut und lud uns zu sich ein. Im Gegensatz zu sonstigen Züricher Häusern, die einen schönen Ausblick auf Berge oder Seen hatten, waren die Fenster des Billschen Hauses auf Fabrikgebäude gerichtet. Bill erklärte, er sei der Berge müde, der Blick auf Fabriken entspräche dem Industriezeitalter. Das Haus gefiel mir. Ernst meinte, es sehe aus wie ein Schiff, besonders durch eine Galerie über dem Wohnzimmer, die wie eine Kommandobrücke wirkte.

Mitte Juli 1934 begannen meine Prüfungen, die gut verliefen. Ich wurde Diplom-Architektin. In Berlin-Charlottenburg hätte ich den Titel Diplom-Ingenieur erhalten, der mir besser gefallen hätte. Aber danach konnte ich jetzt nicht gehen.

Beinah gleichzeitig mit dem Diplom kam von der Fremdenpolizei aus Bern ein Brief, der Ernst und mich ohne Angabe von Gründen aus der Schweiz auswies. Termin: 15. September 1934. Ernst bat um Verlängerung und erhielt ein Antwortschreiben folgenden Inhalts (ich habe das Original aufbewahrt):

»Ihr Schreiben vom 28. August 1934 beantwortend, teilen wir Ihnen mit, daß Ihrem Ansuchen um Erstreckung der Ihnen angesetzten Ausreisefrist nicht entsprochen werden kann. Sie haben somit das Land auf den festgesetzten Termin zu verlassen.

Die Ihnen ursprünglich auf Zusehen hin eingeräumte Tolerierung wurde abgebrochen, weil Sie für die einwandfreie Beobachtung der Toleranzbedingungen keine genügende Gewähr bieten.

Hochachtungsvoll Eid. Fremdenpolizei«

Wir wußten nicht recht, in welches Land wir nun gehen sollten, hatten aber beschlossen, bis zum 15. September die Schönheit der Schweizer Landschaft zu genießen. Einer meiner Kommilitonen namens Olgiatti fragte mich, ob ich ihn nicht in Flims, wo er mit seiner Schwester ein Haus besaß, besuchen wolle. Ich nahm seine Einladung an unter der Bedingung, daß auch Dr. Bloch mitkommen könne. So kamen wir in das Olgiatti-Haus. Eine Zeitlang war es sehr nett, bis wir merkten, daß unser Gastgeber und seine Freunde, die oft zu Besuch kamen, öfters spitze Bemerkungen gegen Ernst machten. Erst Jahrzehnte später erfuhr ich, daß Olgiatti in mich verliebt gewesen war und mit seiner Einladung nach Flims bestimmte Absichten verfolgt hatte, die nun durch Blochs Anwesenheit vereitelt wurden. Ernst und ich beschlossen jedenfalls, Flims zu verlassen und eine Fußwanderung ins Engadin zu unternehmen. Mit Bergschuhen und Rucksäcken ausgerüstet ging es zunächst auf die Weissfluh, etwa 3000 m hoch, anfangs mit einer kleinen Zahnradbahn, dann zu Fuß. Oben übernachteten wir in einer Hütte. Um 5 Uhr wurden wir geweckt und sahen in der aufgehenden Sonne die rosig schimmernden Gletscher von Jungfrau und Mönch. Dann ging's von Hütte zu Hütte nach St. Moritz und Maloja, wo wir Freunde hatten: Heinz und Margarete Neumann, die später so viel Schweres erleben sollten. Heinz Neumann emigrierte in die Sowjetunion und wurde liquidiert, Margarete Buber-Neumann geriet erst in ein stalinistisches Lager, dann in ein deutsches KZ. Sie überlebte aber und veröffentlichte ihre grausamen Erlebnisse in dem Buch »Als Gefangene bei Stalin und Hitler«. Ich habe sie nie wiedergesehen.

Damals aber erlebten wir bis zu unserer Ausweisung aus der Schweiz noch schöne Tage in Maloja. Danach reiste ich zu meinen Eltern nach Polen und Ernst fuhr den Maloja-Paß hinunter nach Chiavenna. Als er die italienische Grenze überschritt, rief er: »Eviva l'Italia!«. Er wohnte eine Zeitlang in Menaggio am Lago di Como, arbeitete dort weiter an den Korrekturen der »Erbschaft dieser Zeit«. Das Buch erschien 1935.

In Lodz angekommen, erklärte ich meinen Eltern, daß Ernst und ich heiraten wollten. Natürlich war ein heimatloser Emigrant keine glänzende Partie, aber meine Eltern wußten, daß da nichts zu machen wäre. Wir berieten, wohin Ernst und ich gehen sollten und entschlossen uns für Wien, wo die Familie meines Schwagers Landau wohnte und wir einige Bekannte hatten. Mein Vater wollte mich weiter unterstützen.

In Lodz erlebte ich während dieses Aufenthalts einige nicht ganz ungefährliche Dinge. Offensichtlich hatten polnische Studenten aus Zürich den Genossen in Lodz mitgeteilt oder mitteilen lassen, daß ich nach Lodz käme und vielleicht der polnischen Partei Dienste leisten könnte. Und tatsächlich besuchte mich bald ein junger Mann, der mich im Namen einiger Arbeiter bat, ich möge ihnen etwas über die Schweiz erzählen. An einem bestimmten Abend würde mich die Gruppe da und da erwarten. Um dort hinzukommen, mußte ich komplizierte Regeln befolgen, die typisch waren für erfahrene »Illegale«: in eine Trambahn einsteigen, bis zur Endstation fahren, dann wieder zurückfahren, an einer bestimmten Stelle aussteigen, zu Fuß gehen, im Zick-Zack die Straße und das Haus erreichen, dabei immer die Augen offen halten, ob jemand folge. Ich tat alles, was mir gesagt wurde, landete im polnischen Arbeiterviertel (es gab auch ein jüdisches), kletterte in einem armseligen Haus zum dritten Stockwerk empor und saß bald inmitten einer Gruppe von Arbeitern. Ich erzählte von den Zuständen in der Schweiz, wie schwer es manche Antifaschisten dort hätten, wie schnell sie ausgewiesen würden. Ich erinnere mich an die Frage eines Arbeiters: »Wie ist es denn in Genf beim Völkerbund? Wenn es da so ein großes Staatsessen gibt, geht Litwinow dann auch hin (Litwinow war damals Vertreter der Sowjetunion im Völkerbund)? Schlägt er sich den Bauch voll, während in Rußland die Genossen noch so viel entbehren müssen? Ich wäre froh, wenn der Genosse Litwinow von der Tafel aufstehen und sagen würde: Nein, ich esse nicht mit, so lange meine Brüder noch Hunger leiden.« Da mußte ich erst erklären, was diplomatischer Dienst sei und daß seine Regeln befolgt werden müßten. Aber die Frage machte mich nachdenklich, ich spürte in ihr die Sehnsucht nach Solidarität, nach Gemeinschaft. – Die zweite Episode in Lodz hätte schlimm ausgehen können: Ein Genosse besuchte mich und brachte einen Packen Flugblätter, die kommunistische Gedanken in der Armee verbreiten sollten. Er sagte mir, daß er die Flugblätter erst am nächsten Tag verteilen würde und fragte, ob sie über Nacht bei mir bleiben könnten. Ich nahm den Packen und legte ihn unter die Sitzkissen eines Sofas im Salon. Der Genosse versprach, am nächsten Morgen zu kommen, und verschwand. Am Abend kam mein Schwager zu Besuch, wir saßen im besagten Salon. Plötzlich rutschte ein Haufen rosa Flugblätter auf den Boden. Mein Schwager überflog die Schrift, es herrschte allgemeines Entsetzen. Die Familie griff mich an, warf mir vor, ich wolle sie ruinieren. Ob ich nicht wüßte, daß gerade diese Ware die heißeste sei? Mein Bruder und ich beschlossen, das Zeug aus der Wohnung zu schaffen. Wir nahmen also diesen »Sprengstoff«, vernichteten ihn aber nicht etwa, sondern brachten ihn in ein unbenutztes Büro meines Vaters, wo es einen Kachelofen gab. Wir legten die Flugblätter in den Ofen. Am nächsten Morgen fing ich den Genossen auf der Straße ab und gab ihm die gut verpackten Blätter zurück. Trotz dieses Zwischenfalls schied ich freundlich von meinen Eltern und fuhr nach Wien. Es war im Oktober 1934. Ernst war schon dort und hatte ein Hotelzimmer reserviert. Er erwartete mich am Wiener Ostbahnhof und wollte mich gar nicht aus den Armen lassen. Zum Hotel fuhren wir in einer geschlossenen Pferdekutsche. Ich mußte an die Kutschenfahrt von Flauberts Madame Bovary denken. Als wir in dem Hotel abstiegen, stellte ich fest, daß ich meine Handtasche (mit Geld, Paß usw.) in der Kutsche gelassen hatte. Im Hotel riet man uns, in den Prater zu fahren, wo sich die Kutschen hauptsächlich aufhielten, und dort unseren Kutscher zu suchen. So nahmen wir wieder einen Fiaker, fuhren in den Prater und folgten jedem Gefährt. Und tatsächlich: Ich erkannte den Mann, der uns vom Ostbahnhof in das Hotel gebracht hatte. Auf dem Boden der Kutsche lag unberührt meine Handtasche.

Wir begannen bald mit den Hochzeitsvorbereitungen und heirateten am 12. November 1934. Zuerst mußte eine Zeremonie bei einem Rabbiner stattfinden, darum hatten meine Eltern gebeten. Das arrangierte die Familie meines Schwagers Landau. Die standesamtliche Trauung war ganz studentisch. Unsere Trauzeugen waren der Schriftsteller Soma Morgenstern und meine frühere Kommilitonin Annie Klappholz. Nach der Trauung gingen wir ins Griechenbeisel, eine alte, schöne Wirtschaft und aßen gut zu Mittag. Ich war nun Frau Bloch. Der nächste Schritt allerdings war unangenehm: der Gang zum deutschen Konsulat in Wien. Ich mußte einen deutschen Paß bekommen. Ernsts Paß war noch gültig. Mit »Heil Hitler« wurde ich begrüßt. »Das ist das größte Opfer, das ich dir gebracht habe,« sagte ich zu Ernst.

Am nächsten Tag hatten wir ein lustiges Erlebnis: Wir gingen vormittags auf der Kärntnerstraße Arm in Arm und begegneten einer unzweideutigen Dame, die meinen Ernst begrüßte. Ich war etwas erstaunt, da erzählte er mir folgende Geschichte: Am Tage vor unserer Hochzeit war er gleichfalls hier auf der Kärntnerstraße gegangen, als ihn die besagte Dame mit den Worten: »Quo vadis domine?« begrüßte. Ernst war überrascht, daß die Nutte ihn lateinisch ansprach und fing an, sich mit ihr zu unterhalten. Er sagte ihr, daß er zwar kein Interesse an ihr hätte, aber gerne eine Tasse Kaffee mit ihr trinken würde. Im Café brachte er ihr dann einige griechische und lateinische Redewendungen bei, die ihr in ihrem Metier weiterhelfen sollten. Und ausgerechnet dieser Dame mußte er einen Tag nach seiner Hochzeit wieder begegnen! Mit Ernst erlebte man oft solche Geschichten.

Wir fanden eine angemessene Unterkunft in der Herrengasse, im sogenannten Hochhaus. Das lag zentral am Michaelerplatz, der Kohlmarkt war um die Ecke und das schöne Café von Adolf Loos, ganz klein, aber optisch zauberhaft vergrößert durch Spiegelwände, lag im Loos-Haus am Michaelerplatz. Als ich 1980 in Wien war, wollte ich das Café wiedersehen – es existiert aber nicht mehr. Eine Frau von Karpeles vermietete uns in ihrer Wohnung zwei angenehme Zimmer, außerdem stand uns das Hausmädchen zur Verfügung, das mir beim Kochen half.

Politisch gesehen war eine Emigration nach Österreich nicht sehr vernünftig. Seit dem Staatsstreich von Dollfuß im März 1933 herrschte dort der Austrofaschismus (wie Ernst zu sagen pflegte: »gemildert durch Schlamperei«). Obwohl Dollfuß nicht nur Gegner der mächtigen Sozialdemokratie, vor allem auch der Nationalsozialisten war, wimmelte es in Österreich damals von Nazis (man erkannte sie an ihren weißen Strümpfen). Die österreichischen Arbeiter, die einen bewaffneten »Schutzbund« gegründet hatten, wollten nicht vor dem Faschismus kapitulieren, an ihrer Spitze standen tüchtige Männer wie Otto Bauer und Julius Deutsch. Am 12. Februar 1934 kam es zu den berühmten Kämpfen zwischen Militär und Schutzbund in den Hochburgen der Sozialdemokratie wie zum Beispiel im Karl-Marx-Hof. Das Militär siegte. Einer der besten Kämpfer auf der Seite der Revolutionäre, Karl Münichreiter, wurde hingerichtet. Viele Aufständische flüchteten in die Tschechoslowakei. Manche kehrten illegal zurück und traten dann der KPÖ bei, einer ganz kleinen Partei, der Ernst und Ruth Fischer angehörten. Dollfuß, der ein allgemeines Parteienverbot erlassen hatte, wurde von nazistischen Kräften ermordet. Als wir nach Wien kamen, herrschte nur die »Vaterländische Front«. Regierungschef war Schuschnigg. Heute verstehe ich es kaum, daß wir trotz dieser bedenklichen Situation, trotz der naheliegenden Gefahr, daß Österreich von den Deutschen vereinnahmt werden würde, nach Wien gegangen sind.

Aber es war für uns nicht unangenehm dort. Niemand belästigte uns, Juden wurden nicht verfolgt, man gewöhnte sich an die illegalen Nazi-Demonstrationen. Wir fanden bald einen ungewöhnlich sympathischen Freundeskreis. Zu ihm gehörten die Schriftsteller Soma Morgenstern und Elias Canetti, der Bildhauer Fritz Wotruba, seine Schülerin Anna Mahler, Tochter von Gustav Mahler, damals mit dem Verleger Zsolnay verheiratet, der Komponist Ernst Krenek. Elias Canetti, klein und rundlich, hatte auffallend scharfe Augen, mit denen er in die Tiefe der menschlichen Seele blicken wollte. Der Psychologie war er verschworen und jagte deshalb nach Menschen. Sein erster Roman »Die Blendung«, die unheimliche Geschichte eines Professors und seiner riesigen Bibliothek, hatte mich sehr beeindruckt. Canettis Frau Vesa war eine Spaniolin von großer Schönheit. Fritz Wotruba arbeitete oft im Garten an seinen riesigen, noch naturalistischen Figuren. Auch Anna Mahler hatte monumentale Figuren in Arbeit. Es war ein sonderbares Bild, diese zierliche, schöne Frau auf einer Leiter stehend, mit kräftiger Hand auf den Marmor einhauen zu sehen. Krenek, früher mit Anna Mahler verheiratet, war ein äußerst kluger, belesener Komponist, der durch seine erste Oper »Johnny spielt auf« berühmt geworden war. Krenek war es auch, der über »Erbschaft dieser Zeit« in der Wiener »Presse« eine Rezension schrieb. Wir waren erstaunt, daß das in dem schon faschistisch beeinflußten Land möglich war, denn »Erbschaft dieser Zeit« enthielt eine marxistische Analyse des Faschismus, die keinen Zweifel am Standpunkt des Autors zuließ. Die »Neue Zürcher Zeitung« zum Beispiel brachte keine Besprechung. Ernst hatte sehr gehofft, daß Joachim Schumacher sie schreiben würde, der so viel von dem Thema verstand und selbst in jener Zeit sein Buch »Angst vor dem Chaos« veröffentlichte. Klaus Mann schrieb schließlich eine Rezension in der Emigranten-Zeitschrift »Sammlung«.

Manchmal wurden wir zu großen Parties bei Franz Werfel und seiner Frau Alma eingeladen. Frau Alma, noch immer gutaussehend, verbarg ihre Korpulenz unter langen Roben, ging dekorativ von einem Gast zum anderen und sagte jedem ein paar passende Worte. Anna Mahler half bei der Bewirtung, bot auf großen Tabletts köstliche belegte Brote an. Unter den Möbeln im großen Salon sah man auch einen Stahlsessel. Anna sagte schmunzelnd zu uns: »In diesem Haus hat alles seine Spuren hinterlassen.« Sie spielte damit auf die Ehe von Alma mit Gropius an. Die Tochter aus dieser Ehe, Manon, ein bezauberndes junges Mädchen, litt an den Folgen einer Kinderlähmung, konnte nicht mehr gehen und saß in einem Liegestuhl im ersten Stock. Dort besuchten und begrüßten sie die Gäste, denn jedermann hatte dieses anziehende, kluge und tapfere Mädchen gern. Die Mutter liebte sie ganz besonders und war nach ihrem baldigen Tode sehr verzweifelt. Bei Werfels trafen sich meist arrivierte Künstler, Schriftsteller und Politiker rechter Couleur. Frau Werfel verurteilte die Februaraufstände. Wir waren froh, daß wir unter den Prominenten nicht auch Schuschnigg trafen, der ein besonderer Freund des Hauses war; aber Werfel war taktvoll, und als er einmal Schuschnigg zu Gast hatte, fragte er erst bei uns an, ob wir ihn kennenlernen wollten. Wir lehnten natürlich ab.

Manche dieser Freunde sahen wir später wieder: Canetti nach 40 Jahren in Tübingen, wohin er zu einer Lesung gekommen war. Auch Anna Mahler, inzwischen in London und Italien ansässig, tauchte in Tübingen auf. Ernst Krenek trafen wir nach Jahrzehnten anläßlich einer Tagung über Expressionismus in Florenz. Ich sehe uns noch heute in einem Café sitzen mit dem Blick auf die Signoria und den David von Michelangelo.

Damals in Wien sah ich mich bald nach Arbeit um und fand sie bei dem Architekten Jacques Groak. Ich übernahm die Ausführung eines Auftrags, den die Schauspielerin Paula Wessely und ihr Mann Atilla Hörbiger Groak erteilt hatten: Es handelte sich um ein größeres Wohnhaus in der Umgebung von Wien. Groak skizzierte den Entwurf, ließ jedoch meine Vorschläge und Veränderungen zu – es war eine angenehme Zusammenarbeit. Eines Tages kamen Frau Wessely und ihr Mann ins Atelier, um gemeinsam die Pläne zu besprechen. Ich hatte eifrig alles erläutert, die Bauherren waren zufrieden gewesen. Später erzählte mir Groak, daß Frau Wessely zu ihm gesagt hätte: »Nicht wahr, Frau Bloch ist nur eine Attrappe in Ihrem Büro, sie arbeitet doch nicht richtig!« Groak mußte sie erst überzeugen, daß ich pünktlich jeden Tag bei ihm wäre und gute Arbeit leistete. So wenig war man damals gewohnt, eine Frau als Architektin zu sehen.

Im Frühjahr 1935 hatten wir Besuch unserer sehr lieben Freunde Joachim und Sylvia Schumacher, mit denen wir so oft in Zürich zusammengekommen waren. Sie waren auf der Rückreise aus der Sowjetunion. Da sie auch aus der Schweiz ausgewiesen worden waren (obwohl Sylvia eine gebürtige Schweizerin war), hatten sie mit dem Gedanken gespielt, in die Sowjetunion zu emigrieren. Als ausgezeichnete Pianistin hätte Sylvia bestimmt Arbeit bekommen. Im Odessaer Konservatorium hatte man ihr bereits eine Stelle angeboten. Aber Schumachers waren in der Sowjetunion nicht glücklich gewesen, der Dogmatismus der Intellektuellen stieß sie ab. Joachim hatte in Moskau auch Lukács besucht, der analog der giftigen Rezension von Hans Günther in der »Internationalen Literatur« eben die »Erbschaft dieser Zeit« scharf kritisiert hatte. Was Schumachers von ihren russischen Erlebnissen erzählten, war nicht erfreulich. Aber wir konnten dennoch nicht von unserer großen Achtung für das Land lassen, in dem die erste proletarische Revolution ans Ziel gekommen war. Ja, wir planten sogar, selbst in die Sowjetunion zu emigrieren.

Auch mein geliebter Bruder Izio und seine bezaubernde Frau Andziula besuchten uns in Wien. Andziula hatte inzwischen ein Kind bekommen und beide waren glücklich, einen so schönen kleinen Sohn zu haben. Wir verabredeten, im Sommer einen gemeinsamen Urlaub zu verbringen.

Nach und nach fand ich auch Kontakt zu österreichischen Genossen. In dem Hochhaus, in dem wir wohnten, lebte eine Hutmacherin, die ich eines Tages ohne besondere Absicht aufsuchte. Schon nach der ersten kurzen Unterhaltung stellte ich fest, daß Bertl – so hieß sie – aktiv in der verbotenen KPÖ tätig war. Von ihr erfuhr ich näheres über die Februar-Kämpfe, über die tapferen Schutzbündler. Bertl schwärmte von Ernst und Ruth Fischer, die unermüdlich politisch arbeiteten. Diese beiden lernte ich aber damals nicht kennen, sie lebten illegal im Untergrund und waren so etwas wie eine Legende. Erst viel später trafen wir Ernst Fischer persönlich, in Ahrenshoop an der Ostsee, 1953. Er hatte sich damals in Hanns Eislers Frau Lou verliebt. Es kam zur Trennung der Eislers und zur Heirat von Fischer und Lou, was jedoch der Freundschaft zwischen den beiden Männern keinen Abbruch tat. Die geschiedene Ruth Fischer lernte ich erst viel später in Alpbach kennen. Ich konnte danach sehr gut verstehen, daß von Ernst und Ruth Fischer-von Mayenburg in den dreißiger Jahren in Wien eine so starke Wirkung ausgegangen war. Zu den Wiener Genossen aus den Jahren

1934/35 gehörte auch Fritz Jerusalem, ein kluger und körperlich sehr gewandter, kräftiger Mann, der in den Februar-Unruhen mitkämpfte und danach inhaftiert gewesen war. Er geriet in das Arbeitslager Wöllershof, wo er einige Monate verbrachte. 1936 tauchte er unter dem Namen Dr. Jensen im spanischen Bürgerkrieg auf, wurde dort Brigadearzt und zeichnete sich, wie Kanto mir erzählte, durch beispielhaften Mut aus. Viel später kam er bei einer Flugzeugkatastrophe ums Leben. Ich erinnere mich lebhaft daran, wie er mir und Bertl gymnastische Übungen beibrachte. »Ein Kommunist muß auch körperlich auf der Höhe sein«, pflegte er zu sagen.

Eines Tages meldete sich bei mir ein Mann, der gut deutsch sprach, aber Russe war. Als Referenz gab er einen deutschen Genossen an, den ich gut kannte. Um ungestört reden zu können, gingen wir in das nahegelegene Café Central. Der Besucher unterbreitete mir folgenden Vorschlag: Ich sollte von Zeit zu Zeit nach Polen reisen und Kontakt mit polnischen Offizieren aufnehmen, die sich bereit erklärt hatten, Nachrichten weiterzugeben, die für die Sowjetunion von großer Wichtigkeit waren. Ich war mir gleich bewußt, daß es sich um eine gefährliche Sache handelte. Aber merkwürdigerweise fiel es mir nicht ein, den Vorschlag abzulehnen. Im Gegenteil, ich war stolz darauf, für die Sowjetunion nützlich sein zu können. Der Genosse, der sich Paul nannte, bat mich um größte Diskretion, auch Ernst sollte ich wenig sagen. Es würde sich nur um einige kurze Fahrten handeln. Paul gefiel mir. Ich sagte zu.

Zu Hause erzählte ich Ernst, daß ich in der nächsten Zeit im Auftrag der KPD ein paarmal nach Polen reisen würde. Genaueres verriet ich nicht. Er war erschrocken, aber ich beruhigte ihn, sprach von meiner Pflicht der Partei gegenüber. Ernst respektierte meine Einstellung und versuchte nicht, mich zurückzuhalten.

Kurz danach gab mir Paul die Anweisung, nach Posen zu fahren, eine Stadt, in der ich noch nie war. Das Hotel, in dem ich wohnen sollte, wurde mir genannt. Ich bekam den Auftrag, an die und die Straßenecke zu gehen, als Kennzeichen eine bestimmte Zeitung in der Hand zu halten und auf einen Mann mit einer Rose in der

Hand zu achten. Dieser Mann würde mich begrüßen und mit Worten ansprechen, die ich mir genau merken mußte. Ich hatte mit einer gleichfalls verabredeten Wendung zu antworten. Wenn der Mann mir dann die Blume übergeben würde, so sollte dies das Zeichen sein, daß die Begegnung gelungen wäre.

Ich ging also zur bestimmten Zeit an die bezeichnete Ecke in Posen und erblickte tatsächlich einen gut angezogenen Mann in mittleren Jahren mit einer Rose in der Hand. Ich brauchte nicht lange zu warten, der Unbekannte sprach mich mit den mir bekannten Worten an, ich antwortete entsprechend, er überreichte mir die Rose und die Szene sah wohl so alltäglich aus, daß niemand auf den Gedanken kommen konnte, hier geschähe etwas keineswegs Harmloses. Wir gingen in eine Wirtschaft und er überreichte mir einen Füllfederhalter. Ich wußte, daß in diesem Füller keine Tinte, sondern ein Mikrofilm mit den Informationen versteckt war, die Paul haben wollte. Ich steckte ihn in meine Handtasche. Mein Kavalier erzählte mir von der Arbeit der polnischen Genossen. Vom tragischen Schicksal der polnischen Partei habe ich erst viel später erfahren und werde es an anderer Stelle erzählen. Die militärischen Informationen waren für die Sowjetunion von großer Bedeutung, denn sie fürchtete einen Krieg und glaubte damals, daß Hitlerdeutschland sich mit den Polen verbünden würde. Göring kam zu Jagden nach Polen, und es gab freundliche Beziehungen zwischen den beiden Ländern. Ich fuhr gleich am nächsten Tag nach Wien zurück. Das war ein Fehler, denn an der polnischen Grenze fragte mich der Paßkontrolleur, warum ich für so kurze Zeit nach Posen gekommen sei. Ich hatte eine Geschichte parat über eine kranke Verwandte, die ich besuchen mußte. Da ich erster Klasse fuhr, gut angezogen war, schöpfte man keinen Verdacht und ich kam ungeschoren durch, beschloß aber, in Zukunft länger in Polen zu bleiben. Das nächste Mal war der Treffpunkt in Warschau, wo ich bei einer Freundin wohnen konnte, was mir viel angenehmer war. Der Freundin erzählte ich irgendein Märchen, um den Grund meines Kommens zu erklären. Ich blieb einige Tage und hatte an der Grenze keine Schwierigkeiten. Der Treff mit dem Genossen klappte wieder und ich kam zurück nach Wien mit dem mir nun

schon bekannten Füllfederhalter. Aber nicht immer war es so einfach. Einmal bekam ich keinen Mikrofilm, sondern ein Dokument, das ich selbst fotografieren mußte. Eine erstklassige Kamera hatte ich bei mir. In Warschau ging ich zu einem allein wohnenden Vetter, von dem ich wußte, daß er in der Partei war. Bei ihm fotografierte ich, er half mir dabei. Danach mußte ich das Dokument wieder zurückgeben, was eine erneute konspirative Begegnung erforderte. Ich ließ den Film in der Kamera und passierte die Grenzkontrolle ohne Beanstandung. Ernst war nicht sehr angetan von meinen gefährlichen Ausflügen, aber er hinderte mich nicht. Wenn ich wieder auf eine Reise ging, umarmte er mich bewegt und sagte: »Du machst zu meiner Philosophie die Praxis.«
Schließlich wurde uns der Boden in Wien doch zu heiß unter den Füßen; die österreichischen Nazis wurden nach dem Sieg der Nationalsozialisten im Saarland 1935 immer stärker. Freunde in Paris rieten uns, Wien zu verlassen und nach Frankreich zu gehen. Dazu entschlossen wir uns im Sommer 1935. Genosse Paul hatte Verständnis dafür und wollte mich in Paris besuchen.
Bevor wir dorthin aufbrachen, beschlossen wir, den Frühling zusammen mit meinem Bruder Izio und seiner Frau Andziula in Jugoslawien zu verbringen. Wir trafen uns in Dubrovnik. Als wir eines Tages baden gehen wollten, wurden die Badegäste durch den Lautsprecher aufgefordert, sich in ihre Kabinen zurückzuziehen. Als wir die Kabinen wieder verlassen durften, sahen wir Hermann Göring mit seiner Frau und großer Begleitung an uns vorbeigehen. Mich durchfuhr blitzartig der Gedanke: Jetzt sollte man eine Pistole haben und schießen. Göring trug einen weißen Anzug, eine weiße Mütze und unter seiner Jacke sah man die Spitze des Dolchs, den ihm Hitler geschenkt hatte. Die Deutschen benahmen sich in Dubrovnik, als ob Jugoslawien ihr Herrschaftsbereich wäre. Die Läden, die Silberschmuck und dalmatinische Spezialitäten anboten, waren alsbald leergekauft. Der jugoslawische König hatte Göring und seinem Gefolge seinen Palast angeboten, doch der war den Nazis offenbar nicht komfortabel genug. Ein reicher Bankier stellte schließlich sein modernes großes Haus zur Verfügung.

Einige Tage nach dieser unerfreulichen Begegnung gingen wir in der Hauptstraße an einem Fotogeschäft vorbei, in dem einige der typischen Fotografen-Bilder ausgestellt waren. Unter diesen entdeckte ich plötzlich ein Foto, bei dessen Anblick ich einen Schrei ausstieß: Göring und seine Begleiter waren darauf zu sehen und zwei Schritte von ihm entfernt Ernst und ich. Ich stand mit geballter Faust und finsterem Gesicht, Ernst grinste ironisch, seine ewige Pfeife im Mund. Ich kaufte dieses historische Foto und habe es in der Emigration immer bei mir gehabt, verlor es dann aber zusammen mit allen meinen Briefen und Fotos in Ulbrichts Staat, als wir 1961 nach Leipzig nicht mehr zurückkehrten.

Von Dubrovnik aus fuhren wir mit einem Frachtschiff nach Venedig. Ich unterhielt mich mit den Matrosen auf polnisch und russisch. Im allgemeinen konnte man sich in Jugoslawien russisch verständigen. Viele der Matrosen waren revolutionär gesinnt und glaubten nicht an eine lange Dauer der jugoslawischen Monarchie. Die Liebe zur Sowjetunion war groß, auch die Hoffnung, daß sie den Jugoslawen zum Sozialismus verhelfen würde.

In Venedig blieben wir zehn Tage, weil wir Geld vom Verleger Oprecht erwarteten. Jeden Tag ging ich von unserer Pension »Berlino« über die kleinen Kanalbrücken zur Post. Obwohl ich den Weg sehr gut kannte, verirrte ich mich manchmal, hatte Gelegenheit, die traurigen zerstörten Fassaden jener Häuser, die nicht am Canale Grande standen, zu sehen. Mit Ernst besuchte ich Museen und Galerien. Besonders liebten wir die Bilder von Carpaccio, die die Legende der Heiligen Ursula darstellten. Sie waren in einem Sonderbau an der Riva degli Schiavoni ausgestellt. Nur einmal leisteten wir uns eine Gondel, denn das war teuer und wir hatten wenig Geld. Abends saßen wir in einem der großen Cafés. Ernst erzählte mir, daß Wagner und Verdi zu gleicher Zeit in Venedig gewesen wären, ohne sich je begegnet zu sein. Der Markus-Platz war für mich der schönste Platz der Welt, ein geschlossener, prachtvoller Raum. Unvergleichlich standen Bauten verschiedener Stile nebeneinander, ohne sich gegenseitig zu stören: San Marco aus dem 9. Jahrhundert, die gotischen Dogenpaläste, die Renaissance-Bibliothek von Sansovino. Ernst liebte besonders San Marco, wie er überhaupt der frühchristlichen Kunst sehr zugetan war. Endlich kam das Geld aus Zürich. Mit einer vollgepackten Gondel – zwei Manuskriptkoffer waren unter unserem Gepäck – fuhren wir nach Mestre zum Bahnhof: Es ging nach Paris.

PARIS
1935–1936

Schon im voraus hatten wir in Paris ein Zimmer besorgt im Hotel Helvetia, rue de Tournon, am Jardin du Luxembourg. Kantorowicz und seine Frau Friedel wohnten dort, Gustav Regler, Johannes R. Becher. Ich glaube, in diesem Hotel lebten nur Emigranten. Wir freuten uns, alte Freunde wiederzusehen, e vice versa. Paris bedeutete uns in jener Zeit ein Stück Heimat, weil wir so viele Bekannte dort trafen. Frankreich galt damals nach den USA als das größte Emigrationsland der Welt. Aber es war nicht leicht, eine »carte d'identité«, die zugleich eine Aufenthaltsgenehmigung bedeutete, zu bekommen. Wie oft bin ich in die düstere Conciergerie gegangen, um endlich das begehrte Dokument zu erhalten. Die französische Bürokratie machte einem das Leben schwer. Unser Zimmer war klein, es gab ein Waschbecken und einen elektrischen Kocher. In diesem Zimmer schliefen wir, kochten wir, wuschen uns, Ernst arbeitete an einem kleinen Schreibtisch.

Die politische Situation in Frankreich hatte sich stark verändert, nachdem die Nazis in Deutschland an die Macht gekommen waren. Anfang der dreißiger Jahre wurde von der KPF eine ähnliche Politik betrieben wie in Deutschland von der KPD: Feindschaft mit der Sozialdemokratischen Partei, Befolgung der Losungen der 3. Internationale, auch Kampfansage an bedeutende linke Schriftsteller wie Barbusse (obwohl er seit 1923 Mitglied der KPF war), Romain Rolland, Paul Eluard. Die Vereinigung der revolutionären Schriftsteller und Künstler plädierte für proletarische Kunst, von der die großen linken Schriftsteller so wenig wissen wollten wie die Surrealisten, trotz ihrer revolutionären Tendenzen. Nur Aragon folgte der Parteilinie, verließ die Surrealisten und schloß sich dem proletarischen Realismus an.

Die reaktionäre politische Entwicklung in Frankreich, die, beein-

flußt durch den Nationalsozialismus im benachbarten Deutschland, immer schärfere Formen annahm, die Niederlage der deutschen Arbeiterorganisationen und auch die veränderten Direktiven der Komintern machten eine Kursänderung notwendig. Nicht nur Kommunisten und Sozialdemokraten, sondern auch bürgerliche Radikalsozialisten entschlossen sich, gemeinsam Front gegen den Faschismus zu machen. So entstand die Volksfront, die unter Léon Blum 1936/37 an die Regierung kam. Die Angriffe auf die linken Schriftsteller hörten auf, und als wir 1935 in Paris ankamen, wurde gerade der »Internationale Kongreß zur Verteidigung der Kultur«, der vom 21.–25. Juni stattfinden sollte, vorbereitet. Dieser Kongreß hatte sich zum Ziel gesetzt, angesichts der Barbarei in Deutschland das kulturelle Erbe zu verteidigen, die intellektuellen und moralischen Werte der abendländischen Zivilisation zu retten. Eingeladen wurden Schriftsteller aus 37 Ländern: aus Deutschland unter anderen Thomas und Heinrich Mann, Anna Seghers, Ernst Bloch, Bert Brecht; aus Frankreich Henri Barbusse, André Malraux, André Gide, Romain Rolland und viele andere; aus der Sowjetunion Jlya Ehrenburg, aus Großbritannien Aldous Huxley, aus den USA Sinclair Lewis und John Dos Passos. Das Hauptthema aller Redner war die Gegenüberstellung der faschistischen Barbarei und des humanistischen Sozialismus oder der humanistischen Demokratie. Ernsts Vortrag »Marxismus und Literatur« ist später in seinen literarischen Aufsätzen erschienen. (Der Titel des Vortrags in Paris lautete damals: »Dichtung und sozialistische Gegenstände«. Der Text wurde für die »Literarischen Aufsätze« etwas verändert.)
In seinem Vortrag wandte sich Ernst gegen die Auffassung, daß der Marxismus der Phantasie kalt und feindlich gegenüberstünde. Er vertrat die gegenteilige Ansicht, daß nämlich der Marxismus einen Prozeß in Gang bringe, der alle Tore der Phantasie öffne. Der Spätkapitalismus sei schuld an der Öde, Einsamkeit, Richtungslosigkeit. Der Marxismus dagegen zeige Probleme der Bewegung und Unabgeschlossenheit ohne Zahl, man brauche viele Genies, um sie auszudrücken. Bloch rief den Dichtern zu, daß viele Themen noch unerschöpft seien, wie zum Beispiel die »auf-

sässigen Traumbilder in unterdrückten Schichten, die Ketzerge-
schichte, die Volksaufstände aller Zeiten, die auf ihre rote Epopöe«
warteten.

André Gide hob in einem einleitenden Referat hervor, daß die
Kultur nicht einem einzelnen Volk gehöre, sondern der ganzen
Menschheit; sie sei international: Das Problem »Nation und Kultur« wurde auf dem Kongreß breit behandelt. Ich erinnere mich
gut an Henri Barbusse (ich hatte mit ihm ein langes persönliches
Gespräch, da wir eine gemeinsame Freundin in Polen hatten), der
das Zusammengehen des Schriftstellers mit der Arbeiterschaft
forderte. Gleichzeitig warnte er aber vor der Herrschaft einer politischen Partei über die Literatur. Natürlich gab es Meinungsver-
schiedenheiten zwischen den einzelnen Rednern, aber der
Grund-Tenor war derselbe. Für mich war der Kongreß ein unver-
geßliches Erlebnis und bestärkte mich in der Hoffnung, daß das
Licht über die Dunkelheit siegen werde. Die besten Schriftsteller
in Europa und den USA standen auf der Seite des Lichts. In
Deutschland selbst gab es unter denen, die sich zum Nationalsozialismus bekannten, keine bedeutenden Schriftsteller mehr. Die
meisten, die blieben, lebten in innerer Emigration oder schrieben
nur, um ihr Brot zu verdienen. Aber niemand von den Teilneh-
mern am Pariser Kongreß ahnte, daß sich die Barbarei in Deutschland wenige Jahre später zur Bestialität auswachsen sollte, daß
Millionen Juden ausgerottet, polnische, russische »Untermen-
schen« ermordet, Tausende von Zigeunern wie Wanzen zer-
quetscht werden würden. Letzten Endes hat der Kongreß das
Elend der folgenden Jahre nicht verhindern können.

Bald nach der Ankunft suchte ich Arbeit. Eine bezahlte Stellung zu
bekommen, war damals beinahe unmöglich. Es herrschte Arbeitslosigkeit, man war Fremden gegenüber nicht sehr zugänglich. Da
wir aber etwas Geld aus Polen bekamen, Ernst in den Emigrations-
zeitschriften mitarbeitete und schmale Tantiemen vom Oprecht
Verlag für »Erbschaft dieser Zeit« erhielt, kamen wir fürs erste
über die Runden in unserem bescheidenen Dasein. Ich wäre gerne
Volontärin bei Le Corbusier geworden, aber für diesen Posten gab
es eine große Warteliste, zu viele wollten in seinem Atelier mitar-

beiten. Bei Auguste Perret fand ich dann aber eine mir zusagende Anstellung. Sein Atelier befand sich in Passy, rue Franklin, in einem von ihm erstellten Wohnhaus, in dem er selbst im obersten Geschoß lebte. Einmal lud er mich in seine Wohnung ein, von deren Terrasse man einen herrlichen Blick über Paris hatte. Perret war ein sympathischer und vielseitig interessierter Mann. Die Tatsache, daß ich eine Frau war, spielte in seinem Atelier keine Rolle. Er unterhielt sich mit mir gerne über verschiedene Themen, besonders über Deutschland. Im Perret-Atelier, einem schönen, langgestreckten Raum hatte jeder Zeichner einen Arbeitstisch am Fenster. Am einen Ende des Ateliers saß Perret, wenn er nicht von Tisch zu Tisch wanderte, neben ihm seine Sekretärin. Ich arbeitete an einem großen Wohnhaus für einen reichen Ägypter in Kairo. »Sparen Sie nicht, Madame Bloch«, sagte Perret, »der Mann kann sich alles leisten.« Für mich, die ich die europäische Wirtschaftsnot gewohnt war, die ich mich schon als Studentin vornehmlich mit sozialem Wohnungsbau beschäftigt hatte, immer möglichst billige Wohnungen entwerfen mußte, war es ungewöhnlich, plötzlich schlemmen und der Phantasie freien Lauf lassen zu können. Perret und ich hatten Spaß an dem Projekt. Eines Tages, als ich gerade dabei war, den Garten zu skizzieren, betrat ein orientalisch aussehender Herr mit Schnurrbart und Embonpoint unseren Saal und meldete sich bei Monsieur Perret. Das war unser ägyptischer Bauherr. Nun kamen die beiden Männer an meinen Zeichentisch und die Pläne wurden erklärt. Es stellte sich heraus, daß der Ägypter geradezu pharaonische Gelüste hatte. So ungefähr alles sollte aus Onyx und Marmor sein, das Bad goldene Hähne bekommen. Was mir Freude bereitete, war die Zustimmung des Bauherrn für eine Fußbodenheizung. In Ägypten ist es nämlich nicht nur heiß, die Temperatur kann auf 10° sinken und reiche Leute bauen in ihre Häuser eine Heizung ein. Zufällig hatte ich mich viel mit der Fußbodenheizung beschäftigt, mir gefiel diese Heizungsart, die die unschönen Heizkörper überflüssig macht. Ich hatte in der Schweiz einen Spezialisten für Fußbodenheizung kennengelernt, Mr. Dériaz, der mit mir umher gefahren war und mir fußbodenbeheizte Häuser gezeigt hatte. Das Schöne an diesem

Heizungssystem ist, daß der ganze Fußboden erwärmt wird und die Heizungstemperatur nicht sehr hoch sein muß, weil mit einer großen Fläche geheizt wird. Als der Ägypter gegangen war, saßen wir noch lange mit Perret über den Plänen und versuchten, unsere moderne Bescheidenheit zu vergessen.

Es war sehr schön, mit so vielen Freunden im Hotel Helvetia wie in einer Wohngemeinschaft zu hausen, es gab manche heitere Episode. Eines Tages erklärten Ernst und Kanto, sie wollten eine Gans essen. Für unsere ärmlichen Verhältnisse war das ein Luxus. Aber die Männer gaben nicht nach. So kauften Friedel und ich eine Gans, brachten sie zum Bäcker, der sie eines Sonntags für uns briet, und dann fand das große Festessen mit allem Drum und Dran statt. Bei solchem Essen war Ernst immer besonders fröhlich, ja, ausgelassen. Er sprudelte über von Geschichten. Das Brot der Emigration war also nicht immer bitter.

Trotz dieser menschlich so angenehmen Athmosphäre blieben wir nicht lange im »Helvetia«. Es bot sich die Möglichkeit, in eine kleine, aber bequeme Wohnung an der Porte d'Orléans nach Montrouge zu ziehen. Sie gehörte Bruno v.Salomon, der mit seiner Frau nach Südfrankreich gezogen war. Bruno war ein alter Freund. Im Gegensatz zu seinem Bruder Ernst, der sich als Freischärler am Rathenau-Mord beteiligt hatte, war Bruno ein aufrechter Kommunist und beschäftigte sich vor allem mit Propaganda unter den Bauern, wobei er stets dann Erfolg hatte, wenn er die Thomas-Münzer-Sprache anwandte. Einige wichtige Hinweise zum Thema der »Ungleichzeitigkeit«, die Ernst in »Erbschaft dieser Zeit« behandelte, hatte er von Bruno bekommen. Die Bauern bewegten sich zum Teil noch in alten Denkweisen und begeisterten sich mehr für die Reden von Thomas Münzer als für das Vokabular kalter kommunistischer Propagandisten.

Ich selber arbeitete politisch in Paris zunächst für die »Rote Hilfe«. Dabei ging es um die Unterstützung der saarländischen linken Arbeiter, die flüchten mußten, als ihre Heimat nach dem Plebiszit deutsch wurde. Gustav Regler war in dieser Sache besonders tätig, so war ich oft mit ihm zusammen und hatte Gelegenheit, die erfreuliche Solidarität der französischen Arbeiter zu erfahren. Oft waren es Familien mit Kindern, bei denen ich fragte, ob sie Flüchtlinge aufnehmen könnten, und immer fand sich ein, wenn auch noch so bescheidener Platz für die Saarländer.

Von den früheren Freunden trafen wir auch Benjamin und Kracauer. Beiden ging es finanziell miserabel. Benjamin bekam etwas Unterstützung vom Institut für Sozialforschung. Aber Kracauer war sehr verzweifelt über seine Lage, er konnte sich an seine soziale Unsicherheit nicht gewöhnen und mied den Kontakt mit der Linken. Sogar am »Kongreß zur Verteidigung der Kultur« wollte er nicht teilnehmen. Das kühlte die Beziehung zwischen Ernst und ihm etwas ab. – Eine besondere Freude war es, mit Egon Erwin Kisch in Paris herumzustreifen. Der »rasende Reporter« kannte im historischen Teil der Stadt jeden Winkel und vermochte unzählige Geschichten zu erzählen, besonders aus der Zeit der Französischen Revolution. Er selbst wohnte in Versailles und hat auch dort für uns die Revolution lebendig werden lassen. Einmal führte er uns in das jüdische Viertel in der Marais, wo man sogar Juden im Kaftan traf. Dort aß man koscher, ganz vorzüglich, und sprach mit dem Besitzer halb französisch, halb deutsch bzw. jiddisch. Bis heute habe ich den Geschmack einer jüdischen Bouillon nicht vergessen, in der die sogenannten Krepplech schwammen, eine Art Maultaschen. Ja, Egonek war ein bezaubernder Begleiter und seine witzigen, manchmal scharfen Bemerkungen über Rußland haben mich nicht unbeeindruckt gelassen. Später emigrierte er nach Mexiko, wir sahen ihn noch in New York, wo er nur kurze Zeit lebte, weil er keine Aufenthaltsgenehmigung erhielt.

Im Juli wurde Paris immer leer. Die Pariser machen langen Urlaub. Die Geschäfte werden geschlossen, einen Friseur zu erwischen, ist ein Glücksfall. Mir gefiel die Freude der Städter, aufs Land zu gehen, sich dort Zeit zu lassen, zu faulenzen. Zum Glück gab es weiterhin den Markt in der Nähe unserer Wohnung in Montrouge. Dorthin ging ich mit besonderem Vergnügen, nicht nur, weil es erstklassige Gemüse zu kaufen gab, sondern weil die Gespräche mit den Bäuerinnen meist amüsant waren.

Ernst fuhr im August 1935 nach Sanary in Südfrankreich, wohin viele Deutsche emigriert waren. Feuchtwanger lebte dort, Ludwig

Marcuse, Franz und Alma Werfel und viele andere. Neben Paris war Sanary so etwas wie ein zweites deutsches Kulturzentrum in Frankreich. Es gab mehrere politische und kulturelle Einrichtungen, an denen die Emigranten sich betätigten. So wurde die »Freie Deutsche Hochschule« gegründet, in der der »Schutzverband deutscher Schriftsteller« rege tätig war. Unter anderem druckte er kleinformatige (8×12 cm) Bücher, auf deren Einband zum Beispiel der Titel »Deutsch für Deutsche« stand. Im Innern waren aber ausgezeichnete antifaschistische Texte abgedruckt. Massenhaft wurden diese Tarnschriften nach Deutschland geschmuggelt. Es gab außerdem die »Deutsche Freiheitsbibliothek«, die, von Alfred Kantorowicz gegründet, Bücher der antifaschistischen Schriftsteller sammelte, Bücher, die am 10. Mai 1933 in Deutschland verbrannt worden waren.

Ich besuchte Ernst in Sanary, blieb aber nicht lange dort. In Paris zurück, hörte ich eines Tages die Türklingel läuten: Wer stand draußen? Mein »Chef« Paul. Ich kann nicht sagen, daß mir besonders wohl zumute war, als ich den mir sonst sympathischen Mann wiedersah. Bedeutete das doch, daß er mir wieder irgendwelche Aufträge geben würde, die, wie ich ja aus Erfahrung wußte, nicht eben einfach auszuführen waren. Um mich in bessere Laune zu bringen, schlug er vor, zunächst auf einige Tage ans Meer zu fahren. Paris war höllisch warm, und so fuhr ich gern in kühlere Gegenden, ich wollte nach Villers-sur-Mer in die Normandie, wo im Jahre 1925 mein jüngerer Bruder gestorben war. An jenem Strand, wo es mit Dadek geschehen war, überkamen mich plötzlich Erinnerungen an mein damaliges Berliner Leben. Wie viel hatte sich in den zehn Jahren geändert! Dieses Berlin, das mir zwölf Jahre eine Heimat gewesen war: Jetzt erschien es mir wie eine menschenleere Wüste. Doch mir blieb nicht viel Zeit zum Träumen, denn Paul begann von seinen Plänen zu erzählen. Ich sollte wieder nach Polen fahren und einem wichtigen Mann der polnischen Armee begegnen. Aber die Reise von Frankreich aus war schwieriger als die letzte, die ich von Wien aus angetreten hatte. Ich mußte mit einem falschen polnischen Paß reisen, um Deutschland unauffällig durchqueren zu können. Ich sagte Paul,

daß, wenn es schon sein muß, ich die Abwesenheit von Ernst aus-
nutzen und die Reise bald antreten wolle. Schon wenige Tage später brachte mir Paul den falschen Paß. Er sah verblüffend echt aus.
Natürlich waren Name und Geburtsort anders und ich mußte
meine neue Identität memorieren. Dieses Mal sollte es nach Warschau gehen. Ich schrieb sofort meiner Freundin, daß ich käme.
Das war eine lange Fahrt. Durch ganz Deutschland, Köln, Berlin,
endlich war ich in Warschau. Ich fuhr 1. Klasse und mit Schlafwagen, aber mir schien, die Reise ende nie. Durch Deutschland zu
reisen war ein schreckliches Gefühl für mich. Ich sah Hakenkreuz-
fahnen, die braunen Uniformen. An der deutschen Grenze schlug
mein Herz mächtig, es schien mir, als ob die Kontrolleure meinen
Paß besonders sorgfältig untersuchten. Er war nagelneu, nur ein
deutsches Transitvisum und ein polnisches Visum waren einge-
tragen. Doch alles ging glatt. Aber als ich schon jenseits der polnischen Grenze war, bestiegen auf einer Station zwei Frauen mein
Coupé. Als sie mich sahen, umarmten sie mich stürmisch: »Wie
schön, dich wiederzusehen, Karola!«, begrüßten sie mich laut-
stark. Es war eine frühere Schulfreundin mit ihrer Mutter. »Karola«, um Gottes willen, im Paß stand doch »Olga«. Aber zum Glück
war die Kontrolle vorüber und niemand in der Nähe, dem der fal-
sche Name hätte auffallen können. Alles verlief glimpflich. Meine
Freundin Jadwiga fragte mich, woher ich käme, wieso ich nach
Warschau, nicht nach Lodz führe. Ich erzählte von meiner Tante
in Warschau, daß ich sie zuerst besuchen und erst später nach Lodz
fahren wolle. Angenehm war diese Begegnung nicht, denn meine
Eltern hätten von Jadwiga erfahren können, daß ich in Polen war,
und sie wußten doch von nichts, durften auch von nichts wissen.
In Warschau gelang es mir, die zwei Damen abzuschütteln und
unversehrt bei meiner Freundin Etka zu landen. Das übliche Treffen verlief ohne Zwischenfälle. Ich bekam wieder den Mikrofilm
in einem Füllfederhalter. Eine Woche blieb ich in Polen. Die Mutter meiner Freundin war bei Verwandten auf dem Lande, zu ihr
fuhren wir für einige Tage, und ich konnte mich in einem schönen
polnischen Wald etwas erholen. Paris schien mir so weit weg wie
der Mond. Trotzdem: Ich mußte zurück, mußte wieder die lange,

scheußliche Reise durch Deutschland auf mich nehmen. Aber wiederum ging es glatt; trotzdem war ich froh, als ich endlich wieder in der Wohnung in Montrouge war. Dort fand ich einige Briefe von Ernst vor (wir hatten kein Telefon), in denen er sich besorgt zeigte wegen meines Schweigens. Ich schrieb ihm sofort ein Kärtchen, daß alles in Ordnung, ich aber zu müde sei, um in der Hitze zu schreiben. Paul kam bald und holte sein Zeug, er war mit mir zufrieden. Von meinen Pariser Bekannten waren beinah alle noch im Urlaub, so war mir seine Gesellschaft durchaus willkommen. Im September kam Ernst sonnengebräunt und wie immer heiter zurück. Er hatte viele Leute im Süden getroffen, auch Bruno von Salomon, aber er hatte auch gearbeitet. Er schrieb damals an den »Geographica«. Gleich nach seiner Rückkehr traf er mit Benjamin und Kracauer zusammen. Kracauer ging es finanziell besser – er hatte durch die Franzosen etwas Geld bekommen. Über das Wiedersehen mit Benjamin berichten Briefe von Ernst an Schumacher: »Sehr interessante und fruchtbare Gespräche mit dem wiedergefundenen Benjamin, dessen Verschrulltheit einen Grad erreicht hat, wo sie umschlägt.«

In Paris wurde es kühler, die Ferien gingen zu Ende, die Läden öffneten langsam wieder. Auch bei Perret wurde wieder gearbeitet. Abends fuhren wir oft auf die Boulevards, saßen im Deux Magots oder im Café du Dôme, man traf immer Bekannte. Man saß draußen, beobachtete die Flaneure, die besonders für Benjamin von Interesse waren. Paris war schön, anregend, heiter.

Um so unangenehmer kam die unerwartete Wendung: Eines Tages erklärte mir Paul, Paris sei für meine Arbeit ungünstig gelegen, die Partei würde es begrüßen, wenn ich nach Prag ginge. Das war für mich eine traurige Nachricht. Ich sagte Paul, daß ich erst mit Ernst sprechen müßte, ich wüßte nicht, ob er überhaupt auf diesen Vorschlag eingehen würde. Lange erwogen Ernst und ich alles hin und her. Wir liebten Paris, hatten unseren Freundeskreis hier. Der Gedanke, nun wieder auf Achse sein, uns an eine neue Umgebung gewöhnen zu müssen, erschreckte uns. Außerdem fühlten wir uns in Frankreich sicherer. Die Nazis waren in der ČSR näher, die Sudetendeutschen mit Henlein an der Spitze steckten mit ihnen unter einer Decke. Kontakte zu Prag hatten wir zwar: Ernst stand mit der »Neuen Weltbühne« in ständiger Verbindung, arbeitete auch für sie, war ihr Mitarbeiter. Ihr Herausgeber Hermann Budzislawski war früher unser Nachbar in Berlin. Auch mit dem Malik Verleger Wieland Herzfelde, der in Prag lebte, korrespondierte Ernst. Das Resultat unserer Beratungen fiel so aus, wie ich es vermutet hatte: Beide nahmen wir die Entschlüsse der Partei ernst, beide glaubten wir, unsere Pflicht erfüllen zu müssen, und diese Pflicht rief uns nach Prag. Ernst war, wie Oskar Negt später formulierte, der »Philosoph des roten Oktober«. Wenn es um die Stärkung der Sowjetunion ging, war er dabei. Unsere Verbundenheit wurde durch den gemeinsamen Entschluß, nach Prag zu gehen, noch inniger.

Zum Abschied luden wir unsere Freunde ein. Damals sahen wir Benjamin zum letzten Mal. Er beging 1940 Selbstmord an der französisch-spanischen Grenze, weil er fürchtete, nicht nach Spanien durchzukommen und der deutschen Besatzung in die Hände zu fallen.

PRAG
1936–1938

Das Exil in Prag erschien uns viel angenehmer als in anderen Ländern. Die Tschechoslowakei war nicht so bürokratisch wie Frankreich, eine »carte d'identité« nicht erforderlich. Seit der Erlangung der Unabhängigkeit im Jahre 1918 wurde die ČSR von Demokraten wie Masaryk und Benesch regiert. Aber die heterogene Nationalitätenzusammensetzung – nur 46 Prozent Tschechen, 28 Prozent Deutsche, große Gruppen von Polen, Ukrainern, Juden, Magyaren und Slowaken – bedeutete von vorne herein ein Handicap für den neuen Staat. Besonders die Deutschen wurden unter Konrad Henlein, der die »Sudetendeutsche Heimatfront« gegründet hatte, nach der Machtergreifung Hitlers zur großen Gefahr. Ungeachtet dessen flüchteten viele Antifaschisten: Schriftsteller, Künstler und vor allem Arbeiter in die ČSR.

Tucholsky's »Weltbühne« wurde unter dem Namen »Neue Weltbühne« in Prag durch Hermann Budzislawski zu einer wichtigen politisch-kulturellen Zeitschrift, um die herum sich ein reges Leben entfaltete. Außerdem erinnere ich mich an den Bert-Brecht-Club, einen Treffpunkt der Exilierten, dem Wieland Herzfelde vorstand. Überhaupt war Prag eine sehr deutsche Stadt mit einer deutschen Universität, deutschen Mittel- und Volksschulen, zwei täglich spielenden deutschen Theatern und fünf deutschen Tageszeitungen.

Als wir in Prag ankamen, holten uns Budzislawski und Herzfelde am Bahnhof ab. Sie hatten eine kleine möblierte Wohnung besorgt und waren froh, Bloch bei sich zu haben.

Gleich am nächsten Tag unternahmen wir eine Stadtbesichtigung, wir wußten, wie wunderschön Prag war. »Zlata Praha« – goldenes Prag! Sprachschwierigkeiten hatte ich kaum: Ich sprach polnisch, jeder verstand mich, und ich verstand die Tschechen – Polnisch und Tschechisch ähneln einander, aber Polnisch ist klanglich schöner. Wir gingen zum Veitsdom, zur Theynkirche mit den zwei ungleich hohen Türmen, die Adam und Eva heißen, und dann auf die Karlsbrücke über der Moldau. Die großen Heiligenfiguren zeichneten sich scharf vor dem klaren Himmel ab. In der Ferne auf der Höhe sah man den Hradschin. Dann schlenderten wir durch die alten Gassen, betraten die Häuser. Durch ihre großen Tore gelangte man in kleine Höfe, sah die »Pawlatschen« (Laubengänge, durch die man in die Wohnungen kommt) an den einzelnen Geschossen, stieg die Treppen bis unters Dach hinauf. Das war der Ort, wo die »Gerichte« in Kafkas »Prozeß« tagten. Immer wieder wurden wir in Prag an ihn erinnert. In der Alt-Neu-Synagoge, der ältesten in Europa, im alten jüdischen Friedhof, glaubte Ernst, die Schritte des Golem zu hören, erzählte Golem-Geschichten, die er so gut kannte. Die zwei Uhren auf dem jüdischen Rathaus gefielen uns besonders: Die eine ging normal, die andere hatte jüdische Zahlen und einen Zeiger, der sich nach links statt nach rechts bewegte. Zur Synagoge mußte man einige Stufen hinuntersteigen, die Straße hat sich im Laufe der Jahrhunderte gehoben, das Gotteshaus lag fast in der Erde. Im Goldmachergäßchen bewunderten wir die kleinen, vielfarbigen Häuschen. Hier hatten einst Alchimisten ihre Elexiere gebraut, Gold gemacht, den »Stein der Weisen« gefunden. Jetzt wohnten dort Wahrsagerinnen. Als uns einmal Otto Klemperer mit seiner Frau Johanna besuchte, gingen wir zu einer Wahrsagerin. Klemperer wurde eine weite Reise prophezeit. Die Schiffskarte für die USA lag tatsächlich schon in seiner Tasche! Wir waren nun doch froh, nicht mehr in einer so großen Stadt wie Paris leben zu müssen. Die Schönheiten in Prag waren auf kleinem Raum konzentriert. Überall sah man Wohnhäuser aus der Barockzeit, immer wieder gab es Überraschungen: Da ragte ein goldener Hirsch aus einer Fassade heraus, dort gab es eine Hausfront, die mit Bären bestückt war. Dieses »Bären«-Haus gehörte übrigens Egon Erwin Kisch. Aber Kisch war damals nicht in Prag, er war in Versailles geblieben.

Am Abend gingen wir oft in den Bert-Brecht-Club und trafen Bekannte wie Weißkopf, seine Frau Axel Wedding, lernten den

Schriftsteller und Graphiker Johannes Wüsten (Peter Nickl) kennen, Theo Balk und andere. Wir fühlten uns bald heimisch. Dieses Heimischfühlen führte dazu, daß wir den Beschluß faßten, eine leere Wohnung zu mieten und unsere eigenen Möbel aus Berlin kommen zu lassen. Ein Unterfangen, das tatsächlich klappte: Die Leute, die unsere Wohnung in der Kreuznacherstraße möbliert übernommen hatten, schickten anstandslos alles auf die Reise, auch den Steinwayflügel, den großen Barockschrank, unsere schönen holländischen Sitzmöbel, Teppiche und Bilder. Wir fanden eine Wohnung etwas außerhalb der Stadt in der Šarecka 33, mit einem kleinen Garten und einem großen Kirschbaum. Sie gehörte H. G. Adler, dem Autor eines Buches über Adalbert Stifter, hatte drei Zimmer, Bad und Küche und war billig, wie überhaupt die Lebenskosten in Prag gering waren. Den Transport der Möbel von Berlin nach Prag hatte mein Vater über eine Speditionsfirma organisieren können. Immer wieder in jenen Jahren habe ich von meinen Eltern aus Lodz Hilfe erhalten: nicht nur Geld, sondern auch große Lebensmittelpakete mit geräucherten Zungen und Würsten, mit Kompotten und Konfitüren.

Wir richteten das Domizil nun mit unseren eigenen Möbeln und dem Hausrat hübsch und gemütlich ein. Ernst verfügte über ein Arbeitszimmer, das Schlafzimmer war gleichzeitig mein Arbeitsraum. Das Wohnzimmer mit dem Flügel und dem Barockschrank sah so vornehm aus, daß Ernst an Joachim Schumacher schrieb: »Die Drei-Zimmer-Wohnung... mit Barockschränken und Persern wirkt auf mich kurios; man kommt sich wie ein Ex-König vor.«

Ernst wurde ständiger Mitarbeiter der »Neuen Weltbühne«, er schrieb außerdem für die »Internationale Literatur«, »Das Wort«, »Die Sammlung«. Auch ich war nicht untätig. Nachdem ich Friedel Dicker, eine Malerin und Architektin, kennengelernt hatte, beschlossen wir, gemeinsam als selbständige Architektinnen zusammenzuarbeiten; da Friedel viele Bekannte in Prag besaß, bekamen wir auch Aufträge. Zwar waren es kleine Sachen – Umbauten oder Inneneinrichtungen, aber wir konnten schlecht und recht unser Leben davon fristen.

Nachdem wir uns so eingelebt hatten, empfahlen wir Schumachers, die, aus der Schweiz ausgewiesen, immer noch illegal dort lebten, auch nach Prag zu kommen, obwohl wir uns der gefährlichen Lage dieses Landes bewußt waren. Aber das Leben gefiel uns hier; die nach Prag emigrierten Schriftsteller brachten eine rege politische Tätigkeit in Gang. Es wurden nicht nur die »Neue Weltbühne«, die »Arbeiter Illustrierte Zeitung« (AIZ), von John Heartfield illustriert, die »Neuen Deutschen Blätter«, der »Gegenangriff« aus der Taufe gehoben. Es waren auch Verbindungen zu Deutschland lebendig. Öfters kamen Antifaschisten über die grüne Grenze zu Besuch. Wir hatten direkte Nachrichten über die Konzentrationslager, die Verfolgung der Andersdenkenden. Wenn unsere Freunde zurückkehrten, gaben wir ihnen einige jener Hefte mit, die in unverfänglichem Umschlag (»Deutsche Blumen«) verbotene Literatur nach Deutschland schmuggelten. In Prag hatte sich eine »Notgemeinschaft deutscher emigrierter Schriftsteller« gebildet, deren Präsident Heinrich Mann wurde, mit Lion Feuchtwanger und Arnold Zweig im Vorstand. Der Leiter in Prag war Friedrich Burschell, ein Schulfreund von Ernst aus Ludwigshafen. Es war eine große Freude, als sich die beiden wiedersahen. Wir trafen uns oft. Zu dieser Zeit bat ich Schumacher, in der Schweiz Geldmittel für die besonders notleidenden Schriftsteller zu mobilisieren. Thomas Mann wurde zu Vorträgen eingeladen und kam auch.

Eines Abends stand mein alter Freund Paul vor der Tür, um mir weitere Aufträge zu erteilen. Es ging wieder um Polen. Von Prag aus war die Reise kürzer und einfacher als von Paris. Dafür wurden die Aufträge heikler, ich mußte Geld transportieren und bekam eigens dafür einen Koffer mit doppeltem Boden, um die vielen Geldscheine unauffällig zu verstauen. Ich kam mir vor wie in einem Agentenfilm. In meinem Hotelzimmer in Warschau holte ich das Geld heraus, stopfte es in meine Handtasche und übergab es meinem Vertrauensmann. Alles verlief nach Plan. Es gab keine Schwierigkeiten. Die kamen erst, als ich schwanger wurde. Wir freuten uns sehr auf das Kind. Leider hatte ich im fünften Monat eine Fehlgeburt, die uns großen Kummer bereitete. Der Arzt stellte fest, daß ich, wenn ich je ein Kind haben wollte, die Zeit der Schwangerschaft liegend verbringen müßte. Äußerste Ruhe sei notwendig. Als ich erneut in andere Umstände kam und wir das Kind unbedingt haben wollten, erklärte ich Paul, daß ich den Dienst quittieren müsse. Paul zeigte Verständnis und so endete meine Tätigkeit auf diesem Gebiet.

Dem ärztlichen Rat folgend verbrachte ich nun die meiste Zeit liegend und mußte für den Haushalt eine Hilfe nehmen. Ernst pflegte mich rührend, fütterte mich mit kalter Milch und Brot. Monatelang konnte ich nichts anderes vertragen. Aber gezeichnet habe ich weiter: im Bett. Als der Bauch dick wurde, ließ ich mir ein Reißbrett mit einer Ausbuchtung machen, halb liegend zeichnete ich flott auf diesem Brett. Friedel ging auf die Baustellen und alles lief gut. Da man wußte, daß ich nicht gehen konnte, bekam ich oft Besuch. Es war trotz aller Mühsal eine schöne Zeit, in der ich eine besonders zärtliche Beziehung zu Ernst hatte: Er war besorgt um mich und genoß es, daß ich immer da war, wenn er mir aus seiner Arbeit vorlesen wollte.

Unter den Besuchern, an die ich mich sehr gut erinnere, war auch Johannes Wüsten. Er kam mit neuen Gedichten oder Erzählungen, las mir vor oder zeichnete mich. Er war ein begabter und sympathischer Mensch. Manchmal begleitete ihn seine Freundin Lotte Schwarz. Sie hatte eine Zeitlang in Moskau gelebt, wo ihr Stiefvater österreichischer Botschafter gewesen war, hatte dort viel Prominenz kennengelernt und konnte Interessantes erzählen. Ihre Besuche galten aber eher Ernst als mir.

Wüsten fiel 1942 in Paris der Gestapo in die Hände und wurde umgebracht. Die DDR hat sein Werk bewahrt, er wird dort sehr geschätzt; in seiner Heimatstadt Görlitz wurde eine Johannes-Wüsten-Sammlung gegründet, in der seine Grafiken und Bücher ausgestellt sind.

Friedel kam oft zur Besprechung unserer Arbeiten. Wir verstanden uns glänzend, auch Ernst mochte die kluge und witzige Frau sehr. Ihr späteres Schicksal ist eine jener Tragödien, die viele meiner Freunde erleiden mußten: Sie hatte geheiratet und kam mit ihrem Mann nach der Besetzung der ČSR nach Theresienstadt. Er konnte sich retten, aber Friedel wurde in ein anderes Lager deportiert und dort vergast. Ich traf ihren Mann in den fünfziger Jahren in Prag, als wir von Leipzig aus dort waren. Von ihm erfuhr ich, wie unbeugsam Friedel in Theresienstadt gewesen war: Sie hatte Kindern Zeichenunterricht gegeben und sie auch sonst betreut. Doch das war nicht das letzte Mal, daß ich ihren Namen hörte: Im Jahre 1962, schon in Tübingen, las ich in unserem Schwäbischen Tagblatt, daß im Technischen Rathaus eine Ausstellung zu sehen sei: Kinderzeichnungen aus Theresienstadt. Die Zeichnungen waren erschütternd: Die Kinder zeichneten ihre tägliche Wirklichkeit, Stacheldrahtzäune, SS-Männer, Baracken. Und plötzlich erschütterte mich noch etwas anderes: Auf einer großen Tafel stand, daß die Zeichnungen unter der Leitung von Friedel Dicker-Brandeis entstanden waren, die die große »Mutter« der eingekerkerten Kinder gewesen sei.

Zurück nach Prag, wo mich damals vor allem die Herzfeldes regelmäßig besuchten. Ernst hatte sich sehr mit Wieland Herzfelde angefreundet, einem klugen Menschen und ausgezeichneten Verleger (Malik-Verlag). Er war künstlerisch begabt, aber philosophisch ungebildet, doch das störte Ernst nicht. Die Männer verband eine beiden eigene Heiterkeit, der Sinn fürs Volkstümliche, die politische Überzeugung. Ernst traf sich mit Wieland oft im Bert-Brecht-Club, wo die beiden manchmal Vorträge hielten. Die Gans, die schon in Paris eine Rolle gespielt hatte, sollte auch in Prag zur Geltung kommen. Wieland und Ernst erklärten eines Tages, sie wollten allein eine ganze Gans verspeisen. Wir Frauen richteten also den Braten, und die Männer aßen ihn ohne unsere Gesellschaft langsam und genußvoll auf.

Eines Tages besuchte uns Kanto: Er wollte sich von uns verabschieden, bevor er nach Spanien ging, um in den internationalen Brigaden für die Sache der Demokratie zu kämpfen. Ich beneidete ihn um seine Teilnahme an dem gerechten Krieg gegen Franco und seine Helfer Hitler und Mussolini. Dieser Kampf in politisch düsterer Zeit wurde zu einem Licht, zu einer Bewährung des Glaubens an menschliche Solidarität, an Selbstlosigkeit, an all das Gute, wofür es sich zu leben lohnt. Ich weiß, daß es bei den verschiedenen politischen linken Gruppierungen in Spanien Differenzen gab, daß die Anarchosyndikalisten, die eine so entscheidende Rolle spielten, von Kommunisten und Sozialdemokraten nicht sehr geliebt wurden, desgleich die Trotzkisten. Aber dennoch haben sie gemeinsam beinahe drei Jahre den Falangisten Widerstand geleistet, gemeinsam heroisch gekämpft – in einem Krieg, der, wie wir damals zu ahnen begannen, für die Nazis die Generalprobe des Schauspiels »Zweiter Weltkrieg« war.

Am 10. September 1937 wurde unser Sohn geboren. Erster Kommentar des Arztes: ganz der Bloch! Wir waren sehr glücklich. Daß Ernst eine so starke Beziehung zu dem Kind haben würde, hatte ich nicht erwartet. Er kam immer, wenn ich das Baby stillte und achtete darauf, daß ich die Stillzeiten peinlich einhielt. Ich empfand das Kind lange Zeit als ein Wunder: Noch vor kurzem war es ein anonymes Etwas in meinem Körper gewesen und nun ein kleines lebendes Wesen, das bald lächelte, sehr freundlich war und zu einer Quelle der Freude wurde. Ernst fühlte sich nicht im mindesten gestört, fing gleich an, ein Tagebuch über Jan Robert zu führen, in dem alle seine Fortschritte vermerkt wurden. Das tat er viele Jahre hindurch. Das Tagebuch blieb später in Leipzig mit unseren Korrespondenzen und Dokumenten.

Wenn das Wetter gut war, lag Jan in seinem Wagen unter dem großen Kirschbaum, ich konnte ihn aus dem Küchenfenster beobachten. Unsere Haushilfe war eine Deutsch-Tschechin, Anny, die uns liebte und das Kind anhimmelte. Wenn sie von einer Spazierfahrt mit ihm zurückkehrte, sagte sie immer: »Wieder war Jan das schönste Kind im Park.« Er war auch bezaubernd mit seinen goldenen Locken und den großen braunen Augen. Noch lange nach der Geburt wurde er nicht Jan, sondern »Herr Meier« genannt. Das war Ernsts Erfindung: Als Jan unterwegs war und man sich nach seinem Befinden erkundigte, pflegte Ernst zu antworten, daß es »Herrn Meier« oder »Frl. Meier« gut gehe, das Kind strampele mächtig. So blieb Jan auch nach seiner Geburt »Herr Meier«, und als Hanns Eisler zum ersten Geburtstag eine Kantate und ein Wiegenlied für ihn komponierte, hieß der Text: »Schlafen Sie ruhig, Herr Meier«.

Wir trafen Eisler und seine Frau Lou oft in Prag, so lange sie dort waren. Diese Freundschaft blieb unverändert bis zu Eislers Tod. Eisler war ein kleiner, fast unscheinbarer Mann, der aber durch seine Quicklebendigkeit, seinen Verstand und Witz sehr anziehend wirkte. Wir verehrten und liebten ihn. In den letzten Monaten des Jahres 1937 emigrierte er in die USA.

Kurze Zeit nachdem wir in Prag eingetroffen waren, entbrannte die berühmte Expressionismus-Debatte, in der die Moskauer Exilzeitschrift »Das Wort« tonangebend war. Expressionismusgegner waren vor allem Georg Lukács und Alfred Kurella (alias Bernard Ziegler), die andere Seite wurde unter anderem durch Bloch, Brecht, Hanns Eisler repräsentiert. Im Mittelpunkt der Debatte stand das Problem, wie sich der sozialistische Aufbruch mit dem Erbe der bürgerlichen Kultur auseinandersetzen sollte. Während Lukács nur die Klassiker der Kunst anerkannte, die Moderne in Bausch und Bogen ablehnte, trat Bloch für die veränderten und verändernden offenen Formen der Kunst ein, die der veränderten geschichtlichen Epoche entsprachen. So war er vor allem von der expressionistischen Malerei tief beeindruckt, Franz Marc wurde zu seinem Lieblingsmaler. Für die Gegner des Expressionismus hingegen blieb der Realismus in der Kunst das ausschlaggebende Kriterium: Die Kunst sollte die Wirklichkeit widerspiegeln, so wie sie ist. Phantastische Ausdrucksmittel, Verfremdungen waren für die Expressionismusgegner Zeichen der Dekadenz und identisch mit dem Niedergang der bürgerlichen Klasse. Bloch und Eisler waren sich in dieser Debatte einig. Sie veröffentlichten in der »Neuen Weltbühne« gemeinsam einen Artikel: »Die Kunst zu erben«, in dem Bloch als Kunstfreund und Eisler als schaffender Künstler zu Wort kamen. Sie wandten sich gegen die »edle Einfalt, stille Größe der Oberlehrer-Klassik«, und erklärten, daß die »Fäulniszeit«, in der wir lebten, eben nicht nur Fäulniszeit sei, sondern auch dialektisch mit der Zukunft schwanger gehe. Deshalb plädierte der Kunstfreund (Bloch) für die »kritische Beachtung der Gegenwart, dadurch produktiv ermöglichten Erbantritt der Vergangenheit«. Bloch und Eisler veröffentlichten noch einen weiteren Aufsatz in Dialogform: »Avantgarde – Kunst und Volksfront«. In diesem

Gespräch ging es um die Frage, ob sich das sozial am weitesten fortgeschrittene Bewußtsein mit dem ästhetisch am weitesten fortgeschrittenen verbinden lasse. Die beiden Autoren kamen zu dem Schluß, daß Volksfront und Künstler den Kampf gemeinsam aufnehmen und gemeinsam bestehen müßten.

Die Gespräche zwischen Ernst und Eisler wurden im Bert-Brecht-Club zum Thema von Diskussionen im größeren Kreis. Es kam zu heißen Debatten, die nicht enden wollten. Auf der Seite der Expressionisten standen Wieland Herzfelde und sein Bruder John Heartfield, der die Fotomontagen für die Arbeiter Illustrierte (AIZ) lieferte.

Neben reger publizistischer Tätigkeit trieb Ernst in Prag die Arbeit an seinem Materialismus-Buch voran. Oft ging er zum Quellenstudium in die Bibliothek der Karls-Universität. Das Manuskript, an dem er zwei Jahre, 1936/37, arbeitete, wurde noch in Prag ins Reine geschrieben, konnte aber nicht mehr erscheinen. Erst nach 35 Jahren kam es endlich 1972, um einiges erweitert, heraus. Ich staunte über seine Kenntnisse auf dem Gebiet der Physik. Aber Ernst hatte ja neben Philosophie und Musikwissenschaften auch Physik studiert. Wir waren in Prag mit dem Physiker Philipp Frank befreundet, dem Ernst das Materialismus-Manuskript zu lesen gab. Frank sollte das Physik-Kapitel begutachten – und in der Tat gab er sein Placet.

Seine Beiträge für Zeitschriften erledigte Ernst gerne am Nachmittag, an seinen Büchern schrieb er abends bis spät in die Nacht. Diesen Rhythmus der Arbeit hat er immer beibehalten: Stets verbrachte er die halben Nächte am Schreibtisch, schlief deshalb vormittags lange, frühstückte ausgiebig, las Zeitungen und Briefe. Die Hauptmahlzeit nahm er am Abend ein, danach begann seine eigentliche Arbeit. Und immer fand er noch Zeit zum Lesen, sogar – zur Entspannung – von Kriminalromanen. Auf diesem Feld hatte er eine Bundesgenossin in unserer Anny. Ernst und Anny tauschten stets ihre Meinungen über diese Lektüre aus, diskutierten eifrig, ob die Handlung logisch, der Mörder überzeugend der Tat überführt worden sei. Manchmal, wenn ich abends nach Hause kam, traf ich die beiden in der Küche in lebhaftem Gespräch. Das Essen war natürlich nicht fertig, aber Ernst bat um Nachsicht und erklärte, daß die Probleme des Romans wichtiger seien als der Braten. Und einmal brachten die beiden sogar eine wichtige Entlarvung zuwege: In der Zeitung hatten sie eine Anzeige gelesen: ein Ehepaar in London suchte eine deutschsprechende Hausangestellte. Ernst und Anny wurden mißtrauisch und gingen der Sache nach. Bekannte in London recherchierten und stellten fest, daß dies Ehepaar in London tatsächlich Nazis waren. Auf diese Entdeckung waren Anny und Ernst sehr stolz! Auch später in New York blieben wir mit Anny in Verbindung. Einmal fügte Ernst einem Brief an Anny eine Dollarnote bei, aber nicht wegen des Geldes, sondern wegen des Indianers, der auf der Note abgebildet war. Anny bestätigte auch, daß sie sich mehr über den Indianer als über das Geld gefreut hätte. Leider hörten wir, nachdem die Tschechoslowakei von den Deutschen besetzt worden war, nie mehr etwas von ihr.

Im Jahre 1938 mußten wir Trauriges erleben. Plötzlich tauchten in Prag deutsche Emigranten aus der Sowjetunion auf. Sie waren ausgewiesen worden, sollten zurück nach Deutschland! Für viele bedeutete dies KZ oder Tod. So flüchteten sie, ehe sie die deutsche Grenze erreichten, in die Tschechoslowakei. Was sie von Rußland erzählten, war niederschmetternd und unbegreiflich für uns. Die Russen hatten die Antifaschisten unter dem Vorwand ausgewiesen, daß sie als »Deutsche« eine Gefahr für Rußland seien. Unter den Flüchtlingen war auch Lissy, die Frau von Fritz Eichenwald, deren Schicksal ich bereits beschrieb. Auch der Architekt Hannes Meyer kam nach Prag, er ging in die Schweiz zurück. Ich sah ihn auf der Durchreise und sprach mit ihm über die dunklen Zeiten, die in »unserer« Sowjetunion angebrochen waren, über die Prozesse und die Angst der Menschen, die bei Nacht von der GPU aus den Betten geholt, verhaftet, verschickt, zum Tode verurteilt wurden. Die Moskauer Prozesse erfüllten uns mit Entsetzen, wir verstanden sie nicht. Aber die Partei verteidigte die Maßnahmen, und Ernst versuchte, in ihnen einen Sinn zu finden, an eine Verschwörung der Feinde der Sowjetunion zu glauben. Ihn beeindruckte das Buch von Feuchtwanger »Moskau 1937«, in dem der

Autor einige Prozesse beschrieb, deren Zeuge er gewesen war: Auch Feuchtwanger, wiewohl kein Kommunist, suchte Stalin zu exkulpieren.

Mir versuchte Ernst einen Satz einzuprägen, der wohl eher ihm selbst Mut machen sollte: Auf Heraklit, den »Dunklen«, angesprochen, dessen Schwerverständlichkeit man beklagte, sagte Platon: Was ich von Heraklit verstanden habe, ist so vorzüglich, daß ich glaube, daß das, was ich nicht verstanden habe, genauso vorzüglich ist. Für Bloch war die Oktoberrevolution das entscheidende Ereignis seiner politischen Philosophie. Die Kraft dieser Revolution, die die Welt verändert hatte, war für ihn so stark, daß alles andere, mochte es noch so schmerzlich, ja entsetzlich und unverständlich sein, in den Schatten glitt. Die politische Situation der dreißiger Jahre tat ein übriges. In Europa wirkten damals vor allem zwei Mächte: der Faschismus und der Sozialismus. Der Faschismus bedeutete den sicheren Rückfall in die Barbarei, der Sozialismus den möglichen Fortschritt der Menschheit. Ernst stand bedingungslos auf der Seite des möglichen Fortschritts, auf der Seite der Revolution. Und so blieb es bis zum Ende seines Lebens. Zwar sah er später ein, daß er Fehler gemacht hatte, kritisierte die Sowjetunion, aber er verlor nie den Glauben, daß der Tag kommen werde, an dem die Postulate der sozialistischen Revolution Wirklichkeit würden; er war überzeugt, daß seine Utopie konkrete Utopie sei. Und in diesem Glauben waren wir uns einig, obwohl mich die böse Zeit in Rußland stärker irritierte als ihn.

Die politischen Ereignisse überstürzten sich. Nachdem Schuschnigg 1938 zurücktreten mußte, bildete in Österreich der Nationalsozialist Seyss-Inquart die Regierung. Am 13. März marschierten die deutschen Truppen in Österreich ein, das Land wurde an das Deutsche Reich »angeschlossen«.

Nie werde ich diese Nacht im März vergessen. Ernst und ich saßen am Radio, erregt verfolgten wir die Nachrichten. In dieser Nacht wurde es uns zur Gewißheit, daß die nächste Besetzung die der Tschechoslowakei sein würde. Die englische »Appeasement«-Politik hatte uns jede Hoffnung auf Hilfe von den Westmächten geraubt. Unser Sohn war ein halbes Jahr alt; wir wußten, wie

schwierig die Flucht mit einem Säugling werden würde. Unsere Freunde Schumacher und Eisler, die Anfang 1938 in die USA ausgewandert waren, schrieben uns dringende Briefe, wir möchten Europa verlassen. So entschlossen wir uns abermals zur Auswanderung. Ich ging zum amerikanischen Konsul, erforschte die Bedingungen einer Übersiedlung in die Staaten. Er war sehr nachdenklich. »Was wollen Sie denn in den USA machen?« »Ich bin Architektin und hoffe, in meinem Beruf unterzukommen.« »Mrs. Bloch, wir haben 7 Millionen Arbeitslose, unsere Architekten verkaufen Bleistifte und Äpfel an den Straßenecken.« »Wir haben aber keine Wahl, Herr Konsul, die Deutschen werden die Tschechoslowakei schlucken, so wie sie Österreich geschluckt haben. Das bedeutet Tod für uns.« Der Konsul verstand mich, erklärte die Bedingungen für die Erlangung eines Visums. Die Hauptsache sei, ein »affidavit« zu haben, d.h. eine Zusicherung, daß wir über eine bestimmte Summe Geld verfügten, um eine Zeitlang in den Staaten leben zu können. Sofort unternahmen wir verschiedene Schritte. Mein Vater konnte mir aus Polen kein Geld schicken, weil das dort nicht mehr erlaubt war. Er konnte aber unsere Überfahrt auf einem polnischen Schiff bezahlen. Ernst wandte sich an seinen Verleger Veilchenfeldt, der sich tatsächlich bereit erklärte, ihm die notwendigen Mittel zur Verfügung zu stellen.
Ich begann mit den Vorbereitungen der Reise. Die Möbel und den Hausrat wollten wir mitnehmen. Nur der Flügel und der große Barockschrank sollten in Prag verkauft werden. Die ungarische Botschaft hatte Interesse an den Stücken. Wir wollten mit dem polnischen Schiff Piłsudski von Gdynia aus nach New York reisen, wo uns Schumacher, Eislers, Paul Tillich erwarteten. Es gab dort das Institut für Sozialforschung mit Adorno und Horkheimer, »The New School for Social Research«, an der Emigranten als Dozenten angestellt wurden. An dieser »New School« hoffte Ernst unterzukommen.
Ehe wir Europa verließen, erlebten wir noch den P.E.N.-Kongreß. Schon 1933, bald nach dem Austritt Deutschlands aus dem Völkerbund, hatte sich die deutsche Sektion des P.E.N.-Clubs aufgelöst. Die emigrierten Schriftsteller hatten sich in einem »Deut-

schen P.E.N.-Club im Exil« vereinigt. Der Generalsekretär des internationalen P.E.N. hatte dieser Gründung zugestimmt und so gab es seit 1933 einen deutschen P.E.N., der die freie deutsche Literatur repräsentierte. Rudolf Olden, Emigrant in London, wurde Sekretär dieser Vereinigung, Heinrich Mann ihr Präsident. Die einmal jährlich stattfindenden Kongresse sollten politische Wirkung erzielen, die Zustände in Deutschland brandmarken und die internationalen Schriftsteller mobilisieren, den Verfolgten im Dritten Reich zu helfen, wie zum Beispiel Carl von Ossietzky. Nach der Besetzung von Österreich am 11. März 1938 bildeten die heimatlosen österreichischen Schriftsteller gleichfalls eine eigene Gruppe mit Robert Neumann als Sekretär und Franz Werfel als Präsident. Trotz der kritischen politischen Situation wurde Prag 1938 als Tagungsort für den internationalen P.E.N.-Kongreß gewählt; er sollte vom 26.–30. Juni stattfinden. Als deutsche Delegierte wurden Ernst Bloch, Wieland Herzfelde und Oskar Maria Graf gewählt. Da wir noch nicht wußten, wann unser Schiff Gdynia verlassen sollte, war Ernst nicht sicher, ob er überhaupt noch würde teilnehmen können. Aber es klappte: Wir sollten erst am 3. Juli auslaufen. Wie freundschaftlich man sich in Prag deutschen Emigranten gegenüber verhielt, zeigte unter anderem ein großes Bild auf der ersten Seite einer deutschen Prager Zeitung, auf dem der Staatspräsident Benesch zusammen mit Bloch, Herzfelde und Graf zu sehen war. In dieser gefährlichen Zeit gewann die Zugehörigkeit zum P.E.N. eine große Bedeutung. Sie erleichterte es Schriftstellern, ein Visum zu erlangen. So bemühten sich damals viele um die Mitgliedschaft. Rudolf Olden half selbstlos und unbürokratisch, wo immer er konnte; ohne Apparat, ohne genügende Geldeinnahmen stand er doch immer da, wo man ihn brauchte. Olden und seine Frau kamen ums Leben, als das Schiff, das die beiden nach Kanada bringen sollte, vom Torpedo eines deutschen U-Boots getroffen wurde und sank.
Die letzte Woche in Prag wohnten wir nicht mehr in unserer Wohnung: Die Möbel, der ganze Hausrat wurden bereits nach Gdynia expediert, wo sie, in einem sogenannten Lift untergebracht, auf dem Schiff landeten.

Ich warf zum Abschied einen zärtlichen Blick auf die leere Wohnung, den Garten, den Kirschbaum. Nur schweren Herzens trennte ich mich von der Idylle, in der das Kind seine erste Zeit erlebt hatte. Auf New York, obwohl es die Rettung bedeuten sollte, konnte ich mich nicht freuen. Ich fürchtete, daß uns dort Leid erwarten würde.

Zum Zug nach Gdynia begleiteten uns unsere Freunde. Anny weinte bitterlich, wie gerne hätten wir sie mitgenommen! Auch Lissy war da. Ich sollte die beiden nie wiedersehen. Aber Wieland Herzfelde, der gleichfalls gekommen war, seine Frau Trude und den Sohn George trafen wir später in New York wieder und waren dort oft mit ihnen zusammen.

Am Bahnhof in Gdynia erwartete uns meine Familie – die Eltern, mein Bruder und Andziula, meine Schwester und ihr Mann Ignaz. Das Kind wurde umjubelt, es war fröhlich und durch die Reise nicht aus der Ruhe gebracht worden. Wir übernachteten, und am nächsten Morgen ging es zum Hafen. Letztes Zeichen: Tränen. Wir standen an der Reeling, ich sah die vertraute Gruppe immer kleiner werden, bis sie verschwand. Von meinen Angehörigen habe ich nur meine Schwester und ihren Mann wiedergesehen. Meine Eltern, den geliebten Bruder und seine Frau verlor ich für immer. Sie wurden 1943 in Treblinka vergast.

USA
1938–1949

Die »Piłsudski« war nicht groß, aber gut ausgestattet. Wir waren in einer Dreibettkabine untergebracht, das Bett für das Kind bekam ein Schutzgitter. Die See war ruhig, ich kann mich nicht erinnern, daß einer von uns während der zehntägigen Überfahrt seekrank wurde. Das Kind lag in einem faltbaren Bettchen an Deck und wurde von den Mitreisenden oft freundlich angesprochen. Ernst fühlte sich wohl auf dem Schiff, er kannte die Fachausdrücke für alle möglichen Einrichtungen und Geräte: Kenntnisse, die er seiner intensiven Lektüre von Abenteuer- und Reisebüchern verdankte. Er weihte mich in die Geheimnisse ein, bedauerte, daß er sich mit den polnischen Matrosen nicht unterhalten konnte, aber ich dolmetschte gern. Wir hatten mehrere Bücher mitgenommen, Ernst natürlich Krimis, die seiner Ansicht nach besonders gut auf ein Schiff paßten. Trotz der angenehmen Reise waren wir bedrückt, die Zukunft stand vor uns wie eine schwarze Wand. Wir zogen ungern in die USA. Unterstützung konnten wir nicht erwarten; wir fuhren in ein Land, das wirtschaftlich am Boden lag. Vor New York legte das Schiff nur einmal an, in Halifax, Canada. Wir gingen an Land, es war schön, wieder festen Boden unter den Füßen zu haben, wenn auch nur für kurze Zeit. Dann folgte das letzte Stück des langen Weges: New York kam in Sicht. Schon sah man die Skyline der Wolkenkratzer; feierlich blieb die »Piłsudski« vor der Freiheitsstatue liegen. Ernst konnte mir viel von der Statue, der »Battery«, der Südspitze von Manhattan, erzählen: Er kannte die Gegend aus Karl Mays Romanen. Dort in der »Battery« war der Treffpunkt der Greenhorns, der neu angekommenen Immigranten, der Ärmsten der Armen, die sich Ratschläge holten von cleveren, schon erfahrenen Schicksalsgenossen. Viele wurden übers Ohr gehauen, und manche Barschaft ging flöten. Aber das waren tempi passati. Wir hatten Glück, brauchten nicht nach Long Island ins Aufnahmelager zu fahren, sondern landeten im Hafen von New York, wo uns unsere Freunde Joachim Schumacher und Hanns Eisler erwarteten. Bevor wir von Bord gingen, mußten wir einen Fragebogen ausfüllen, auf dem unter anderem stand, daß wir uns verpflichteten, niemals der kommunistischen Partei der USA beizutreten oder den amerikanischen Präsidenten zu ermorden. Die »Daughters of American Revolution« verteilten Zettel mit Aufklärungen über die USA. Aber wir wußten schon, daß die »Daughters« eine sehr konservative Organisation waren und nahmen ihre Hinweise »with the tongue in the cheek« auf.

Endlich konnten wir das Schiff verlassen. Als der Zollbeamte unsere vielen Gepäckstücke zählte und das schöne Kind betrachtete, sagte er: »Nächstes Mal, Madam, wenn Sie in die USA kommen, bringen Sie bitte nur ein Gepäckstück mit und dafür 13 solche Babies.« Das war ein freundlicher Empfang. Und wie groß war die Freude unserer Freunde, als sie uns in die Arme nahmen! Sie waren so weise, uns zunächst nicht in die höllisch heiße Stadt zu führen, sondern, da sie den Sommer über auf dem Land am Hudson in Valley Cottage wohnten, auch für uns ein kleines Ferienhaus zu mieten, in das wir nach Erledigung aller Formalitäten fuhren. Den Lift mit den Möbeln und allem Zubehör brachte man in ein Lagerhaus, nur die Manuskriptkoffer und unsere Sommerkleidung nahmen wir mit. Unser Häuschen war klein, aber ausreichend. Eine geräumige »porch«, eine Veranda, die wegen der Insekten mit feinmaschigem Fliegengitter abgeschirmt war, diente als Schlafraum. In der Hitze wäre das Schlafen im geschlossenen Raum beschwerlich gewesen. Das Kind litt nicht unter den Temperaturen und gedieh prächtig, es lag immer draußen im Schatten von Bäumen. Als es zum ersten Mal einen Schwarzen sah, brachte es vor Staunen den Mund nicht mehr zu. Es konnte noch nicht sprechen, aber es rief: »Da, da« und konnte die Augen nicht von ihm lassen. Was mich sofort beeindruckte, war die Üppigkeit der Natur: Die Bäume waren höher als in Europa, die Sträuche gewaltiger. Den nahegelegenen Wald konnte man leider nicht betreten, es war ein dichter Urwald, ohne Weg und Steg.

Wir trafen uns nun sehr oft mit Eislers und Schumachers, die gemeinsam ein geräumiges Kolonial-Stil-Haus bewohnten. Diese Begegnungen halfen uns sehr in der ersten Zeit: Wir waren nicht in absoluter Fremde gelandet. Die Gespräche zwischen Ernst und Eisler funkelten von Geist, Wissen und Witz. Auch Schumacher, auf vielen Wissensgebieten bewandert – Philosophie, Kunst, Musik – war ein großartiger Gesprächspartner. Ich erinnere mich, daß viel über Musik gesprochen wurde. Aber häufiger standen doch die bedrohlichen Vorgänge in Politik und Wirtschaft, die Moskauer Prozesse, der Spanische Bürgerkrieg, der Rooseveltsche »New Deal«, der eine Verbesserung der verheerenden amerikanischen Zustände brachte und die Arbeitslosigkeit minderte, im Mittelpunkt der Debatten. An den Wochenenden kamen stets Gäste zu Eislers: Schriftsteller, Musiker, Schauspieler. Eisler hatte bereits Konzerte gegeben und Verbindung zu den Arbeitermusikvereinen aufgenommen, er war kein Unbekannter in den Staaten. Ich erinnere mich an einige Begegnungen mit dem Komponisten Marc Blitzstein, mit dem Schriftsteller Clifford Odets und dem holländischen Filmregisseur Joris Ivans und seiner Mitarbeiterin Helen van Dongen. Ich denke auch an den Musikwissenschaftler Charles Seeger, dessen Sohn Peter Seeger in der Studentenbewegung später mit seinen Liedern berühmt werden sollte. Ivans war damals gerade aus China zurückgekehrt, wo er seinen Dokumentarfilm »400 Millionen« gedreht hatte. Eisler komponierte später die Musik dazu, er hat viele Kompositionen für Ivans geschaffen. Ivans und Seeger blieben längere Zeit in Valley Cottage, wir sahen uns häufig.

Von den aktiven amerikanischen Kommunisten beeindruckte mich besonders Victor Jerome. Er war Mitarbeiter der marxistischen Zeitschrift »New Masses« und der Tageszeitung »Daily Worker«, war Theater- und Filmfachmann und hatte zum Zeitpunkt unserer Ankunft Vorträge über die kulturelle Rolle der KPUSA gehalten. Sein besonderes Interesse galt dem Theater und dem Film.

Für Ernst war es schwierig, an Gesprächen in größerem Kreis teilzunehmen. Er konnte kein Englisch. Auch Eislers Englisch war sehr unbeholfen: Er sprach mit einem so fürchterlich deutschen Akzent, daß man manchmal kaum unterscheiden konnte, ob er deutsch oder englisch redete. Gelegentlich waren auch deutsche Gäste anwesend, dann bildeten sich Gruppen, die sich jeweils in einer der Sprachen unterhielten. Langweilig war es in Valley Cottage jedenfalls nie. Nur mit dem Schwimmen im Hudson, das wir uns vorgenommen hatten, klappte es nicht: Es gab zwar einen Schwimmclub, und Schumacher ging auch hin, um uns dort anzumelden. Aber er wurde gefragt, ob seine Freunde Juden seien, und als er das bejahte, wurde ihm gesagt, der Club sei »restricted«, das heißt, für Juden nicht zugänglich. So lernten wir sehr bald den amerikanischen Antisemitismus kennen. Es gab in den Staaten viele Urlaubsorte, die Juden verschlossen waren.

Eisler und Schumacher fuhren öfters nach New York: Eisler hatte Proben und Schumacher gab Kurse an einem New Yorker College. Ich fuhr manchmal mit, auf der Suche nach einer Wohnung. Harry Robins, Eislers Assistent, chauffierte. Das Auto war eine Sehenswürdigkeit: eine uralte Karre, gekauft für 20 Dollar. Das Dach war durchlöchert wie ein Sieb; wenn es regnete, wurde man pudelnaß.

New York im Sommer ist unbeschreiblich heiß. Die hohen Steinhäuser glühen in der Sonne und strahlen in der Nacht ihre Wärme aus. Viele New Yorker schlafen dann auf den Dächern oder den Feuerleitern, die jedes Haus haben muß. Ich sah mir die billigen Wohnungen an und mich packte das Grauen beim Gedanken, in so einer Steinwüste leben zu müssen. Vor meinen Augen flimmerte der Garten in Prag, die bepflanzte Šarecka Straße. In den New Yorker Schluchten gab es keine Bäume. Schließlich entschloß ich mich, in einem Außenbezirk von Manhattan eine Wohnung zu suchen, »uptown« etwa 250. Straße. Diese Gegend war lockerer bebaut, mit niedrigen Häusern, zwischen denen es da und dort etwas Grün gab. In Riverdale fand ich endlich eine Dreizimmerwohnung, die halbwegs ruhig lag und mietete sie zum 15. September. Ich war mir bewußt, daß ich, wenn ich in New York »downtown« Arbeit fände, ungefähr eine Stunde mit der subway und den Bussen zur Arbeitsstelle unterwegs sein würde. Trotzdem war mir Riverdale lieber als die downtown-Seite von Manhattan, vor allem wegen des Kindes.

Noch während wir in Valley Cottage wohnten, erlebten wir einen Hurricane. Dieser Sturm brach plötzlich los, warf Bäume um, riß Dächer ab und heulte so unheimlich, daß ich fürchtete, unser kleines Häuschen würde aus der Erde gerissen. Wir zitterten vor Angst, aber wir überstanden das Unwetter, ohne Schaden zu nehmen. Seltsam unheimlich war die Stille, die nach dem Geheul genau so plötzlich eintrat, wie der Lärm vorher losgebrochen war. Uns Neuangekommenen brachte dieses Ereignis neben der Angst eine erfreuliche Erfahrung: Die Nachbarn kamen zu uns und fragten, ob uns ein Schaden entstanden wäre, ob das Licht funktioniere, der Herd intakt sei, sonst würden sie uns helfen. Das war der alte Pioniergeist, der noch immer in den Staaten lebendig ist; in Notzeiten gilt dort der Grundsatz, daß man einander helfen muß, um durchzukommen.

Wir gingen auf die Straße: Sie sah ganz verändert aus. Löcher klafften im Asphalt, riesige Bäume lagen quer über dem Weg, Zäune hatte der Sturm weggerissen, Hütten, Garagen. Überall sah man kräftige Männer, die Ordnung schafften.

Der Abschied von Valley Cottage fiel uns schwer: Deshalb feierten wir ihn am 1. Geburtstag unseres Sohnes, am 10. September 1938. Hanns Eisler komponierte zu diesem Anlaß die bereits erwähnte Kantate und ein Wiegenlied für das kleine Geburtstagskind, für eine Singstimme, Viola und Klavier:

Gezeugt in Paris, geboren in Prag,
Fliehend vor der Gefahr in einem Gassack zu ersticken,
Bestiegen Sie in Gdynia ein polnisches Schiff,
Nach dem Verbrecher Piłsudski genannt,
Und flohen nach New York.
Doch hoffen wir, daß Sie bald die Gelegenheit haben werden,
Ihr Vaterland kennenzulernen.
Schlafen Sie ruhig, Herr Meier,
Draußen lauern zwar Geier,
Doch sind sie halb so wild,

Wenn sie auch krächzen und stinken.
Bald werden sie von der Linken
Leise, leise angekillt.
Schlafen Sie ruhig, Herr Meier, Herr Meier.

Woher die Anrede »Herr Meier« kam, habe ich schon erzählt. Jan sollte dieser Name noch lange anhängen.

Wir zogen also nach New York. Die Wohnung richteten wir ein, so gut es in den kleinen Räumen möglich war. Die Suche nach Arbeit war jetzt das Hauptproblem. Noch von Prag aus hatte Ernst Verbindung zu amerikanischen Hilfsorganisationen aufgenommen. Die Amerikaner hatten viel getan, um den Exilanten zu helfen. Auch die Universitäten waren bereit, deutsche Wissenschaftler anzustellen. Einzelne amerikanische Professoren hatten großzügig Selbsthilfe-Organisationen ins Leben gerufen und zu Gunsten deutscher Wissenschaftler auf einen Teil ihres Gehalts verzichtet. Eines der aktivsten Komitees war »The American Guild for German Culturel Freedom«. An diese »Guild« hatte sich Ernst gewandt, nachdem wir endgültig beschlossen hatten, in die USA zu emigrieren. Zunächst ging es nur um die Fürsprache des amerikanischen Konsuls in Prag zur Erlangung des amerikanischen Visums. Als Referenzen hatte Ernst Max Horkheimer und Otto Klemperer angegeben. Er hoffte außerdem, von dieser Institution ein Stipendium zu bekommen, um sein philosophisches Werk vorantreiben zu können. Einfluß in der »Guild« hatte Prinz Hubertus zu Löwenstein, mit dem wir bald Bekanntschaft schlossen. Otto Klemperer schrieb einen enthusiastischen Brief über Ernst Bloch an die Leiterin der Organisation, Mrs. Brandes, und beschwor sie, diesem »zweiten Spinoza« und »genialen Philosophen« zu helfen. Auch Paul Tillich setzte sich ein, und tatsächlich bekam Ernst nach etwa einem halben Jahr 50 Dollar angewiesen, die noch zwei weitere Male gezahlt wurden. Das war nicht sehr viel Geld, aber trotzdem eine Ermunterung.

Der nächste Gang führte Ernst zum Institut für Sozialforschung, das in der Columbia Universität seine Zuflucht gefunden hatte. Wir gingen zu Max Horkheimer, Ernst voller Hoffnung, daß er wie so viele andere deutsche Wissenschaftler in diesem Institut eine Lehrstelle bekommen könnte. Aber wir mußten eine große Enttäuschung erleben: Horkheimer sagte ganz offen, daß Blochs politische Einstellung zu kommunistisch sei, um seine Aufnahme zu ermöglichen. Ernst war sehr niedergeschlagen, denn er hatte mit dieser Anstellung gerechnet. Auch Paul Tillich konnte nicht helfen, obwohl er beste Empfehlungen für Ernst schrieb. Die beiden kannten sich aus Frankfurt, wo der Theologe Tillich Philosophie und Soziologie gelehrt hatte. Tillich war als christlicher Sozialist in Deutschland gefährdet gewesen und hatte schon 1933 das Land verlassen. Er hatte jedoch bessere Bedingungen angetroffen als wir, denn er war in den Staaten nicht völlig unbekannt. Das »Union Theological Seminary« in New York hatte ihn eingeladen, ein Jahr dort zu lehren, und ihm sogar eine Dienstwohnung zur Verfügung gestellt. Die einzige größere Schwierigkeit für ihn war die fremde Sprache. Er lernte zwar eifrig Englisch, aber in der ersten Zeit konnten ihm die Studenten nur schwer folgen. Doch Tillich bemühte sich redlich um das fremde Idiom, ganz im Gegensatz zu Ernst, der für Sprachen so unbegabt war, daß er die Flinte ins Korn warf, bevor er zu lernen begonnen hatte. Eines Tages gingen wir mit Eisler die 42. Straße hinunter und Hanns sagte zu Ernst: »Du mußt unbedingt Englisch lernen.« »Nein«, sagte Ernst, »das kann ich nicht. Ich werde mich schon mit Deutsch durchschlagen. Machen wir doch eine Wette: Den ersten Mann, dem wir begegnen, werde ich deutsch ansprechen, und er wird mich verstehen.« Der erste Mann, der uns entgegen kam, war ein baumlanger Schwarzer. Ernst lüftete den Hut und fragte: »Können Sie mir sagen, wie ich zum Times Square komme?« »Ja, freili,« war, im schönsten Bayrisch, die Antwort, »da müssen Sie nur gradaus gehen.« Ernst sah Eisler triumphierend an und fragte den Schwarzen, woher er denn so gut Deutsch könne? »Ich war doch in München Zigarettenverkäufer im Café Odeon«, antwortete dieser vergnügt. Jedenfalls hat Hanns die Wette verloren, und Ernst schlug keine englische Grammatik mehr auf. Mit der Zeit erlernte er wenigstens die tägliche Umgangssprache und konnte die New York Times lesen, das genügte ihm.

Wir hatten beide im Anfang keine Einnahmen, aber doch etwas Geld, das wir mitgebracht hatten. Das Leben war billig, denn die USA erlebten damals gerade eine große Deflation: Für 50 cents konnte man gleich zwei Hüte kaufen, für einen Dollar ein Kleid. Auch die Lebensmittel waren billig. Da wir viel unterwegs waren, immer auf der Suche nach Arbeit, nach einem Stipendium, nach einem Vortrag, mußte ich ein junges Mädchen engagieren, das sich um das Kind kümmerte. Es fand sich eine reizende junge Schauspielerin, gleichfalls Emigrantin, die die englische Sprache in der Untergrundbahn und auf der Straße so schnell aufschnappte, daß ihr bald die deutschen Worte fehlten. Sie hieß Kitty Mattern, wir trafen sie viele Jahre später in Tübingen wieder, wo sie in einer Komödie auftrat, sahen sie manchmal auch im Fernsehen. Ernst hatte sehr bald angefangen, am »Prinzip Hoffnung« zu arbeiten, das ursprünglich »Dreams of a Better Life« heißen und nicht sehr umfangreich werden sollte. Er fuhr oft in die vorzügliche Public-Library, um Material zusammenzutragen und hoffte, dieses Buch in den USA veröffentlichen zu können.

Ich bemühte mich um eine Stelle in einem Architekturbüro, aber zunächst vergeblich. Mein alter Freund Xanti Schawinsky, der mit seiner Frau Irene auch in New York gelandet war, schlug mir vor, zunächst Versicherungsagentin zu werden, das sollte ein einträglicher Job sein. Um ihn zu erlangen, mußte ich einen Kurs über mich ergehen lassen, der mich in die Geheimnisse des Versicherungswesens einweihen sollte, dann wurde ich losgeschickt. Ich bekam Bezirke wie Bronx oder Brooklyn zugeteilt. Dort klapperte ich ein Haus nach dem anderen ab, stieg viele Treppen – Aufzüge gab es in den alten Häusern nicht –, läutete an den Türen und sagte freundlich, daß ich eine Lebensversicherung anzubieten hätte und zwar unter sehr günstigen Bedingungen. Die meisten Türen wurden mir vor der Nase zugeschlagen. Wenn ich die Treppen wieder hinunterging, flossen mir oft Tränen übers Gesicht. Es war für mich der traurigste Job, der sich denken ließ. Aber es gab kein Pardon: Die Tränen wurden abgewischt, das Gesicht gepudert, »Keep smiling« war die erste Voraussetzung für den Erfolg. Manchmal hat sich sogar jemand meiner erbarmt und den ersehnten Vertrag unterschrieben. Aber länger als einen Monat hielt ich diesen »Beruf« nicht durch. Wieder klapperte ich also die Architekturbüros ab, meine Zeichnungen unter dem Arm, und fragte nach Arbeit. Eines Tages entdeckte ich ein Büro, das von einer Frau geleitet wurde. Diese Chefin war eine gutaussehende Dame, äußerst elegant angezogen, mit einer Brille, deren Gläser wie Schmetterlingsflügel geformt waren. Meine Erscheinung stand in ziemlichem Kontrast zu der ihrigen. Nach einem kurzen Fachgespräch sagte sie: »Wissen Sie, Mrs. Bloch, ich habe einige Frauen bei mir eingestellt, die haben jedoch einen gewissen Pfiff, sind sehr elegant, können die Interessenten bezaubern und auf diese Weise neue Kunden anziehen. Ich glaube nicht, daß Sie sich für mein Büro eignen.« »Bestimmt nicht«, antwortete ich, »ich habe mich ja auch als Architektin, nicht etwa als call-girl beworben.« Wütend und ohne Gruß ging ich davon. In New York gibt es eben alles.

Endlich traf es sich, daß ich durch ein Komitee – es gab deren viele – einen Architekten kennenlernte, Charles Mayer, der sich bereit erklärte, mich in sein Büro aufzunehmen. Charles Mayer war ein reicher Mann, der aus einer Laune heraus ein Architekturbüro eröffnet hatte. Er besaß wenig Fachkenntnisse, engagierte aber tüchtige Mitarbeiter. Die selten gewordenen Aufträge bekam er durch seine vielseitigen Beziehungen. Seine Ideen allerdings waren zuweilen etwas extravagant. So ließ er mich zum Beispiel an einem 25 Stockwerke hohen Mietshaus am »Columbus Circle« arbeiten, mit dem er etwas besonders Originelles schaffen wollte: Jede Wohnung sollte über einen Kamin im Wohnzimmer verfügen. Da aber jeder holzgeheizte Kamin einen eigenen Zug braucht, mußten viele mehrzügige Schornsteine auf dem Dach verteilt werden. Es war keine leichte Aufgabe, die einzelnen Kaminzüge zu einer Gruppe zu vereinigen, aber zum Glück war ich in darstellender Geometrie bewandert und hatte ein gutes räumliches Vorstellungsvermögen. Mit grünen, roten, gelben und sonstigen Farbstiften zog ich die Züge durch den Bau, knickte sie, wenn Not am Mann war, wobei der Knickwinkel nicht weniger als 60° betragen durfte. Meine Kollegen beteuerten mir, daß sie nie so viel Geduld und Ausdauer aufbringen würden. Aber ich war dankbar, diese Arbeit gefunden zu haben. Mein Arbeitsplatz war angenehm und ich war nicht, wie später in Cambridge, die einzige weibliche Architektin, sondern hatte eine fähige Kollegin – eine Tatsache, die ich als sehr wohltuend empfand.

Im Frühherbst 1979, als ich zum ersten Mal nach 1949 wieder in New York war, hätte ich was drum gegeben, meine Schornsteine wiederzusehen. Aber leider war das Gebäude im Zuge der Neugestaltung des »Columbus Circle« niedergerissen worden.

Der Kreis unserer Freunde in New York – Eisler, Tillich, Adorno, Piscator, Schumacher, Klemperer – vergrößerte sich durch Neuankömmlinge: Herzfeldes trafen ein und Ernsts Ludwigshafener Schulfreund Max Hirschler mit seiner Frau Lene und zwei Söhnen, der jedoch bald als Chirurg nach Lewiston, Maine zog. Er und Lene blieben bis zu ihrem Tode ganz besonders treue und hilfsbereite Freunde. Ernst verbrachte oft seine Ferien in Maine, war immer ein gern gesehener Gast. Auch finanziell sprang Max ein, wenn es einmal besonders schwierig wurde. Er war ein gütiger Mensch, und Lene – eine Freundin auch von Otto Klemperer – liebte es, interessante Menschen um sich zu sehen. Besonders liebe Freunde wurden uns Leo Katz und seine Frau Bronia aus Wien. Er war Historiker. Ernst berichtete ihm vom Fortgang seiner Arbeit an der »Enzyklopädie der Hoffnungen«. Darüber hinaus war Leo ein Liebhaber von Karl May, was ein besonders verbindendes Element für die beiden Männer war. Bronia war Mitglied der österreichischen KP; mit ihr traf ich mich öfters, wir arbeiteten gemeinsam für die »Rote Hilfe«.

Nachdem die Tschechoslowakei besetzt worden war, mußte man viel für jene Antifaschisten tun, die sich nicht mehr rechtzeitig hatten in Sicherheit bringen können. Ich hatte Verbindung zu einem Architekten, Hermann Field, bekommen, der mit seinem Bruder Noel im »Unitarian Service Committee« über die Schweiz deutschen Antifaschisten ermöglichte, aus der ČSR nach London zu entkommen. Und ich half ihm. Die Brüder Field sollten in meinem Leben noch eine Rolle spielen.

Häufig kamen wir mit Paul Tillich zusammen, der eine große Bewunderung für Ernst hegte. Er meinte einmal, Ernst verstünde mehr von Theologie als er selbst. Paulus – so wurde er von seinen Freunden genannt – war ein seltsamer Mensch, sehr durchgeistigt und zugleich sehr sinnlich. Er sah gut aus, liebte Frauen, Parties, Tanzen, Vergnügen, hatte viele Freunde und Erfolg bei Frauen. Einmal verbrachten wir zusammen mit ihm einen schönen Urlaub in Maine. Tillich war es auch, dem Ernst einen neuen Freund verdankte: Adolph Löwe. Löwe war Professor für Nationalökonomie und hatte eine Stelle an der »New School for Social Research« erhalten. Er war mit philosophischen und theologischen Themen vertraut und wurde ein wichtiger Gesprächspartner für Ernst. Die Freundschaft sollte bis zum Tod von Ernst dauern. Auch mich verbindet noch heute eine innige Vertrautheit mit dem alten Weggenossen.

Doch zurück zum New Yorker Alltag. Meine Arbeit bei Charles Mayer war nicht gut bezahlt, die Spenden, die Ernst von verschiedenen Comitees oder Privatpersonen erhielt, machten den Braten auch nicht fett, so suchte ich nach anderen Möglichkeiten. Unerwartet ergab sich eine Gelegenheit: Ich erfuhr, daß ein Germanist der New Yorker Universität, Professor Slochower, sich ein Grundstück in Andover, New Jersey, gekauft hatte und ein Sommerhaus bauen wollte. Als Ernst zu dieser Zeit zu einer Schriftstellerversammlung eingeladen wurde, ging ich mit, um die Bekanntschaft von Herrn Slochower zu machen. Er war ein kleiner, gutmütiger Mann. Ich ging gleich auf ihn los und fragte ihn ohne Umschweife, ob er sich sein Sommerhaus nicht von mir bauen lassen wolle. Amerika scheint wirklich manchmal das Land der unbegrenzten Möglichkeiten zu sein: Dieser Professor sagte sofort »ja«, ohne eine Ahnung von meinen fachlichen Qualitäten zu haben. Ich nahm mir vor, ihm ein besonders schönes Haus zu bauen. Sobald das Grundstück vermessen war, machte ich die ersten Skizzen. Das Gelände war abschüssig, was reizvolle Baumöglichkeiten bot. Bevor ich zu zeichnen anfing, hatte ich den Bauherrn psychologisch durchleuchtet, mir seine Wünsche eingeprägt und schon im ersten Entwurf berücksichtigt. So zum Beispiel: daß er gerne

Ping-Pong spielte, Platz für Bücher brauchte, einen Kamin im Wohnzimmer haben wollte und anderes. Herr Slochower war mit meiner ersten Skizze sehr zufrieden, und ich konnte mit den Bauplänen beginnen. Zuvor aber mußte ich den Baumeister in Andover kennen lernen. Als Slochower mich vorstellte: »This is Mrs. Bloch, my architect«, stemmte Mr. Johnson seine Hände in die Hüften, guckte mich von oben herab an, und in seinen Augen konnte ich lesen: »Du willst mich belehren, wie man baut?« Aber er sagte ein paar höfliche Worte und wir legten die Termine fest, zu denen ich die Bauzeichnungen liefern sollte.

Es begann nun ein anderer Abschnitt in meinem Leben: Ich verließ das Architekturbüro und zeichnete zu Hause. Das Kind krabbelte um meinen Zeichentisch, spielte mit seinen Autos und Stofftieren und war vergnügt. Ich hatte nur Angst, daß es einen der Reißnägel verschlucken könnte, die manchmal am Boden lagen. Zuweilen kam Ernst herein, sprach von seinem Buch; ich versuchte, allen gerecht zu werden. Meine Arbeit fiel mir nicht leicht: Ich war noch nicht richtig daran gewöhnt, mit Inches statt mit Zentimetern zu arbeiten, das Addieren der Bruchzahlen – 3/8 + 5/16 + 7/8 inches usw. – war mühsam. Auch die Beschriftung der Bauzeichnungen machte mir Mühe, denn viele technische Begriffe wußte ich noch nicht englisch auszudrücken. Ich kaufte mir ein Buch »Architectural Standards« und studierte die Bezeichnungen. Bis spät in die Nacht saß ich manchmal über meinem Reißbrett. Endlich waren die Pläne fertig. Ein junger amerikanischer Architekt kam ab und zu und kontrollierte, ob auch alles stimmte.

Ich hatte beschlossen, während der Bauzeit nach Andover zu ziehen, um an Ort und Stelle zu sein. Einerseits traute ich Mr. Johnson nicht, daß er das modern entworfene Haus, das sich so sehr von üblichen amerikanischen Häusern unterschied, richtig ausführen würde, andererseits wollte ich auf der Baustelle sein, um amerikanische Baumethoden und die Fachsprache kennen zu lernen. Es kam hinzu, daß unsere finanzielle Situation schwierig geworden war: Das mitgebrachte Geld war nahezu verbraucht, die Wohnung in Riverdale wurde zu teuer, wir mußten sie aufgeben. Die Möbel kamen aufs Lager, Jan brachten wir in einem kleinen

Kindercamp unter, das schön in den Bergen lag, Ernst ging nach Maine zu seinen Freunden Hirschler und ich nach Andover.

Dort mietete ich mich bei einer älteren Amerikanerin ein, die Hühner züchtete und mich auch verpflegte. So viele Eier und Hühner wie im Sommer 1939 habe ich wohl in meinem Leben nicht wieder gegessen. Die Abende in Andover waren einsam. Ich kannte dort nur einen Freund Slochowers, den Schriftsteller Kenneth Burke und seine Frau. Beide waren reizend; manchmal besuchte ich sie oder sie kamen auf die Baustelle. Abends zeichnete ich meistens Details, las und schrieb Briefe. Frühmorgens war ich schon auf der Baustelle. Auf dem Weg dorthin mußte ich eine große Wiese überqueren, die von Schlangen wimmelte. Die meisten waren ungefährlich, sogenannte Milksnakes. Aber für alle Fälle zog ich immer feste Schuhe und Socken an und steckte eine Rasierklinge zu mir, um im Fall eines Bisses die Stelle ausschneiden und die Wunde aussaugen zu können.

Selbstverständlich gab es während des Baus einige unvorhergesehene Handicaps. So kamen die Holztafeln an, mit denen die Zimmerwände getäfelt werden sollten, und waren zu meinem Verdruß nicht einheitlich in der Farbe. Die getäfelten Räume sahen erbärmlich aus. Kurzentschlossen mischte ich eine besondere Lasur aus Farbe und Terpentin und bestrich die Wände so, daß sie einen schönen, gleichmäßigen Ton bekamen. Diese Tätigkeit brachte mir den Beifall der Bauarbeiter ein, die mit Interesse zuschauten, wie ich, auf der Leiter stehend, den riesigen Pinsel schwang. Eines Tages wurde ich in den Augen dieser Arbeiter unfreiwillig sogar zur Heldin: Die Männer hatten Angst vor Schlangen; als besonders gefährlich und giftig galt die »Copperhead«. Plötzlich hörte ich Schreie: »Copperhead, Copperhead!« Und tatsächlich, in dem kleinen Bach, der durch das Grundstück floß, wand sich ein besonders großes Exemplar dieser Gattung! Es war erstaunlich, wie ratlos die Männer vor der Schlange standen. Ich griff ohne lange zu überlegen nach einem Stein, warf ihn mit aller Kraft und traf tatsächlich den Kopf der Schlange. Es war reiner Zufall, denn ich kann nicht gut werfen. Die Schlange aber war gelähmt und bewegte sich nicht! Erst jetzt kam Leben in die Männer, sie töteten das Tier. Von da an war ich für sie eine mutige und geschickte Person, ihre Verehrung für mich stieg sichtlich.

An den Wochenenden besuchte ich Jan im Kinderlager, war froh, wenn ich ihn gesund und munter wiedersah. Er lief schon ganz gut und konnte auch etwas sprechen. Von Ernst bekam ich viele Briefe, er arbeitete gut in Maine und fühlte sich bei seinen Freunden wohl. Auch auf der Baustelle ging es munter voran. Nur mit Mr. Johnson gab es Konflikte. Er wollte die Dinge nicht immer so machen, wie ich sie gezeichnet hatte, und ich mußte ihm den Vertrag und die Zeichnungen vorlegen, ehe er schließlich knurrend nachgab. Als es aber zum Bau der Treppe kam, streikte er: Ich hatte eine Wendeltreppe entworfen, die bequem war, nach deutscher Konstruktion, d.h. daß die Wendelstufen nicht ganz spitz zuliefen und das Steigungsverhältnis angenehm blieb. Mr. Johnson erklärte, er hätte so eine Treppe noch nie gebaut und wüßte nicht, wie er sie machen sollte. Daraufhin zeichnete ich jede Stufe 1:1 auf Packpapier, ließ ihn nach den Mustern die Holzstufen schneiden und half ihm dann beim Zusammenbau der ganzen Treppe. Als sie gut geraten war, und die Bauarbeiter immerfort treppauf, treppab rannten und sie fabelhaft bequem fanden, kam Mr. Johnson ganz kleinlaut zu mir und bat mich, ihm doch eine Konstruktionszeichnung der Treppe mit Erklärungen zu geben. Das tat ich natürlich, und von da ab war er sehr friedlich. Ein großes Ereignis war es, als das Dach auf den Rohbau aufgesetzt wurde und Slochower ein Fest veranstaltete. Viele seiner Freunde kamen, viele Nachbarn, sogar Ernst reiste aus Maine, Wieland Herzfelde aus New York, an. Den meisten gefiel mein Haus, aber einige Amerikaner beanstandeten mein großes Pultdach: In ihren Augen hatte ein Dach eben spitz zu sein. Eine ältere Amerikanerin legte ihre Handflächen im spitzen Winkel aneinander und sagte: »Mrs. Bloch, a roof has to be this way!«.

Als das Haus fertig war, sah es wirklich sehr schön aus, für die Gegend ganz ungewöhnlich. Bald kamen auch Fotografen: Mein Bau sollte in der besten Architekturzeitschrift der USA »Architectural Forum« abgebildet werden. Ich war glücklich, denn ich wußte, daß ich durch diese Veröffentlichung mehr Chancen für eine bessere

Anstellung haben würde. (Vierzig Jahre später, 1979, sollte ich das Haus in Andover wiedersehen. Ich war mit Herrn Slochower in Verbindung geblieben, der sich in dem Häuschen sehr wohl fühlte. Als er erfuhr, daß ich in die USA reise, lud er mich ein, nach Andover zu kommen.)

Aber zurück zum Jahr 1939. Nach Abschluß meiner Arbeit kehrte ich heim nach New York, wohnte zunächst bei Freunden; Jan konnte noch im Kinderheim bleiben, Ernst in Maine.

Dann kam der 1. September 1939: Überfall der Deutschen auf Polen. Mein Vater schickte mir ein Telegramm: Ich solle nicht besorgt sein, die Familie sei gesund. Ein rührendes Telegramm, das – kaum aufgegeben – von den tatsächlichen Ereignissen überholt werden sollte. Bald kam die Nachricht, daß ganz Polen von den Deutschen besetzt sei. Frankreich und Großbritannien erklärten Deutschland den Krieg. Man erfuhr, daß in Lodz für die Juden ein Getto eingerichtet worden sei. Ich war verzweifelt.

Ernst kam aus Maine, wir mieteten uns am Broadway ein winziges möbliertes Appartement. Das Kind mußte vom Land geholt werden und wir waren gezwungen, es fürs erste in New York in ein Kinderheim zu geben. Dort »feierte« Jan seinen zweiten Geburtstag, am 10. September 39. Wir konnten ihn nur durch eine Glasscheibe betrachten: Aus hygienischen Gründen war es den Besuchern nicht erlaubt, die Kinder zu berühren. Es war ein runder Glasverschlag, in dem die Kinder spielten. Jan saß auf dem Boden und beschäftigte sich mit einem Auto. Er hatte uns nicht erkannt. Wir weinten beide. Es war quälend, den 2. Geburtstag unseres kleinen Sohnes so erleben zu müssen, wir dachten wehmütig an den ersten in Valley Cottage, der so fröhlich verlaufen war. Immerhin faßten wir nach diesem Erlebnis einen Entschluß: Wir kannten ein deutsches Ehepaar, namens Karsten, das einen Sohn in Jans Alter hatte. Diese lieben Menschen wollten Jan zu sich nehmen und zusammen mit ihrem eigenen Sohn versorgen. Das schien wirklich im Augenblick die beste Lösung, und für die armen Karstens war es zudem eine mehr als willkommene Verdienstmöglichkeit. Jedes Wochenende holten wir Jan ab und nahmen ihn zu uns in unser armseliges Broadway-Appartement. Zwei Clubsessel wurden zusammengestellt, das war das Kinderbett. Am Sonntagmorgen kroch der Junge zu uns ins Bett, war selig, unsere Wärme zu fühlen. Wir fuhren mit Jan, den Ernst Hannes'che nannte, oft in den Central-Park, wo es einen kleinen Zoo gab und Kinder, mit denen er spielen konnte. Eine Zeitlang ging dies ganz gut. Aber nach einer Weile merkten wir, daß das Kind nervös wurde. Am Sonntagnachmittag, wenn es zu den Pflegeeltern zurückgebracht werden sollte, legte es sich auf den Gehsteig vor der Haustür, schrie und strampelte mit den Beinen – es wollte sich nicht von uns trennen. Wir trugen den Jungen hinauf, blieben so lange, bis er aus Erschöpfung eingeschlafen war. Aber uns wurde klar, daß dieser Zustand aufhören mußte. Es fand sich schließlich eine Notlösung. Karstens hatten drei Zimmer, von denen sie uns eines zur Verfügung stellten, im zweiten wohnten sie, im dritten sollten die Kinder wohnen. Wir zogen also um. Ich hatte Arbeit in einem Architekturbüro bekommen, konnte aber doch das Kind baden, mit ihm spielen, hatte es nachts und an den Feiertagen um mich. Ernst war viel zu Hause, so daß er immer Kontakt zu Jan hatte. Angesichts der Umstände war das noch eine erträgliche Lösung. Freilich war es nicht schön, nur ein Zimmer zu haben, in dem man schlief, aß, arbeitete, aber wir mußten es ertragen. Mein seelischer Zustand war erbärmlich. Die Gedanken gingen immer wieder zu meinen Angehörigen nach Polen. Lange wußten wir nichts. Dann kam plötzlich eine Postkarte aus Warschau. Die Briefmarke war bedruckt mit »General Gouvernement Polen«. Mein Vater schrieb, auch mein Bruder. Meine Eltern, mein Bruder mit Frau und Kind waren gezwungen worden, in das Getto umzusiedeln. Meine Schwester, ihr Mann und ihr Sohn hatten sich nach Palästina retten können. Sie waren über die grüne Grenze geflohen und nach Wilna und Moskau entkommen. Von dort aus gelang ihnen die Ausreise, sie landeten wohlbehalten in Tel Aviv. Mein Bruder und seine kleine Familie wollten dasselbe tun, aber unterwegs hatte ihr Sohn hohes Fieber bekommen, so daß die Eltern nicht gewagt hatten, das kranke Kind weiter im Wald zu transportieren. Sie waren nach Lodz zurückgekehrt, in die Hölle.

Neben dem persönlichen Schmerz über das Schicksal meiner Allernächsten, gab es die Zermürbung durch politische Ereignisse, die man fassungslos hinnehmen mußte. Vor allem den deutsch-russischen Pakt: Bilder von Molotow und Ribbentrop in freundschaftlicher Unterhaltung wurden veröffentlicht. Die Russen besetzten den östlichen Teil Polens. Ernst und ich bemühten uns, das zu verstehen, indem wir diesen Pakt als eine Notmaßnahme der Sowjetunion hinnahmen.

Das »Architectural Forum« veröffentlichte das von mir in Andover entworfene Haus mit einer lobenden Charakterisierung des Baus. Und ich bekam tatsächlich bald darauf eine Stelle in einem Architekturbüro. Ernst arbeitete unbeirrt an seinem Hoffnungs-Buch. Daneben schrieb er einen Aufsatz für die »Internationale Literatur«: »Zerstörte Sprache, zerstörte Kultur« (später in den Band »Politische Messungen« aufgenommen), in dem er die Emigranten einerseits davor warnte, die deutsche Sprache zu vernachlässigen und dadurch das »Tausendjährige Reich« Wirklichkeit werden zu lassen, und sie andererseits bat, sich vor der Anmaßung zu hüten, im Gastland als Träger und Apostel einer »höheren Kultur« aufzutreten.

Eines Nachmittags im April 1940 – ich lag mit Grippe zu Bett, Ernst arbeitete an dem kleinen Schreibtisch, für den es gerade noch Platz hatte in unserer Behausung – bekamen wir Besuch. Ein junger Amerikaner trat ein, der sich als Peter Hawes vorstellte. Er war der Adoptivsohn einer sehr reichen Dame, Mrs. Kershaw, der Witwe des Direktors des »Museum of Modern Art« in Boston, die es sich zur Aufgabe gemacht hatte, Emigranten zu helfen. Peter Hawes stand ihr zur Seite. Er machte uns ein liebenswürdiges Angebot: Durch Klemperer hätten sie erfahren, daß wir in einer nicht sehr glücklichen Lage wären, und da Mrs. Kershaw in Marlboro, New Hampshire, ein großes Gut besäße, auf das sie für den Sommer mehrere Emigranten einlade, wollte sie auch uns zu sich bitten. Es seien insgesamt etwa 20 Personen. Für Ernst sollte in einem benachbarten Haus sogar ein eigener Arbeitsraum zur Verfügung stehen. Das Angebot war verlockend: der Hitze New Yorks entkommen zu können, einmal wieder in freier Natur zu

sein, eine Zeitlang nicht auf beengtem Raum wohnen zu müssen. Wir entschlossen uns, der Einladung zu folgen, obwohl es riskant war, meine Stellung im Architekturbüro auf Monate zu kündigen. Unser Hauptmotiv war unser Sohn, für ihn vor allem, aber auch für uns beide schien ein längerer Aufenthalt auf dem Lande wichtig. Ich fing an, die Vorbereitungen zu treffen, und im Juni reisten wir mit der Bahn nach Marlboro. Der Zug hielt in dem Städtchen Keene, N.H. Dort holte uns Peter mit seinem Stationcar ab. Wir fuhren durch die schöne Landschaft New Englands und landeten glücklich in Merrywood, das wunderbar in einer bergigen Umgebung lag. Das Haus, in dem wir wohnen sollten, lag an einem See. Es hieß »Squarehouse« und war sehr schön, erbaut im typischen Kolonialstil des 18. Jahrhunderts. Alle großen Räume hatten Kamine, die Fenster waren die landesüblichen vertikalen Schiebefenster. Eßraum und Küche waren riesig. Wir waren die ersten Gäste und konnten uns im ersten Stock zwei Zimmer aussuchen. Eine freundliche Dame, Frau Fleischner aus Wien, war die Hausmutter und zugleich die Hauptköchin. Die weiblichen Insassen des Hauses teilten sich später die Küchenpflichten, was gut funktionierte. Nach und nach kamen die anderen Gäste, manche jüdischen, manche politischen Emigranten. Wir hatten auch die Erlaubnis, unsere persönlichen Freunde einzuladen. Die Gemeinschaft war bunt zusammengewürfelt. Einer der Eingeladenen war ein fünfzehnjähriger Spanier, dessen Eltern im spanischen Bürgerkrieg umgekommen waren. Er hieß Nando, war fröhlich und kinderlieb. Er wurde bald Jans großer Freund, setzte ihn zu sich aufs Pferd und galoppierte mit dem kleinen Knirps davon. Jan war selig, das Herz seiner Mutter allerdings schlug ängstlich. Zum Glück war das Pferd alt und dick, zu einem wilden Galopp wohl viel zu bequem.
Seit Valley Cottage war es für mich zum ersten Mal wieder ein äußerlich ruhiges Leben. Ernst war froh, ein stilles Zimmer für sich zu haben und arbeitete ausgiebig. Am Abend saß man oft mit Peter Hawes und seinen Freunden zusammen, die alle Kommunisten waren. Wir erfuhren aus ihren Gesprächen manche partei-internen Dinge, die neu für uns waren. Die KPUSA stand offiziell zur Linie der damaligen russischen Politik. Der russisch-deutsche

Pakt, der mir so verhaßt war, wurde von ihr als schlaue Maßnahme interpretiert, die einen deutschen Angriff auf die Sowjetunion verhindern sollte. Die jungen Leute um Peter schienen sehr linientreu zu sein. Die Krisen des Kapitalismus (1929, 1937) hielten sie für unüberwindbar, Sozialismus schien ihnen die einzig mögliche Gesellschaftsform für Industrieländer zu sein.

Peter war ein merkwürdiger Mensch. Etwas Dämonisches und Melancholisches war um ihn. Er hatte eigentlich keinen Beruf. Er malte ein wenig, aber hauptsächlich spielte er Guitarre und sang Volkslieder dazu. Jan hatte Angst vor ihm, er mied ihn. Ich staunte, daß dieser junge Mensch ohne Beruf leben konnte. Dabei war er klug und las viel. Aber er hatte keinerlei finanzielle Sorgen. Seine Adoptivmutter vergötterte ihn und erfüllte ihm jeden Wunsch. Vielleicht trug das inhaltslose Leben, das er führte, zu seiner Melancholie bei. Später erfuhr ich, daß er der KP treu geblieben, und um dem FBI zu entgehen, nach Puerto Rico ausgewandert war. Dort ist er an einer Krankheit gestorben.

Unter den Gästen in Merrywood war auch die Schwiegertochter von Georg Simmel mit ihrem Sohn Arnold, der damals 14 Jahre alt war und sich gern mit Ernst unterhielt. Vierzig Jahre nach Merrywood, im Sommer 1980, besuchte mich Arnold Simmel in Tübingen. Er kam, jetzt 54 Jahre alt, mit seiner viel jüngeren Frau, wir schwelgten in Erinnerungen. Ich konnte Arnold von einigen Schrullen seines Großvaters erzählen, die er nicht kannte. Zum Beispiel, daß Georg Simmel leidenschaftlich kochte, vor allem Suppen, und daß er Ernst oft mit diesen Suppen beglückte. Auch wußte Arnold nicht, daß sein Großvater mit Ernst eine wunderbare Reise nach Italien unternommen hatte.

Aber zurück nach Merrywood 1940.

Eines Tages ging ich zu Frau Kershaw, in ihre »mansion« und sagte ihr, daß Klemperer sich für einen Besuch angesagt hätte. Sie war beglückt, einen so berühmten Gast auf ihrem Gut empfangen zu dürfen. »Natürlich wird er in der ›mansion‹ wohnen, ich gebe für ihn eine dinner-party«, frohlockte sie.

Der Tag war verabredet, Peter und Ernst fuhren nach Keene, um Klemperer abzuholen. Die beiden waren nicht wenig überrascht, als Klemperer nicht allein aus dem Zug ausstieg, sondern mit einer jungen Frau, der Sängerin Schacko, mit der er ein Verhältnis hatte. Sofort erklärte er, daß er nicht in Merrywood, sondern in Keene übernachten wolle. Zur Party würde er kommen, aber natürlich nur mit Frau Schacko. Dagegen konnte man nichts machen. Peter und Ernst warteten, bis das Paar sich im Hotel umgezogen hatte, dann fuhren sie mit ihm nach Merrywood. Dort war die Tafel schon festlich gedeckt. Peter mußte Frau Kershaw behutsam vorbereiten, daß Klemperer mit einer Freundin angerückt war. Sie schlug die Hände über dem Kopf zusammen: Man befand sich im puritanischen Neu-England, sie hatte die Crème de la Crème ihrer Nachbarn eingeladen. Klemperer aber stellte Frau Schacko völlig unbekümmert als eine bedeutende Sängerin vor, was die Gemüter schon besänftigte. Die Wogen glätteten sich vollends, als Frau Schacko nach dem Essen, von Klemperer begleitet, Mozart- und Schubert-Lieder sang. Die Society war zufrieden. Für Ernst sollte die Party noch lange dauern. Mit Peter zusammen brachte er die beiden Gäste nach Keene ins Hotel zurück. Dort amüsierten sie sich noch beinahe die ganze Nacht.

Manche unserer Freunde und Bekannten besuchten uns in Merrywood und genossen die Tage: Herzfeldes, Schawinskys, Edith Schottländer-Stern (Schwester von Günter Stern-Anders), der Arbeiter-Schriftsteller Hans Marchwitza, den ich aus Paris gut kannte. Edith und Marchwitza lernten sich in Merrywood kennen. Sie heirateten, gingen später in die DDR, wo ich sie wiedertraf. Einmal schlugen die Kinder der Kolonie vor, in einer großen Scheune eine Zirkusvorstellung zu veranstalten. Wir unterstützten sie mit Vergnügen, nähten Kostüme, Ballettröckchen, fabrizierten Clown-Masken und so fort. Es wurde ein fröhlicher Nachmittag, an dem Kinder und Erwachsene auf ihre Kosten kamen. Wir Großen revanchierten uns dann und gaben später eine Extra-Vorstellung für die Kinder, unter sachkundiger Leitung von Xanti Schawinsky, der aus der Bauhauszeit manchen guten Einfall behalten hatte. Eine Szene hieß »Die Operation«. Xanti spielte den Chirurgen, ich die Patientin und Xantis Frau Irene die Krankenschwester. Mit einem Rührgerät markierte sie die Narkose, und Xanti zog aus meinem Gewand meterweise Klosettpapier heraus, so daß es aussah, als ob er mir meine Gedärme aus dem Leib holte.

Der Sommer näherte sich seinem Ende, wir dachten mit Sorge an unsere Rückkehr nach New York. Da machte Peter den Vorschlag, daß wir doch bis zum nächsten Sommer in Merrywood bleiben sollten. Außer uns wurden auch ein früherer deutscher Kapitän namens Burg, der als Jude emigrieren mußte, dessen Frau jedoch in Deutschland geblieben war, und der spanische Junge Nando aufgefordert, zu bleiben. Den Haushalt für uns fünf vertraute man mir an. Mir wollte es zwar nicht recht behagen, längere Zeit nur Hausfrau sein zu müssen, aber in unserer Situation, besonders wegen des Kindes, war dieser Ausweg wohl der beste, und wir nahmen die Einladung dankbar an. Wir wohnten behaglich in dem großen Haus. Als der Winter kam, versorgte Ernst die Heizung, durchaus zuverlässig und mit Genugtuung darüber, daß ihm diese Arbeit gelang. Im Keller stand ein großer Heizkessel, der mit Holz gefeuert wurde. Einer der Farmer schichtete 60 cm lange Scheite aus Birkenholz vor der Kellertür auf, brachte auch immer einen Arm voll davon gleich in den Heizraum. Ernst füllte den Heizkessel mit dem Holz und paßte auf, daß das Feuer nicht ausging. Durch Schächte strömte die erhitzte Luft in die Räume. Die Heizungsöffnungen in den Fußböden waren mit kleinen Gittern abgedeckt. Ja, auch im Winter war es angenehm auf unserem Gut. Es schneite viel, aber an außergewöhnliche Kälte kann ich mich nicht erinnern.

Einmal bei einem Spaziergang entdeckten Jan und ich ein verrottetes Auto. Jan fragte, wer das Auto kaputt gemacht hätte. Ich antwortete ihm, das Auto sei alt und die Zeit hätte es mit sich gebracht, daß es nicht mehr zu gebrauchen wäre. »Was ist Zeit?« fragte der Dreijährige. »Geh mal zum Daddy«, riet ich ihm, »der wird das besser erklären als ich.« Sofort rannte er mit seiner Frage zum Vater. Ernst erklärte ihm den Begriff Zeit so gut er konnte, die Uhr zu Hilfe nehmend. »Jetzt weiß ich es«, sagte das Kind, »Zeit ist eine Uhr ohne Ziffern.« Ernst war entzückt von dieser Formulierung und hat sie später selber verwendet.

Weihnachten wollten wir ganz besonders feiern. Es sollten mehrere Gäste kommen, das Essen plante ich traditionell amerikanisch: Pute und als Nachtisch »minced pie«. Ich hatte mich als Weihnachtsmann verkleidet, mit Bart und Zipfelmütze. Jan sagte ich vorher, daß ich als Sankt Nicolaus am Abend erscheinen und die Geschenke verteilen würde. Alles war bestens vorbereitet. Als ich dann aber als Weihnachtsmann vor Jan erschien und ihm mit freundlichen Redensarten ein Geschenk aus dem Sack holte, fing der Junge furchtbar zu schreien an: Er war trotz meiner Vorbereitung zutiefst erschrocken, daß seine Mutter plötzlich so verändert aussah. Es war schwer, das Kind zu beruhigen. Ich riß den Bart ab und kleidete mich um, aber Jan war nicht zu beruhigen; er weinte weiter und mußte ins Bett gebracht werden.

Das Jahr 1940, das wir verhältnismäßig idyllisch in Merrywood verbrachten, war ein schweres Jahr für die Emigranten. Paris fiel am 14. September kampflos in die Hände der Deutschen, und Frankreich wurde in ein besetztes und ein unbesetztes Gebiet (»Vichy«–Frankreich) geteilt. Pétain wurde Chef dieses Hitlerhörigen Rest-Staates. Die meisten militanten Antifaschisten und Kommunisten wurden in das berüchtigte Lager Vernet verschickt, jedenfalls alle diejenigen, die in Paris erwischt worden waren. Den Exilanten in Südfrankreich erging es etwas besser. Unsere nächsten Freunde, Kantorowicz und Friedel lebten damals zum Glück in Südfrankreich und wohnten in Bormes. Kanto kam wie alle Männer in ein Lager in der Nähe von Aix-en-Provence, »Les Milles«, in eine Ziegelei, wo er seinen Freund Feuchtwanger traf und viele andere. Ich korrespondierte damals mit Friedel. Diese Briefe rettete Kanto durch die ganze Emigration hindurch und schickte mir die Kopien in den siebziger Jahren zu. Wir waren um unsere Freunde besorgt und taten in den USA, was wir konnten, um Visen für sie zu bekommen, wenn nicht nach den USA, so doch nach Mexiko. In den Staaten bemühten sich mehrere Komitees, wenigstens bedeutenden Emigranten wie Heinrich Mann, Lion Feuchtwanger, Franz Werfel zu helfen, aus Frankreich zu entkommen. Auch Frau Roosevelt war in solchen Institutionen tätig. Sehr aktiv war das »Emergency Rescue Committee«. Es schickte den nach

Marseille geflüchteten Emigranten Visen und Geld. Alfred und Friedel Kantorowicz, Max Schröder, Anna Seghers und ihre Angehörigen kamen nach einer abenteuerlichen Fahrt auf dem Frachter »Paul Lemerlé« und auf dem Umweg über Martinique wohlbehalten am 16. Juni 1941 in New York an. (Kantorowicz hat die Situation der Frankreich-Flüchtlinge in seinem Buch »Exil in Frankreich« beschrieben, das 1971 in der Bundesrepublik erschienen ist, Anna Seghers in ihrem Roman »Transit«.)

Wir waren glücklich, als wir in Merrywood die gute Nachricht erhielten und beschworen Kantos, zu uns zu kommen, auf dem Lande sich zu erholen. Aber Friedel wurde krank, es kam nicht zu diesem Besuch. Erst später, als wir nach Cambridge zogen, sahen wir uns öfters, vorerst korrespondierten wir ausgiebig.

Kurz nachdem Kantos New York erreicht hatten, überfielen die Deutschen am 22. Juni 1941 die Sowjetunion, trotz des Nichtangriffspakts. Unsere ständige Angst hatte sich bewahrheitet. Entsetzt verfolgten wir den Vormarsch der deutschen Truppen auf Moskau. Aber zu unserer großen Erleichterung fiel Moskau nicht in ihre Hände. Wir atmeten auf, als die militärische und politische Situation sich vollständig änderte, die Briten ein Bündnis mit der Sowjetunion schlossen, die USA Kriegsmaterial an Rußland lieferten und die Sowjetunion einen Freundschaftspakt mit der polnischen Exilregierung in London abschloß.

Auch die Situation der KPUSA änderte sich durch den russisch-deutschen Krieg. Die Amerikaner zeigten Sympathie für das überfallene Rußland. Mir brannte im stillen Merrywood der Boden unter den Füßen, ich wußte, daß wir dort nicht mehr lange bleiben würden. Aber zunächst hatten wir nirgends eine Zuflucht. Ich hatte mich verpflichtet, den Sommer über noch den Haushalt für etwa 20 Personen zu führen. Frau Kershaw hatte viele Kinder und Emigranten eingeladen. Langsam füllte sich das Haus. Kaum hatte ich mich umgesehen, waren es 19 Personen, die das Square-Haus bevölkerten. Mir fiel es auf die Dauer schwer, diese 19 Personen allein zu versorgen, besonders, da viele Kinder anwesend waren. Das »Refugee Committee« in Boston, von Frau Elsa Brandström (dem »Engel von Sibirien«), der Frau von Robert Uhlich, und Frau

Herta Epstein, auch einer Emigrantin, geleitet, hatte Zuschüsse gegeben, damit eine Hilfskraft engagiert werden konnte. Trude Herzfelde kam und half mir tüchtig. Ernst ließ sich durch nichts beirren und arbeitete unaufhörlich an seinem Hoffnungsbuch. Er hatte auch begonnen, Studien zum Thema »Naturrecht« zu machen. Immer wieder schrieb er Bittbriefe an verschiedene Organisationen, um Geld für eine Schreibkraft zu beschaffen. Später schrieb dann Friedel Kantorowicz den Rest des Manuskriptes in New York ins Reine.

Für Ernst war es ein schlimmer Gedanke, den Wohnsitz wieder wechseln zu müssen; die Arbeitsbedingungen in Merrywood waren vortrefflich für ihn, und er durchlebte dort eine geradezu explodierende schöpferische Periode. Er hätte 24 Stunden täglich arbeiten können und schrieb in dieser Zeit tatsächlich nicht nur seine »Träume vom besseren Leben«, sondern auch sein Buch über »Naturrecht«. Ich war glücklich, daß ich gleichsam sein Mäzen sein, ihm den Weg für seine Arbeit ebnen konnte. Aber ich hatte auch mein Eigenleben, geprägt durch Beruf und Politik. Ernst hatte völliges Verständnis für mich. So fingen wir an, Pläne zu schmieden, wieder in eine Stadt zu ziehen. In diese Pläne weihten wir Frau Epstein ein, die von Zeit zu Zeit aus Cambridge zu uns kam und der Situation durchaus verständnisvoll gegenüberstand. Sie war es dann auch, die es uns ermöglichte, unter günstigen Bedingungen nach Cambridge ziehen zu können. Der Abschied von Merrywood war nicht leicht, ich bewahre dankbare Erinnerungen an diesen zauberhaften Ort.

In die Zeit der intensiven Arbeit an den »Träumen« fällt die Korrespondenz zwischen Ernst Bloch und Thomas Mann. Erste Kontakte hatte es bereits 1937, während unseres Prager Exils gegeben. Es ging um die Zeitschrift »Maß und Wert«, die von 1937 bis 1939 in Zürich herauskam. Das Vorwort, das Thomas Mann zum ersten Heft schrieb, hatte Ernst zu einer etwas polemischen Entgegnung veranlaßt, deren Intention er Thomas Mann in einem Brief vom 22. August 1937 zu erklären versuchte. Die Antwort des »Maß und Wert«-Herausgebers ist leider nicht mehr auffindbar. Blochs Artikel ist aber nie in der Züricher Zeitschrift erschienen, sondern wurde wenig später in der »Weltbühne« abgedruckt. Heute ist er in der Gesamtausgabe, Band XI, »Politische Messungen« unter dem Titel »Thomas Manns Manifest« nachlesbar.

Bald nach unserer Ankunft in New York, 1939, hatten wir Thomas Mann in Princeton besucht, wo er damals schon ziemlich komfortabel wohnte. Das Gespräch drehte sich vorwiegend um Probleme der Zeitschrift »Maß und Wert«. Ernst bedauerte das nachträglich: Er war in erster Linie an Thomas Manns mythologischen Studien interessiert; auf diesem Gebiet fand er Verwandtschaften zwischen seinen Gedanken und denen des Romanciers. So schrieb er gleich nach dem Besuch einen Brief, daß er sich lieber über »Lotte in Weimar« unterhalten hätte, eine Erzählung, die ihn wegen des Themas vom »großen Augenblick« des Wiedersehens als Erfüllung eines Wunschtraums im Zusammenhang mit der Dimension des Utopischen besonders interessierte. In diesem Brief vom 7. Januar 1939 hatte Ernst Thomas Mann auch von seiner eigenen Arbeit an den »Träumen vom besseren Leben« berichtet, dessen dritten Teil mit den Stellen über Helena und dem Kapitel »Pamina oder das Bild als erotisches Versprechen« er ihm dann 1 1/2 Jahre später aus Merrywood zusandte, nicht zuletzt in der Hoffnung, daß Thomas Mann helfen könnte, einen Verleger für das 650-Seiten-Manuskript, das bereits erfolglos von einem Verlag zum anderen gewandert war, zu finden: Die Oxford University Press, die zuerst Interesse gezeigt hatte, lehnte es schließlich doch als »too cryptic« ab. Auch die Viking-Press versprach sich keinen Erfolg, ebensowenig wie die Guggenheim-Stiftung, die Ernst um ein Stipendium für die Fortführung seiner Arbeit gebeten hatte, und die Carl Schurz-Foundation. Thomas Mann scheint auf Briefe und Manuskript sehr positiv reagiert zu haben – aber helfen konnte auch er nicht. Doch blieben die beiden Männer in brieflichem Kontakt, vor allem über das Josephs-Thema. Im Brief vom 25. Juli 1940 analysierte Ernst das Phänomen des großen Augenblicks: »Ich bin Joseph euer Bruder«; das Problem der Anagnorisis, des Wiedersehens, des Wiedererkennens hatte ihn jahrzehntelang beschäftigt, und er sammelte Beispiele aus der Literatur und der Mythologie, die das Durchbrechen des »Dunkels des gelebten Augenblicks«, das in seiner Philosophie eine so zentrale Rolle spielt, spiegeln.

Mit der Übersiedlung Thomas Manns nach Pacific Palisades brach der briefliche Kontakt ab, die beiden Männer sahen sich erst viel später, 1949, zu den Goethe-Feiern in Weimar wieder.

Doch zurück ins Jahr 1941. Dem Überfall der Japaner auf die amerikanische Flotte in Pearl Harbor am 7. Dezember folgte die Kriegserklärung der USA an Japan und bald danach auch an Deutschland und Italien. Das brachte für die deutschen Emigranten eine unangenehme Veränderung: Sie wurden plötzlich von heute auf morgen zu »enemy aliens« erklärt und durften sich außerhalb einer 50-Meilen-Zone nicht mehr frei im Lande bewegen. Für längere Reisen brauchte man einen »permit«. Das war deprimierend. Wir persönlich hatten zwar schon unsere »first papers«, das heißt, die Anträge, amerikanische Staatsbürger zu werden, statt staatenlos zu bleiben, waren angenommen. Aber da man die »second papers« – die endgültige Aufnahme – gewöhnlich nach fünf Jahren bekam, waren auch wir zunächst »enemy aliens«. Jedoch erlaubte man uns, nach Cambridge umzuziehen. Das Haus, das uns Frau Epstein besorgt hatte, gehörte dem Präsidenten der Quäkergesellschaft, Professor Cadbury, der sich anschickte, nach Afrika zu reisen und uns das ganze Haus mietfrei zur Verfügung stellte, samt einer Hausangestellten, die jeden Tag kam und sich um den Haushalt kümmerte. Das Gebäude lag an dem ruhigen Buckingham Place, besaß eine große Bibliothek, einen Garten und alle Bequemlichkeiten. Gleich am Tag nach unserem Einzug besuchte uns eine sympathische Dame, die sich als unsere Nachbarin, Frau Percy Brigdman, vorstellte. Ihr Mann war Physiker (später Nobelpreisträger). Frau Brigdman sagte mir, daß sie von Frau Cadbury von unserem Kommen erfahren hätte und sich melde, um mir zu sagen, daß sie mir gerne helfen und sich vor allem mit dem Kind beschäftigen wolle, während ich auf Arbeitssuche ginge. Ich war geradezu überwältigt von so viel Hilfsbereitschaft eines mir völlig fremden Menschen. Das war eben auch Amerika, der Geist der Solidarität, der Freundlichkeit, der so vielen Amerikanern eigen ist. Mit Frau Bridgman befreundete ich mich bald, und diese Freundschaft hielt nicht nur so lange, wie wir in Cambridge wohnten, sondern sie überdauerte unsere Rückkehr nach Europa. Das Hausmädchen und Mrs. Bridgman ermöglichten es mir, tatsächlich bald auf Arbeitssuche zu gehen. Mit der Architektur war es schwierig, da Privatbauten in der Kriegszeit nicht ausgeführt wurden. Nur Industrieanlagen, Verwaltungsgebäude wurden erstellt. Ja, wenn ich ein Schiffsingenieur gewesen wäre! Schiffe wurden gebaut, noch und noch, auch Flugzeuge. Aber so, wie die Dinge standen, blieb nichts anderes übrig, als mich zunächst mit einer anderen Arbeit zufriedenzugeben. Ich nahm eine Stelle als Kellnerin am Harvard Square bei »Howard Johnson« an, einem Unternehmen, das an der ganzen Ostküste Restaurants führte und in Dutzenden von Sorten das beste Eis anbot. Als ich 1979 wieder in die USA kam, gab es »Howard Johnson« nach wie vor, nur eleganter. Ich aß dort manchmal – die Kellnerinnen trugen dieselben braunen Kleider und Schürzen wie vor 40 Jahren. Nicht daß ich damals von dem Job begeistert gewesen wäre, aber er war auf alle Fälle viel angenehmer, als die Versicherungstätigkeit seinerzeit in New York. Die Kolleginnen waren natürlich sehr amerikanisch zurecht gemacht, mit steif gefärbten langen Wimpern und auffallenden Frisuren. Sofort nahmen sie mich in freundschaftlicher Weise vor und rieten mir, daß ich meine Haare anders tragen, mich mehr schminken, nicht so europäisch altmodisch aussehen solle. Denn es käme darauf an, den Gästen zu gefallen, um bessere Trinkgelder zu bekommen. Die Trinkgelder waren eigentlich die Hauptsache. Das Gehalt war miserabel, nur die Tips machten den Braten fett. Ich folgte trotzdem den wohlmeinenden Ratschlägen nicht. Mittags, zum Lunch, saßen wir in unserem kleinen Aufenthaltsraum. Da war es üblich, daß man aus der Schürzentasche das Trinkgeld herausholte und zählte. Jede sagte dann freimütig, was sie eingenommen hatte. Und siehe da, ich, die Altmodische, hatte oft die größten Beträge. Wahrscheinlich waren meine fremdartige Aussprache und das nicht stereotype Aussehen eher ansprechend. Einmal sprach mich die Aufseherin des Restaurants an: »Du hast heute Glück, an einem deiner Tische wird Gouverneur Saltenstall sitzen.« Er kam mit Kindern und einer

AN DEN

VERLAG GÜNTHER NESKE

POSTFACH 7240

7417 PFULLINGEN

Name

Vollständige Anschrift

Möchten Sie in Zukunft unverbindlich über unsere Neuerscheinungen orientiert werden? Dann senden Sie uns diese Karte bitte ausgefüllt zurück, damit wir Ihre Anschrift in unsere Kartei aufnehmen und Ihnen laufend die neuesten Prospekte zuschicken können. Wenn Sie sich für ein bestimmtes Gebiet besonders interessieren, unterstreichen Sie bitte eine der unten angegebenen Verlagsgruppen.

Diese Karte entnahm ich dem Buch

Ich schlage vor, Prospekte auch an folgende Anschriften zu schicken:

Philosophie – Rechts- und Staatswissenschaft – Literaturwissenschaft – Psychiatrie – Theologie – Moderne Dichtung, Erzählung, Kunst – Sprechplatten – Die Swiridoff-Bildbände – Reihen »Opuscula/ Aus Wissenschaft und Dichtung« und »Politik unserer Zeit« – Lyrik: Sammlung »Schwarz auf Weiß«

Erzieherin. Tatsächlich hatte ich Glück: Er gab mir einen Dollar Trinkgeld!

Schon nach kurzer Zeit fand ich heraus, daß zwei meiner Kolleginnen Kommunistinnen waren. Das gab sofort intime Gespräche, sie besuchten mich auch zu Hause. In kurzer Zeit kam ich mit der KPUSA in Verbindung. Man bat mich, der Partei beizutreten. Das tat ich unter falschem Namen, denn bei der Einreise hatte ich ja schriftlich versichern müssen, daß ich der KPUSA nicht beitreten würde. Die Partei war damals dabei, eine Gesellschaft zu gründen, die die »Amerikanisch-Sowjetische Freundschaft« heißen sollte. Nachdem die beiden Länder Kriegsverbündete geworden waren, war es zunächst nicht schwer, prominente Leute für diese Idee zu gewinnen. Sogar Frau Roosevelt wurde aktiv, in Massachusetts der Gouverneur Saltenstall. Ich freundete mich damals besonders mit einer bemerkenswerten Frau an, die zur Partei gehörte, mit Ethel Mechanic, die bis heute meine beste amerikanische Freundin geblieben ist. Sie war Malerin, und obwohl sie nur mit Krücken gehen konnte – Folge einer Kinderlähmung – war sie nicht nur geistig, sondern auch körperlich äußerst beweglich und aktiv. Wir knüpften bald viele Beziehungen zu Leuten, die mit der Sowjetunion sympathisierten, und irgendwann wurde schließlich auch die »Amerikanisch-Sowjetische Freundschaft« als Verein gegründet. Eines Tages las ich im »Boston-Globe« (Boston-Globe war unsere Lokalzeitung, die Ernst eifrig las, besonders wegen der Comics, die er gerne hatte; noch nach Leipzig später schickten uns Bostoner Freunde die Comicseite zu) die Annonce einer Holzfabrik, die auch Portale für Häuser, Kücheneinrichtungen und Ähnliches produzierte; sie suchte einen Architekten und Zeichner, der für ihren Katalog Illustrationen verfertigen konnte. Ich meldete mich sofort. Bald kam die Leiterin dieses Betriebs zu mir und engagierte mich tatsächlich als Mitarbeiterin. Die Bezahlung war gut, so daß ich zusammen mit der Kellnerei genug für unser Auskommen verdiente. Die Arbeit war vor allem deshalb so angenehm, weil ich sie zu Hause ausführen konnte. Es machte mir Spaß, wieder Architekturdetails zu zeichnen, Küchen zu entwerfen, farbige Darstellungen zu malen. Bei »Howard Johnson« arbeitete ich nur vormittags, nachmittags zeichnete ich, abends war ich oft unterwegs, um Aufgaben für die Partei zu erledigen. Ich nutzte die Arbeit in der Gaststätte insofern für meine zeichnerische Tätigkeit aus, als ich die Küche genau studierte, die Verkehrswege von der Küche zum Restaurant. Ich erkundete, wie man die Wege zwischen den einzelnen Maschinen verkürzen, den Ablauf vereinfachen konnte. Damals ahnte ich allerdings noch nicht, daß mir diese Aufzeichnungen eines Tages sehr wertvoll werden würden, als ich später Großküchen entwerfen mußte.

Das Kind war gut versorgt: Es wurde morgens in einen Kindergarten abgeholt und nachmittags nach Hause gebracht. Den Beitrag zahlte das »Hilfskomitee«. Der Wechsel von Merrywood nach Cambridge tat dem Jungen wohl: Er fand Freunde unter den Kindern des Buckingham Place, spielte mit ihnen, boxte und raufte, war gern draußen auf dem stillen Platz, wo kaum ein Auto fuhr.

Die Bibliothek von Professor Cadbury war für Ernst von großem Wert. Die Theologie war stark vertreten; Ernst exzerpierte ausgiebig. Das kam ihm zugute für das Religionskapitel im »Prinzip Hoffnung« und für das »Atheismus«-Buch.

Am »Thanksgiving Day« (Erntedankfest der Amerikaner) luden uns Bridgmans zu sich zum traditionellen großen Essen ein. Der Hausherr tranchierte den Truthahn, die Gastgeberin reichte den typischen amerikanischen »minced pie«, die mit gewürzter Creme gefüllte süße Pastete. Es war ein heiterer, harmonischer Abend. Seltsamerweise überraschte mich aber kurz darauf Frau Bridgman mit einer Nachricht, die ich zunächst nicht verstand: Sie erzählte mit Kummer, daß ihre Tochter einen Juden heiraten wolle. Ich war perplex, denn sie war sehr liebevoll zu uns. Auf meine Frage, warum das so problematisch sei, antwortete sie, sie sei keinesfalls antisemitisch, ihre Freundschaft für uns beweise es, aber in den USA sei eine solche Mischehe mit großen Schwierigkeiten verbunden, sie würde oft von Bekannten nicht gut aufgenommen. Oftmals hätten sogar die Kinder aus solchen Ehen in der Schule zu leiden. Später sollte ich erfahren, daß sogar Ehen zwischen Protestanten und Katholiken in den Staaten problematisch waren. Und das nicht etwa, weil sie von der katholischen Kirche nicht gern gesehen wurden, sondern weil man Katholiken als minderwertig gegenüber Protestanten ansah. So lernte ich in der amerikanischen Demokratie, trotz so vieler bewegender Postulate der großen Präsidenten Washington und Jefferson, trotz der liberalen Verfassung, die seit dem siegreichen Unabhängigkeitskrieg des amerikanischen Volkes gegen Großbritannien in Kraft war, viele Diskriminierungen kennen, die schändliche Behandlung der Neger voran!

In Cambridge bekamen wir bald Verbindung zu den dort wohnenden Emigranten: zu Robert Uhlich, dem früheren Kultusminister in Thüringen (verheiratet mit Elsa Brandström), dem Heidelberger Romanisten Leonardo Olschky, dem Psychiater Kurt Goldstein, dem Philosophen und Kybernetiker Gotthard Günther, dem Physiker Philipp Frank und vor allem zu dem Philosophen Arnold Metzger. Arnold lernten wir in einer Gesellschaft bei Leonardo Olschky kennen. Als Ernst eintrat, rief Olschky: »Und hier kommt der Geist der Utopie«! Metzger und Bloch freundeten sich bald an und gingen oft am Fresh Pond, wo Metzgers wohnten, spazieren. Es gab Gemeinsamkeiten und Differenzen zwischen den beiden Philosophen, aber die Freundschaft erwies sich als dauerhaft – ungeachtet vieler Gegensätze: Zunächst gab es gewisse Unterschiede in den politischen Anschauungen der Ehepaare Metzger und Bloch. Während Bloch und Metzger politisch links eingestellt waren, war Ilse Metzger mehr bürgerlich gestimmt, und das führte manchmal zu Kontroversen. Sie war die Tochter des Besitzers der Leiser-Schuhgeschäfte in Berlin, der alles in Deutschland hatte zurücklassen müssen, als er nach Argentinien flüchtete. Metzgers waren nach abenteuerlichen Intermezzi in Cambridge gelandet, wo er an einem kleinen College eine Anstellung bekommen hatte. Etwas Vermögen besaßen sie noch in Argentinien, lebten aber sehr bescheiden, wenn auch besser als wir. Sie hatten drei Kinder, und deshalb konnte sie nicht berufstätig sein. Während Ernst, Arnold und ich, trotz aller Widrigkeiten, die es in der Sowjetunion gab, diesem Land doch positiv gegenüberstanden, hatte Ilse viele Einwände. Sie war keine Sozialistin. Und daher war ich eigentlich mehr mit Arnold befreundet als mit ihr.

Es kam zu manchen heftigen Diskussionen, die von meiner Seite aus zuweilen vielleicht zu temperamentvoll geführt wurden. In den späteren Jahren hat sich das geändert, und bis zu Ilses Tod waren wir einander sehr zugetan, besonders, nachdem wir alle in der Bundesrepublik lebten und uns öfters sehen konnten. Merkwürdigerweise schrieben sich Arnold und Ernst damals in Cambridge ab und zu Briefe, obwohl sie in derselben Stadt wohnten. Sie führten auch später eine ausführliche Korrespondenz meist philosophischen Inhalts, die bis zum Tode von Metzger dauerte und veröffentlicht werden soll. Sie ist ein schönes Dokument der Freundschaft zweier Philosophen, die einerseits am Marxismus festhielten, andererseits den Begriff der »Transzendierung ohne Transzendenz« dem Wesen des menschlichen Seins zugrunde legten. Einen gemeinsamen Freund gewannen wir in Gotthart Günther, einem Philosophen und Kybernetiker, der trotz seiner nichtjüdischen Abstammung Deutschland verlassen hatte. Er war arm, kam nirgends an, obwohl er englisch sprach. Ich glaube, daß er sich nur von Milch, Brötchen und Salami ernährte. Wenn er zu uns kam, kochte ich gleich etwas Nahrhaftes, machte mir Sorgen um ihn. Manchmal verdiente er 20 Dollar, indem er für einen bekannten Bauchredner kluge Antworten auf seine Fragen an den »bauchredenden kleinen Mortimer« ausdachte. Eine der stereotyp wiederkehrenden Fragen war: »Mortimer, why are you so stupid?« Leider habe ich die vielen geistreichen Antworten, die von Gotthard stammten, vergessen und nur eine behalten: »I have friends in Washington, do I?« Gotthard lebte mit Ernsts uralter Freundin Lottchen Meyer zusammen, die Else noch gekannt hatte und sie verehrte. Wenn Gotthard allein kam, sagte Jan: »The father of Lottchen is there«. Interessanter noch als die philosophischen Gespräche mit Gotthard waren seine Erzählungen über das Segelfliegen (er war nämlich ein leidenschaftlicher Flieger), vor allem die Beschreibungen der Wolkenlandschaften und mancher abenteuerlicher Sturzflüge. Nach dem Kriege bekam Günther, soviel ich weiß, eine Professur in Illinois, später kehrte er nach Europa zurück und lehrte an der Hamburger Universität.

Besonders freute es uns, wenn Hermann Broch, unser alter Freund aus Wien, zu Besuch aus Princeton kam. Immer, wenn ich ihn ansah, mußte ich an die Worte von Anna Mahler denken: »Broch sieht aus wie ein ausrangierter Menagerie-Adler«. Dieses Adlergesicht liebte ich sehr. Broch lebte eine zeitlang bei Erich Kahler, war aber ziemlich einsam und ständig in finanziellen Nöten. Er hielt immer weniger von Romanen (ach, wie begeistert war ich in meiner Jugend von seinen »Schlafwandlern«!) und legte den Schwerpunkt seiner Arbeit auf Massenpsychologie und Politik. Er war sowohl Ernst wie mir gegenüber sehr hilfreich und warmherzig, versuchte sogar einen Verleger für Ernst zu finden. Er hatte Kontakt zu der »Bollinger Foundation« und unternahm manchen vehementen Vorstoß, um das Hoffnungsbuch dort unterzubringen; er schrieb zu diesem Zweck eine sehr engagierte Einführung in Blochs Werk.

Unsere Zeit am Buckingham Place näherte sich ihrem Ende, Cadburys kamen zurück. Wir verbrachten noch zusammen einen Weihnachtsabend, an dem Frau Cadbury mit Hingabe deutsche Weihnachtslieder sang. Überhaupt erschienen uns die Cadburys merkwürdig germanophil und distanzierten sich nicht in dem Maße vom Deutschland der Nationalsozialisten, wie wir erwartet hatten. Sorgen um eine neue Wohnung brauchten wir uns nicht zu machen, denn unsere tüchtige Frau Epstein hatte uns bereits ein anderes mietfreies Haus in der Appleton Street besorgt. Es war ein großer Besitz mit einem wundervollen Garten, der der ältesten Architektin in den USA, Miss Howe, gehörte.

Meine Arbeit in der Holzfabrik nahm ein Ende, als im Kriege alle nicht unbedingt notwendigen Produktionen gestoppt wurden. Gesucht wurden technische Zeichner für Industriebauten und technische Projekte, deshalb entschloß ich mich, das »engineering« – Zeichnen zu erlernen und belegte entsprechende Kurse, die viel Arbeit auch zu Hause erforderten. Ernst staunte über meine Zeichenblätter, die von Maschinenteilen, Zahnrädern und ähnlichem Zeug bedeckt waren. Da kam es auf äußerste Exaktheit an: Die Zeichnungen sahen wie gestochen aus. Ernst bewunderte das – wie sehr, erfuhr ich aus seinem Brief an Tillich vom Jahre 1942, in dem er voll Stolz von diesem neuen Zweig meiner Tätigkeit erzählte. Dieser Brief enthält aber auch Berichte über Ernsts eigene Arbeit. Nachdem er »Naturrecht und Rechtsphilosophie« abgeschlossen hatte, schrieb er damals an der »Philosophie der Religion«, in deren Mittelpunkt das Hiob-Kapitel und die Analyse des Begriffs »Menschensohn« stehen sollte. Ernst erzählte dem Freund, daß er unverdrossen weiterarbeite, obwohl »zur Zeit Philosophie wenig gefragt« sei.

Ich beendete meinen Engineering-Kurs und bemühte mich um eine Stelle. Tatsächlich kam ich in der größten Engineering Firma der USA »Stone and Webster« an. Hunderte von Ingenieuren, Architekten, Zeichnern waren dort beschäftigt. Als ich eingestellt war, fragte mich der Abteilungsleiter, ob ich amerikanische Staatsbürgerin sei. Ich verneinte es, »sorry« sagte er und deutete an, daß er eine besonders interessante Aufgabe für mich gehabt hätte. Erst später sollte ich erfahren, um was es sich dabei gehandelt hatte. Zunächst mußte ich eine größere Fabrik entwerfen, seltsamerweise für Los Angeles. Es war eine interessante Aufgabe, an der ich mit Ingenieuren zusammenarbeitete. Ich war die einzige Frau in dem riesigen Zeichensaal. Aber die Kollegen waren freundlich zu mir. Ich lernte viel über Fundamente für Maschinen, über Beheizung und Entlüftung von Turbinen-Räumen. Es fiel mir auf, daß im Zeichensaal oft Blaupausen kursierten, die den Stempel »Projekt X« trugen. Wir nicht Eingeweihten hatten keine Ahnung, um was es sich dabei handelte. Erst nach dem Krieg erfuhr ich, daß das »Projekt X« das Atombombenprojekt war, das in Los Alamos, New Mexico entwickelt wurde. Nur USA-Bürger durften zur Mitarbeit an dieser Geheimsache herangezogen werden. Wäre ich damals amerikanische Staatsbürgerin gewesen, hätte man mich für dieses Projekt eingesetzt. Wie froh war ich später nach den entsetzlichen Atombombenexplosionen in Hiroshima und Nagasaki, daß ich nicht, auch nicht als kleinstes Rädchen, an dieser menschenvernichtenden Produktion beteiligt gewesen war!

Als ich von meinen Kollegen gefragt wurde, was mein Mann mache, und ich ihnen antwortete, er sei ein Philosoph und Schriftsteller, da kam prompt die Frage, welcher Verlag denn seine Bücher drucke. »Keiner«, antwortete ich. »Aber das ist dann doch kein Beruf«, riefen die Amerikaner, »das ist ein Hobby!« Es war schwer, ihnen das Problem zu erklären. Sie waren aber sehr beeindruckt, daß ich für unseren Lebensunterhalt sorgte. Als ich dann eines Tages noch die Zeitschrift mit der Abbildung meines Hauses in Andover zeigte, stiegen meine Chancen noch höher, ich wurde das Trumpf-Ass des Zeichensaals. Ich verdiente nicht schlecht, besonders durch die Überstunden, die oft nötig waren und die doppelt bezahlt wurden. Natürlich kamen das Kind und Ernst wieder zu kurz, aber was sollte ich tun, wir brauchten das Geld. Denn Ernst bekam nur sporadisch eine Unterstützung von einer der vielen Hilfsorganisationen und wir wollten uns doch endlich eine eigene Wohnung mieten.

In einem nicht sehr vornehmen Viertel von Cambridge, wo hauptsächlich Schwarze und Iren wohnten, fand ich eine ganz brauchbare Unterkunft, 69 Vassal Lane, sehr billig, auf zwei Stockwerke verteilt, mit einer »porch«, einer großen Küche, einem Hinterbalkon, einer Speisekammer und 6 Zimmern. Die Besitzerin war eine Irin, die im Erdgeschoß mit ihrem Sohn James (so alt wie Jan) wohnte. Sie war Witwe und verdiente ihr Geld als Putzfrau, sie war mir nicht sympathisch, weil sie immer so laut kreischte. Trotzdem war für uns die Wohnung angenehm, wir konnten endlich unsere altgewohnten Möbel vom Lager kommen lassen und lebten wieder in einer vertrauten Umgebung. Ernst freute sich besonders auf die zwei »Bartsmannkrüge«, die er so liebte. Im »Geist der Utopie« hat er unter dem Titel »Der alte Krug« einen dieser schönen Weinkrüge beschrieben. Freilich zeigte es sich bald, daß wir für die vielen Räume zu wenig Möbel hatten. Eine neue Freundin, Katherin Sturgis, wußte jedoch Rat. Sie hatte große Ähnlichkeit mit Ethel Mechanic, war Malerin, gelähmt und dennoch sehr agil. Im Gegensatz zu Ethel stammte sie aus einer vornehmen New-England Familie und hatte von Politik wenig Ahnung. Aber sie hatte mich lieb gewonnen und schaffte mir aus ihrem vornehmen Haus alles herbei, was mir fehlte. Mit ihren Möbeln richteten wir das Zimmer für Jan ein und zwei Gästezimmer, die wir nachher zeitweise vermieteten. Immer wieder fuhr Katherin mit ihrem Wagen vor und brachte Bettzeug, Geschirr und Ähnliches. Unsere Beziehung zu ihr ging erst zu Ende, als sie, kurz bevor wir die USA verließen, den positivistischen Philosophen Quine heiratete, den Ernst nicht besonders schätzte.

Auch eine andere Freundin aus jener Zeit, die Malerin Katherin Edsall, hat uns damals in Cambridge viel geholfen. Sie hatte zwei Kinder und holte oft Jan zu sich. Sie verstand es wunderbar, mit Kindern zu spielen und mit ihnen zu malen. Und wie gerne erinnere ich mich an Anny Krauss, die wir noch aus Prag kannten, und die mir in Cambridge schwesterlich beistand.

Von Zeit zu Zeit besuchte uns Tillich. Dann redeten wir uns die Köpfe heiß, meist über politische Themen. »Paulus« war außerordentlich aktiv. Er hielt Rundfunkansprachen an das deutsche Volk über »Voice of America« und beteiligte sich an der Gründung des »Council for a Democratic Germany«, als 1943, nach Stalingrad, die Niederlage der Deutschen nur noch eine Frage der Zeit war. Leider sind mir nur wenige Briefe von Paulus erhalten geblieben, so der letzte, den er kurz vor seinem Tode schrieb. Er kam 1965 aus Chicago, ein Rundbrief, der die Freunde auf seinen schlechten Gesundheitszustand aufmerksam machen sollte. Tillich hatte für uns einen handschriftlichen Zusatz angefügt: . . .»Die Endlichkeit, die nur Hoffnung zuläßt, hat mich gepackt. – Vielleicht ist es besser so für mich und gibt mir Stunden, in denen die Erfahrung dessen, was zur Hoffnung berechtigt, stärker wird. Meine Liebe Dir und Karola Euer P.«

Manchmal erinnerten wir uns an die schweren ersten Jahre in den USA und freuten uns, daß es inzwischen so viel besser ging. Allerdings war es uns nie ganz so schlecht gegangen, wie es Adorno einmal in der deutschen Emigranten Zeitung »Aufbau« behauptet hatte: »Ernst Bloch muß mit Tellerwaschen sein Brot verdienen.« Woher er diese »Ente« hatte, weiß ich nicht. Aber die Legende hat sich bis heute gehalten und es ist schwer, sie aus der Welt zu schaffen. Auch das 1979 in der DDR erschienene Buch »Exil in den USA« verbreitet dieses Märchen. Ernst hat zwar einmal das Bonmot geprägt, daß in Europa die Philosophen mit Geschirrabwaschen anfangen und in Amerika damit enden, aber er hat nie eine ähnliche Betätigung ausgeübt, es sei denn für unseren Haushalt, wo er diese Aufgabe ebenso selbstverständlich übernahm wie die Wartung der Heizung und das Einholen der Lebensmittel.

Eine Zeitlang vermieteten wir, wie ich schon erwähnte, zwei Zimmer im oberen Stockwerk. In einem wohnte die Tochter des früheren tschechischen Kohlemagnaten Petschek, im anderen ein Arbeiter irischer Abstammung, Mr. Sullivan, der ständig betrunken war. Jan konnte gut nachahmen, wie er torkelnd die Treppe hinaufstieg. Schließlich bekam der arme Mann Delirium tremens und wurde ins Hospital gebracht, wo er kurz danach starb. Er war trotz seiner Trunkenheit ein freundlicher Mensch, sehr einsam, nie hat ihn jemand besucht. Als er auszog, fand ich in seinem Wandschrank Dutzende von leeren Whisky- und Branntweinflaschen. Von nun an behielten wir das Zimmer für uns, denn öfters bekamen wir Besuch, vor allem aus New York und Woodbury, Connecticut – Tillichs, Kanto und vor allem Herzfeldes oder Schumachers, mit denen wir häufig an den Oster- und Weihnachtstagen zusammen waren.

Auch waren Ernst und Jan einmal für zwei Wochen bei Schumachers in Woodbury, wo es ihnen sehr gut ging. Der Gastgeber hatte einen Job an einem »Preparatory College« für Mädchen, Sylvia gab Klavierunterricht. Wenn das Reisepermit rechtzeitig kam, fuhr Ernst gelegentlich nach New York. Einmal hielt er einen Vortrag zum Thema »Enzyklopädie der Hoffnungen« und erntete außerordentlichen Beifall. Frau Else Staudinger, Leiterin eines Emigranten-Hilfskomitees, versprach sofort eine Unterstützung von 50 Dollar monatlich. Und eine andere Zuhörerin war so hingerissen, daß sie Ernst einen Scheck über 500 Dollar in die Hand drückte. Ernst hat diesen denkwürdigen Abend in einem Brief an Schumacher beschrieben: »Komme mir vor wie ein Zuhälter oder zuweilen wie Odysseus am Phäakenhof der Emigration. Vielerlei Nausikaa um den alten Esel, bin froh, wenn ich wieder weg bin, trotz allem. Besser Verständnislosigkeit als Weihrauch.« So war er, bar jeder Eitelkeit.

1941 bekam ich noch Post von meinen Angehörigen aus dem Warschauer Getto. Manche Details erfüllten mich mit Erstaunen, aber auch mit Hoffnung: So schrieb mein Bruder, daß meine Schwägerin Andziula, die Tänzerin war, Kinder im Tanz unterrichtete, daß es im Getto ein kleines Orchester gebe, daß mein Neffe gut gedeihe, meine Mutter für die ganze Familie koche. Sie baten um Lebensmittelpakete, um Geld. Ich schickte alles, aber der Empfang wurde nie bestätigt. Als ich erfuhr, daß die Möglichkeit bestand, durch eine Einreisenummer Gettobewohner nach den USA zu holen, erkämpfte ich so eine Nummer und sandte sie an meinen Bruder. Da kam die Antwort von ihm: Jetzt sei es zu spät . . . Und danach hörte ich nichts mehr. Ich erfuhr später von meiner Kusine Janina aus Warschau, daß meine Familie in Treblinka vergast wurde . . . Die Post aus dem Warschauer Getto, mir so unendlich teuer, blieb, wie alle unsere Korrespondenzen, in Leipzig zurück. Ich werde sie nie wiederbekommen.

Inzwischen entwickelte sich die weltpolitische Situation weiterhin hoffnungsvoll. Die verlorene Schlacht um Stalingrad, 1943, hatte das Schicksal der deutschen Streitkräfte besiegelt, die Russen begannen, Partisanenarmeen aufzustellen, und in den USA stiegen die Sympathien für die Sowjetunion. Das spürte man überall, auch wenn Roosevelt in diesbezüglichen Äußerungen zurückhaltender war als seine Frau. Paul Tillich erzählte uns von einer Begegnung mit dem Ehepaar Roosevelt. Er war nach Washington zum Präsidenten eingeladen worden, um mit ihm über »Post War Europe« zu sprechen. Der Vicepräsident Henry Wallace und Frau Roosevelt nahmen an dem Gespräch teil, auch Adolph Löwe, Friedrich Pollock und Hans Staudinger. Tillich schätzte Wallace als einen aufrechten Liberalen. Frau Roosevelts Einstellung war bekannt. Sie hatte mehr als einmal gesagt: »Wenn ich die Wahl zwischen einem russischen und einem kleriko-faschistischen Europa hätte, würde ich das russische wählen.« Ähnlich äußerte sich auch Wallace, während sich der Präsident in Schweigen hüllte. Wir Emigranten machten uns alle Gedanken, wie dieses Nachkriegseuropa aussehen sollte. In Rußland wurde das Nationale Komitee »Freies Deutschland« gegründet, zu dem auch die Generale v. Seydlitz und Paulus gehörten. Es erreichten uns die ersten

Nachrichten von der Umschulung deutscher Kriegsgefangener. Man zwang sie, die Antifa-Schulen zu besuchen, die bei manchen Deutschen ihre Wirkung nicht verfehlten. Deutsche und österreichische Emigranten unterrichteten in diesen Schulen, sprachen zu Soldaten und Offizieren, verteilten Flugblätter und Bücher. Ähnliches versuchte man auch mit den deutschen Kriegsgefangenen in den USA durchzuführen. Es war nicht leicht, über den Erfolg dieser »Re-Education« etwas zu erfahren. Das Kriegsministerium gab zunächst keine Mitteilungen darüber an die Presse. Aber manches erfuhren wir doch, zum Teil noch während des Krieges. Die Gruppe »Friends of Free Germany«, in der ich mitarbeitete, veranstaltete einen Abend mit dem Thema: »Die deutschen Kriegsgefangenen in den USA«. Als Rednerin hatten wir Frau Emma Gelders Sterne gewonnen, die an einem Forschungsauftrag zu diesem Thema arbeitete. Sie berichtete von den Kriegsgefangenen, die aus Nord-Afrika kamen. Es handelte sich dabei hauptsächlich um KZ-Entlassene, die auf diesem Kriegsschauplatz eingesetzt worden waren. Von diesen antifaschistischen Männern hatte Frau Gelders erfahren, daß viele Gefangene noch in ihrer nazistischen Gesinnung befangen waren. Wenn jüdisch-amerikanische Wachen die Baracke betraten, drehten die Deutschen ihnen den Rücken zu. Man schickte deshalb, wie in die Antifa-Schulen der Lager in Rußland, deutsche Antifaschisten als Lehrer in die Camps, damit sie ihre Landsleute über das Wesen der Demokratie und die Vorteile dieser humanen Gesellschaftsform aufklärten, was angesichts des Negerrassismus in den USA kein leichtes Unterfangen war. Frau Gelders wußte sogar Fälle, in denen antifaschistische Gefangene von ihren nazistischen »Kameraden« verfolgt, ja gelyncht worden waren. Deshalb wurden Sonderlager für nicht nazistische Gefangene eingerichtet. In den Zeitschriften dieser Antifa-Lager, wie »Auslese« und »Ruf« (geleitet von Alfred Andersch und Hans Werner Richter, den späteren Begründern der »Gruppe 47«) schlugen sich die vielfältigen widersprüchlichen Meinungen nieder.

Die Behandlung der Gefangenen änderte sich nach dem Kriegsende radikal. Waren sie vor 1945 gut ernährt und untergebracht worden, so wurde das anders, nachdem die Amerikaner die Möglichkeit bekommen hatten, KZ's zu besichtigen, die Vernichtungslager zu sehen, mit den wenigen Überlebenden zu sprechen. Diese Konfrontation mit dem Grauen hatte den Wunsch nach Strafe für die Schuldigen geweckt. Eine der Folgemaßnahmen war die plötzlich strenge Rationierung der Lebensmittel in manchen Lagern. Die Ernährung hielt sich an der Grenze zum Hunger. Da die Gefangenen jedoch in der Landwirtschaft schwer arbeiten mußten, hatte diese Maßnahme verheerende Folgen und mußte bald zurückgenommen werden. »Re-Education« propagierte nicht mehr nur den »american-way-of-life«, sondern zwang die Gefangenen, die Dokumentarfilme über die deutschen Grausamkeiten in Europa anzusehen und Stellung dazu zu nehmen. Diese Aussagen wurden in der Presse verbreitet und zeigten, daß damals tausende von Gefangenen jene Dokumentarfilme als Lügen und als verfälschende Greuel-Propaganda erklärten. Für mich war das Bewußtsein, daß so viele Deutsche, so viele Nazis in den USA lebten, sehr beunruhigend. Ich hatte zwar nichts mit ihnen zu tun, aber der Gedanke, daß sich unter ihnen vielleicht die Mörder meiner Angehörigen befinden könnten, erregte mich. Alles in mir sträubte sich dagegen, nach Deutschland zurückzukehren. Auch Ernst war im Zweifel, was zu tun sei. Obwohl uns der Verstand und das politische Bewußtsein sagten, daß Menschen wie wir gerade nach der Befreiung Deutschlands vom Faschismus dorthin gehörten, um ein anderes, besseres Deutschland aufbauen zu helfen, war der Gedanke an eine Rückkehr schwer. Aber wir konnten auch nicht für immer in den USA bleiben, Ernst sah keine Möglichkeit, sein Werk in diesem sonst so gastlichen Land herauszubringen. So fühlten wir uns erneut heimatlos, wußten wieder nicht, wo wir Wurzeln schlagen sollten.

Aber noch war es nicht so weit – noch war Krieg, wir schrieben 1943 und ich hatte wichtigeres zu tun, als solchen melancholischen Gedanken nachzuhängen. Auch fern von den europäischen Schauplätzen war es möglich, mitzuwirken an der Konsolidierung der politischen Zustände in den kriegsmüden Ländern. Ich schloß mich einer Gruppe polnischer Amerikaner an, die sich von den

USA aus für ein befreites Polen einsetzte. Es gehörten hauptsächlich Arbeiter und Handwerker zu dieser Gruppe, Sozialisten oder Kommunisten. Wir trafen uns meistens am Sonntag in Roxbury, verfaßten Flugblätter, die wir unter den in den USA sehr zahlreich vertretenen Amerikanern polnischer Herkunft verteilten. Diese Arbeit verstärkten wir gleich nach dem Kriege, mit dem Ziel, den Wiederaufbau in Polen zu fördern.

Ich war außerdem in der Arbeit der KPUSA engagiert, die, im Hinblick auf die furchtbaren Verluste der Sowjets, immer wieder mit Nachdruck die Herbeiführung einer zweiten Front durch die Alliierten forderte. Ich sprach auf mancher Versammlung und schilderte die Notlage der Russen, wofür ich original russisches Informationsmaterial zur Verfügung hatte. Zu den schmerzhaften politischen Enttäuschungen, die wir damals erlebten, gehörte 1943 die Auflösung der Komintern, zu der sich gerade die besten Genossen der internationalen Kommunistischen Parteien bekannt hatten. Jetzt dagegen bezeichnete die Sowjetunion die Komintern als unzeitgemäß, nach der Zersplitterung Europas vielleicht nicht unvernünftig, und doch für uns Anlaß schlafloser Nächte. Im Zuge von Gesprächen über dieses Thema erfuhr ich auch Näheres über das tragische Schicksal der polnischen KP: Im Jahre 1938 hatte die Komintern die polnische Partei unter dem falschen Vorwand, sie sei von Provokateuren durchsetzt, aus ihren Reihen ausgeschlossen. Trotz dieser nominellen Auflösung bestand die Partei jedoch weiter und kämpfte heldenhaft gegen die deutsche Besatzungsmacht. 1941 gelang es einer Gruppe polnischer Kommunisten, die nach der Sowjetunion emigriert war, die Rehabilitierung der polnischen Partei bei dem Z.K. in Moskau zu erwirken. So wurde die KPP im Jahre 1942 wieder Mitglied der Komintern, aber nur für ganz kurze Zeit – bis zu deren Auflösung. Offiziell wurde die ganze Wahrheit über diese schändliche Behandlung der polnischen Genossen durch Stalin erst in der Ära Chruschtschow mitgeteilt. Ich erfuhr sie jedoch schon 1942 von einem polnischen Genossen in Boston.

Im Jahr 1943/44 waren sich weder die Amerikaner noch die Emigranten darüber einig, wie die Zukunft Deutschlands aussehen sollte. Der Haß führte zu wahnwitzigen Vorschlägen. Während der englische Baron Vansittart die totale Zerstörung Deutschlands forderte, wollte der Wirtschaftsminister der Roosevelt-Administration, Morgenthau, das ehemalige Naziland zu einem reinen Agrarstaat machen. Diesen Vernichtungsplänen stellten sich vernünftige Amerikaner und Emigranten entgegen, die nur in einem demokratischen Deutschland eine Garantie für dauerhaften Frieden sahen. Paul Tillich und der amerikanische Theologe Niebuhr, auch Dorothy Thompson, riefen eine Organisation ins Leben, die diesen friedlichen Gedanken vertrat: den »Council for Democratic Germany«, dessen Vorsitzender Paul Tillich wurde. Thomas Mann dagegen, der anfänglich mitmachte, zog die bereits geleistete Unterschrift, die seine Mitwirkung bestätigen sollte, wieder zurück. Natürlich war dieser »Council« eine heterogen zusammengesetzte Organisation, in der die Vertreter der verschiedensten politischen Richtungen nur schwer unter einen Hut zu bringen waren. Es ist deshalb kein Wunder, daß er bereits 1945 scheiterte – in einem Augenblick, als die Kluft zwischen der Sowjetunion und den Alliierten nicht mehr zu übersehen war. Aber auch in der persönlichen Entscheidung bestanden unter den Emigranten, was die Pläne für ihre Zukunft anbelangte, große Differenzen. Viele wollten in den USA bleiben, manche nach Deutschland zurückkehren – vor allem die aktiven Kommunisten und Sozialdemokraten, die die USA nur als Asylland betrachtet hatten. Sie fieberten danach, Deutschland zu »entnazifizieren«, einen neuen Staat aufzubauen. Ernst und ich waren unschlüssig, was wir tun sollten. Obwohl ich wußte, wie sehr ich da drüben gebraucht wurde, graute mir davor, nach Deutschland zurückzukehren. Unser Sohn wuchs als amerikanisches Kind auf und weigerte sich, deutsch zu sprechen, die Sprache der Verbrecher, deren Mordtaten wir leibhaftig vor Augen hatten, als wir nach der Kapitulation der Deutschen in den Kinos Filme über die zerstörten Städte und die befreiten Konzentrationslager sahen. Zum ersten Mal erfuhr man auf diese Weise, wie ein KZ tatsächlich ausgesehen hatte: Baracken mit drei bis vier Liegen übereinander. Wenige Überlebende, zum Skelett abgemagerte Menschen in gestreiften Anzügen.

Wir waren starr vor Entsetzen. Ich mußte mir immer wieder sagen, daß alle meine Lieben diese Hölle durchlitten hatten. Glücklich die wenigen, die überlebten: Skelette, aber sie konnten lachen, vor Freude tanzen. Sie waren frei!

In Boston herrschte am 8. Mai ein Taumel in den Hauptstraßen: Alle Autos hupten, Papierfetzen wurden aus den Fenstern geworfen, wildfremde Menschen umarmten einander. Der Krieg hatte fünf Jahre, acht Monate und fünf Tage gedauert. Lange genug hatte man auf sein Ende warten müssen. Aber seltsam, ich muß es wiederholen: Gerade jetzt fühlten wir unsere Heimatlosigkeit stärker denn je. Wir wußten nicht, wohin wir gehörten.

Für die Staaten gab es vorerst jedoch noch keine völlige Waffenruhe: Der Krieg mit Japan ging weiter, bis am 6. August 1945 die erste Atombombe auf Hiroshima, die zweite am 9. August auf Nagasaki abgeworfen wurde. Diese sinnlose Ermordung und Verseuchung von Hunderttausenden von Menschen empörte uns, die Sympathien für die USA sanken fast auf den Nullpunkt. Der Abwurf der Bomben schien uns ein unerhörtes Verbrechen, dieses eiskalte Erproben einer mörderischen Technik, eine vom strategischen Blickpunkt keineswegs notwendige Maßnahme.

Von allen in den Strudel des 2. Weltkrieges gezogenen Ländern hatte bestimmt Polen das tragischste Schicksal. Es wurde zum Grab für 6 Millionen Juden, seine geliebte Hauptstadt Warschau wurde dem Erdboden gleich gemacht, durch den Friedensvertrag verlor es so typisch polnische Städte wie Wilna, die Geburtsstadt des größten polnischen Dichters Adam Mickiewicz, es verlor das Kulturzentrum Lemberg. Im Westen gewann es zwar Gebiete hinzu, ganz Schlesien, auch Danzig wurde polnisch, trotzdem konnte ich mich mit dieser neuen polnischen Grenze nicht befreunden.

Eines der heroischsten Ereignisse des 2. Weltkriegs war der Aufstand im Warschauer Getto am 19. April 1943. Warschau war nach der polnischen Niederlage zum Sammelbecken für polnische Juden bestimmt worden, die ausgemerzt werden sollten. Jenes Stadtviertel, auf dem früher etwa 350 000 Juden gewohnt hatten, wurde von einer Mauer umgeben, hinter der man bald mehr als $\frac{1}{2}$

Million Menschen zusammengepfercht hatte. Drei Jahre lang sollte dieses Getto existieren. Seine Insassen starben an Hunger und Krankheit oder sie wurden willkürlich von der SS erschossen. Nach einem Jahr waren nur noch 120 000 von ihnen am Leben. Von diesen wurden immer wieder Tausende in Viehwaggons in die Vernichtungslager transportiert. Die Warschauer Juden endeten meistens in Treblinka. Da die Gettobewohner mit der Zeit mit immer größerer Sicherheit wußten, daß sie diesem grauenvollen Schicksal nicht entrinnen konnten, beschlossen sie, kämpfend unterzugehen. Es gelang, Waffen von draußen einzuschmuggeln und die männliche Bevölkerung zu bewaffnen. Als am 19. April 1943 die schwarzen Todesbataillone der SS in das Getto eindrangen, wurden sie von den Juden mit Bomben und Handgranaten empfangen. Es war ein aussichtsloser Kampf der ausgehungerten, primitiv bewaffneten Juden gegen ihre guternährten und -bewaffneten Mörder. Aber sie kämpften heldenhaft. Retten konnten sich nur die wenigen, denen es gelang, durch die Kanalisation auf die andere Seite der Mauer zu entkommen. Das ganze Getto wurde Haus für Haus zerstört, es blieben nur Ruinen. Aber es blieb auch die Erinnerung an einen Aufstand der Juden, der niemals vergessen werden wird. Er wurde zum Symbol für die Verteidigung der Würde des Menschen.

Mea res agitur: Ich erzähle vom Getto, weil es um meine nächsten Anverwandten geht. Nach dem Krieg bekam ich Nachricht von einer mir völlig fremden Frau, die das Inferno überlebt hatte. Sie schrieb mir, daß sie meine Familie im Getto gekannt habe und erzählte, daß es meinem Bruder Izio gelungen sei, seinen Sohn Jerzy auf die nichtjüdische Seite zu bringen, so daß er hoffen konnte, wenigstens ihn zu retten. Jerzy war jedoch eines Tages aus Sehnsucht nach der Mutter, die er besonders liebte, durch ein Loch in der Mauer wieder in das Getto zurückgekrochen und in die Wohnung seiner Eltern gerannt. Die aber war schon leer. Wahrscheinlich war die Familie Piotrkowski kurz vorher abtransportiert worden. An der Wand hing noch ein Foto der Mutter. Der Junge riß das Bild herunter, lief zu seinem Mauerloch zurück, um auf die nichtjüdische Seite zu entkommen. Dabei wurde er von einem

SS-Mann gesehen und niedergeschossen. Ich gedenke seiner in Trauer, wie ich meiner ermordeten Eltern, meines Bruders und seiner Frau gedenke.

Eine meiner Kusinen lebt noch in Warschau, ich besuchte sie im Jahre 1978. Auch sie war als junges Mädchen (sie ist viel jünger als ich) im Getto gewesen, aber von ihrer Kinderfrau dadurch gerettet worden, daß diese erklärte, Janina sei keine Jüdin, sondern ihre eigene Tochter und ganz und gar »arisch«. Es gelang ihr tatsächlich, das Mädchen mit sich zu nehmen. Janina lebte bis zu ihrer Heirat unter dem Namen der Kinderfrau, die für sie mehr als Mutter wurde. Als ich Janina fragte, wie es im Getto war, wollte sie mir nichts erzählen. Es sei zu schrecklich gewesen. Erst vor einigen Jahren sah ich einen Dokumentarfilm, der in Schweden etwa 1960 entstanden ist (bezeichnenderweise wurde dieser Film meines Wissens nie in der Bundesrepublik öffentlich gezeigt, ich sah ihn bei einer linken Organisation). Der Film zeigte Bilder vom Warschauer Getto, von Deutschen aufgenommen. Janina hatte recht gehabt: Die Bilder waren zu entsetzlich, um über sie sprechen oder sie beschreiben zu können, aber sie lassen mich nicht los. Nochmals, ich muß von all dem sprechen, weil ich Polen noch immer als meine Heimat empfinde, dessen tragische Geschichte mich immer wieder besonders ergreift, und weil ich eine sentimentalische Beziehung zu dieser Heimat habe. Darum ist es mir eine große Freude, wenn ich (selten) Gelegenheit habe, polnisch zu sprechen oder zu lesen.

Nach dem Kriege nahm ich sogleich Kontakt zu Bekannten in Polen auf, die ich noch am Leben vermutete. Ich schrieb unter anderem an ein Architektenehepaar, Helena und Szymon Syrkus, die mich in Cambridge besucht hatten. Wie glücklich war ich, Antwort von ihnen zu bekommen! Sie waren beide in verschiedenen Konzentrationslagern gewesen und hatten überlebt. Helena Syrkus kam nach den USA, um ihre Verbindungen zu den exilierten Architekten, die sie aus den dreißiger Jahren gut kannte, Gropius, Breuer, Mies van der Rohe, aufzunehmen. Sie besuchte mich in Cambridge, es war eine erschütternde Begegnung. Jetzt erfuhr ich aus erster Hand, wie es wirklich gewesen war: Die Nazis wollten das Ende Polens betreiben – es ist ihnen nicht gelungen. Helena erzählte mir vom Plan der polnischen Regierung und der Architekten, Warschau wieder genau so aufzubauen, wie es früher ausgesehen hatte. Das war ein politisch außerordentlich wichtiger Entschluß! Der Wiederaufbau der polnischen Hauptstadt wurde zum Symbol der Wiedergeburt der ganzen Nation. Natürlich erklärte ich mich bereit, alle nur mögliche Hilfe zu leisten. Da ich Kontakte zu polnischen Amerikanern hatte, war es für mich nicht schwer, zunächst diese Gruppe zu aktivieren. Ich appellierte über eine Radio-Station, die polnische Sendungen ausstrahlte, an meine polnisch-amerikanischen Landsleute, alles nur Erdenkliche für Polen zu tun. In den USA gibt es viele private Radio-Stationen, die in diversen Sprachen senden. Die Zuhörer waren von meinem guten Polnisch so begeistert, daß sie den Leiter der Radiostation anriefen und fragten, wer diese Sprecherin sei. Der Mann bot mir einen ständigen Job in seinem Sender an, doch ich arbeitete lieber weiter in meinem eigenen Beruf, zumal ich auch unter meinen Kollegen einiges für meine Heimat tun konnte: Ich ging in Boston von einem Architekturbüro zum anderen und bat, Zeichenpapier, Zeichenutensilien, Architekturzeitschriften für Polen zu spenden. Alles, was ich bekam – auch Kleider und Lebensmittel, für deren Transport ich einige Bekannte und Genossen in Cambridge organisierte – schickte ich an Helena Syrkus nach Warschau, an meine alte Freundin, die mit ihrem Mann in einer Ruine hauste.

In Lodz hatte ich nur zwei Bekannte aufstöbern können: Es waren zwei Schwestern, die früher als Schneiderinnen in meinem Elternhaus für meine Mutter, meine Schwester und mich Kleider genäht hatten. Wie glücklich waren sie, Nachricht von mir zu bekommen! Ich schickte ihnen Lebensmittel, Stoffe, Nähnadeln und blieb lange mit ihnen in brieflichem Kontakt, bis ich sie persönlich besuchen konnte, als ich 1955 zum ersten Mal wieder nach Polen kam. Die Schwestern hatten meine Familie noch gesehen, bevor sie in das Warschauer Getto transportiert wurde.

Trotz der Allianz zwischen den USA und der Sowjetunion während des Krieges und den aus diesem Bündnis entstandenen Sympathien für Rußland bei der amerikanischen Regierung und Teilen der Bevölkerung (siehe Gründung des Vereins »American-So-vjet-Friendship«), herrschte in den Kreisen der Rechten nach wie vor eine geradezu hysterische Aversion gegenüber Kommunisten. Bereits 1938 war ein Komitee gegen »un-amerikanische Aktivitä-ten« gegründet worden, das nun eine wahre Hexenjagd auf Kommunisten organisierte. Es existierte bis 1968. Berühmt und be-rüchtigt wurden durch diese Aktionen die Namen der Senatoren Dies, Thomas und vor allem McCarthy, der von 1950–1954 Vor-sitzender des Senatsausschusses war. Seine antikommunisti-schen, nationalistischen und antisemitischen Vorurteile führten dazu, daß er 1954 als Ausschußvorsitzender abgelehnt und vom Senat gerügt wurde. Ein besonders scharfes Auge warfen die He-xenjäger auf Schauspieler, Schriftsteller und Regisseure in Hol-lywood. Wer Antifaschist war und aus seinem Haß gegen Hitler keinen Hehl machte, sah sich als Kommunist abgestempelt. Am strengsten aber wurden politische Emigranten beobachtet und dis-kriminiert. Von meiner Verbindung zu der KPUSA wußte man nichts, daher wurde ich nicht behelligt und erhielt sogar 1944 meine »Second Papers«, d.h. ich wurde amerikanische Staatsbür-gerin. Anders war es bei Ernst. Er schrieb in Exil-Zeitschriften, unter anderem auch für »Freies Deutschland«, eine Emigranten-zeitschrift, die in Mexiko erschien und prokommunistisch war. Das genügte, um ihn zur verdächtigen Person werden zu lassen. Man zitierte ihn immer wieder nach Boston in das Immigra-tions-Office und versuchte in Vernehmungen herauszufinden, ob er Kommunist sei.

Obwohl Ernst nie Mitglied der KP gewesen war und dies nach-drücklich bei allen Verhören betonte, galt er dennoch in den Au-gen der Amerikaner als »Premature Antifashist«, das heißt als ei-ner, der schon vor Pearl Harbor Antifaschist war, und das war schlimm genug!

In diesem Immigrations-Office stellte man die seltsamsten Fragen an ihn, zum Beispiel, ob er gelegentlich in Gesellschaften gewesen sei, in denen man über Kommunismus gesprochen hätte. Aber Ernst fragte nur ruhig zurück, ob der Beamte denn je in einer Ge-sellschaft gewesen sei, in der man etwa *nicht* über Kommunismus gesprochen hätte? Als Ernst schließlich zum x-ten Mal nach Boston zu einer »Aussprache« bestellt worden und kein Ende dieser lästigen Reisen abzusehen war, sagte er dem Beamten: »Ich sehe, Sie wollen mir die USA-Staatsbürgerschaft nicht geben. Dann lassen Sie es sein, ich bleibe eben staatenlos. Ich arbeite jetzt an einem großen Werk und habe keine Zeit, so oft von Cambridge nach Boston zu fahren und mit Ihnen die Zeit zu verplempern.« Das wiederum imponierte dem Amerikaner so sehr, daß er sagte: »Kommen Sie in zwei Tagen wieder und legen Sie eine Prüfung in amerikanischer Geschichte ab. Dann bekommen Sie die ›Second Papers‹.« Und so geschah es. Als Ernst während dieser »Prüfung« über die amerikanische Verfassung sprach, wußte er so fesselnd über viele Details aus dem amerikanischen Befreiungskriege gegen England 1775–1783 zu berichten, daß der Prüfende ganz aus dem Häuschen geriet. Er rief seine Kollegen herbei und sagte ihnen: »Bei mir ist ein Mann, der fabelhaft aus der amerikanischen Geschichte erzählen kann, dem müßt ihr zuhören.« Und tatsächlich versammelte sich ein kleines Auditorium im Büro des Prüfungsbeamten und lauschte fasziniert den Worten des Prüflings. Auf diese Weise schaffte es Ernst also doch, amerikanischer Bürger zu werden, zwei Jahre später als ich. Natürlich schrieb er weiter für die Emigranten-Zeitschriften, beteiligte sich an Besprechungen in der Tillich-Niebuhrschen Organisation »American friends of German Freedom«, – eine Gruppe, die mit ihrem Bekenntnis zur Demokratie keineswegs für alle aus Deutschland Stammenden sprach. Man darf nicht vergessen, daß es in den Staaten Deutsch-Amerikaner gab, die nazistisch gesinnt waren und in ihren Lokalen Hitler-Bilder aufhängten. Eine ihrer Organisationen hieß »German-American-Bund«. Aber ich kann mich nicht erinnern, daß diese Leute irgendwelchen Schikanen ausgesetzt waren. Nur die Kommunisten unter den sogenannten »unamerikanischen« Aktivisten wurden verteufelt.

Bereits im Jahre 1943 war es dem beharrlichen Wieland Herzfelde gelungen, die Grundlagen für die Entstehung eines deutschsprachigen Verlages in New York zu schaffen. Sein erster Schritt in diese Richtung war die mit Hilfe des Deutschen Schriftstellerverbandes in New York ermöglichte Herausgabe einer Sondernummer der Zeitschrift »Direction« unter dem Titel »Exiled German Writers«, für die eine ganze Reihe namhafter deutscher Schriftsteller Beiträge lieferte. Parallel dazu gründete er die Emigrantenorganisation »Tribüne«, welche das Zustandekommen eines Gemeinschaftsverlags für die freie deutsche Literatur ermöglichen sollte. Die Finanzierung des Verlags und den Vertrieb übernahm die »French and Foreign Book Corporation«. Die Mitglieder des Deutschen Schriftstellerverbandes in New York investierten je 10 Prozent, die Autoren lieferten ihre Beiträge ohne Honorar. Zu den Initiatoren dieses Gemeinschaftsunternehmens gehörten: Ernst Bloch, Bertolt Brecht, Ferdinand Bruckner, Lion Feuchtwanger, Oskar Maria Graf, Wieland Herzfelde, Berthold Viertel, Heinrich Mann, Ernst Waldinger, Franz Weiskopf. Der Verlag bekam den Namen »Aurora«. Sein Ziel war es einerseits, den Amerikanern deutsche Literatur zugänglich zu machen, andererseits aber auch dafür zu sorgen, daß die Deutschen gleich nach Beendigung des Krieges endlich die Möglichkeit hatten, lang entbehrte Literatur lesen zu können. Der Verlag brachte zwischen 1945 und 1947 zwölf Bücher heraus. Unter anderem einen schönen Band mit dem Titel »Morgenröte«, eine Sammlung von Texten deutscher Schriftsteller aus drei Jahrhunderten. Blochs Beitrag dazu hieß: »Fichtes Reden an die deutsche Nation«. Außerdem brachte der Verlag Blochs »Freiheit und Ordnung, Abriß der Sozialutopien«, ein Teil des Hauptwerks »Prinzip Hoffnung« heraus.

Ernst war sehr glücklich, daß nach so vielen Jahren endlich wieder ein Buch von ihm erschien. Er beendete in jener Zeit sein Manuskript über Hegel, das später »Subjekt, Objekt, Erläuterungen zu Hegel« heißen sollte, und fand diesmal sogar einen amerikanischen Verlag: McKay in Philadelphia, dessen Manager Alfred Mendel eine Buchreihe in »The Living Thoughts Library« herausgab.

Herr Mendel besuchte uns in Cambridge und zeigte großes Interesse für das Hegel-Manuskript (Introduction into Hegel). Ernst schickte es ihm zusammen mit einer dreiseitigen Erläuterung. Schon nach wenigen Tagen kam die Antwort: Herr Mendel fand das Manuskript, so wie es war, unmöglich. Er habe nur bis zur Seite 14 lesen können, behauptete er. Das Buch sei niemals eine Einführung in Hegel. Er wolle aber nicht gleich die Flinte ins Korn werfen, sondern Bloch den Vorschlag machen, sich mit ihm für eine Woche in New York zu treffen, wo dann er, Mendel, in sieben Tagen und Nächten Ernst Bloch helfen wolle, das Manuskript zu kürzen und zu ändern. Natürlich lehnte Ernst dieses Ansinnen ab. Aber das hinderte Mendel keineswegs, in einem zweiten Brief den Stil des Manuskripts zu kritisieren und darauf zu beharren, daß, getreu dem Satz in der New York Times: »Plain talk is Art«, eine Umarbeitung »gesund« für das Ganze sei. Ich besitze die Kopien dieser beiden Briefe vom 19. April 1946 und vom 28. April 1946. Sie wären wert, im Wortlaut abgedruckt zu werden. Ich will zum mindesten zwei Stellen daraus zitieren:

» . . .Ich kam bis Seite 4. Am nächsten Morgen setzte ich fort und kam bis Seite 14. Und dort bin ich noch immer. Und so wie ein Bäcker nicht den ganzen Kuchen essen muß, um zu wissen, wie er schmeckt, so kann ich schon nach vierzehn gelesenen Seiten sagen, daß Ihr Manuskript nicht in den Rahmen des LTL paßt: es ist über die Köpfe der Leser dieser Serie hinweggeschrieben (friß Vogel oder stirb!), und ich halte es aus dem gleichen Grund für unübersetzbar . . .«

» . . .Nicht der ›approach‹, der Styl war der Gegenstand meines Briefes an Sie. Ich halte ihn für zweckwidrig, ihn und die Länge. Und ich glaube, daß bedächtige Kürzung noch keinem Manuskript geschadet hat. Beim Kürzen ergibt sich vielmehr von selbst eine Vereinfachung des Styls . . .«

Nun, der Band Bloch in »Living Thoughts Library« fiel ins Wasser. Aber einige Zeit später meldete sich ein spanischer Emigrant aus Mexiko, in dessen Hände das Hegel-Manuskript geraten war (ich weiß nicht mehr wie, wahrscheinlich durch die mexikanische Gruppe deutscher Emigranten), und dieser Professor Venceslao Roces schrieb, er sei so überzeugt von der Bedeutung des Buches, daß er es übersetzen und in dem Verlag »Fondade Cultura Economica« in Mexiko und Buenos Aires veröffentlichen wolle. Auch Professor Roces besuchte uns in Cambridge: Es war für uns ein

Vergnügen, mit diesem klugen, gebildeten Mann zu sprechen. In verhältnismäßig kurzer Zeit hatte er das Hegelbuch übersetzt und in dem mexikanischen Verlag untergebracht. Unter dem Titel »El pensiamento di Hegel« erschien das Werk 1949 also zuerst in spanischer Sprache. Aber bald sollte das Manuskript auch nach Deutschland gehen. Nach dem Kriege bekam Ernst Briefe vom Berliner Aufbau-Verlag, dessen Leiter, Erich Wendt, ihn dann doch um alle Manuskripte bat. Ernst schickte alles, was er hatte. Freilich mußte das Hegel-Manuskript in Berlin noch ziemlich lange auf sein Erscheinen warten. Denn die Diskussion um Hegel war in der Sowjetunion in vollem Gange, und ein Manuskript zu diesem Thema mußte erst die Zensur passieren. Der Hauptzensor war ein Mitarbeiter des Instituts für Philosophie in Leipzig namens Gropp. Er ließ sich Zeit, viel Zeit, und so erschien das Buch im Aufbau-Verlag erst 1951, zwei Jahre nach der Übersetzung ins Spanische. Inzwischen hatte sich der Hegelwind in der Sowjetunion gedreht. Ernst ärgerte sich über die Verzögerung; damals wußte er noch nicht, was ihn später in Berlin oder Leipzig erwarten sollte.

Der Kontakt mit Deutschland wurde nach 1945 lebhaft, aber wir waren noch unsicher, was wir tun sollten. Kantorowiczs waren fest entschlossen, so bald als möglich zurückzukehren. Zusammen mit Max Schröder und Marchwitzas traten sie schon im September 1946 auf einem Frachter mit hunderten von Passagieren (darunter Frauen des in Europa stationierten amerikanischen Militärs) die Reise von New York nach Bremerhaven an. Nach abenteuerlicher Fahrt erreichten die Heimkehrenden im Januar 1947 Berlin. Ich erinnere mich an ihre ersten Briefe, an die Berichte vom Frieren und Hungern in dieser völlig zerstörten Stadt. Ich schickte sofort Lebensmittelpakete und warme Sachen. Kanto war trotz aller Widrigkeiten am Anfang in Berlin sehr glücklich. Er knüpfte sofort Beziehungen sowohl zu den Russen wie zu den Amerikanern. Da er in New York jahrelang im CBS (Columbia Broadcasting System) gearbeitet hatte, war er den Amerikanern nicht unbekannt. Und auch die Russen schickten damals intelligente Leute als Kultur-Kommissare nach Deutschland, mit denen Kanto Verbindung aufnahm. Er lobte besonders einen Mann namens Dymschitz, einen Dozenten aus Leningrad. Mit den verantwortlichen Kräften unter den deutschen Genossen dagegen kam Kanto anfangs gar nicht zusammen: Sie hatten nie Zeit. Umso mehr verkehrte er mit Amerikanern, Russen und alten Bekannten und Freunden wie Peter Huchel, der aus der Kriegsgefangenschaft nach Berlin zurückgekehrt war. Kantos größter Wunsch war, eine Zeitschrift zu gründen, die »Ost und West« heißen sollte, mit dem Akzent auf *und*. Er selbst wohnte im amerikanischen Sektor von Berlin, in Zehlendorf, sein Büro sollte im russischen Sektor sein, in Pankow. Kanto rechnete mit der Unterstützung der Amerikaner. Da erschien in der New York Times ein verleumderischer Artikel, der ihn als geflüchteten sowjetischen Spion bezeichnete und dies, obwohl er ganz legal mit Zustimmung der entsprechenden Behörden New York verlassen hatte. Kanto war außer sich. Er schickte der New York Times eine Entgegnung. Aber das half wenig. Die Amerikaner in Berlin zogen sich von ihm zurück. Da sprangen die Russen ein, sie waren an »Ost und West« interessiert und gaben ihm schließlich die Lizenz für die Zeitschrift. Kanto war überglücklich, als die erste Nummer im Juli 1947 erschien. Sie enthielt, trotz allem, auch Beiträge von Amerikanern: von Theodor Dreiser, Carson McCullers, Howard Fast, außerdem von Ilya Ehrenburg, von Thomas und Heinrich Mann, Bert Brecht, Ernst Bloch, Arnold Zweig. Für die Nr. 3, September 1947, schickte Ernst aus Cambridge den Beitrag »Programm der Jugendbewegung«. Leider wurde Kantos gute Idee, den Beginn einer friedlichen Koexistenz von Ost und West auf diese Weise zu fördern, sehr bald zu Grabe getragen. Das Zentralkomitee der SED verbot die Fortsetzung der Zeitschrift, die letzte Nummer erschien im November 1949. In ihr konnte noch die Antrittsvorlesung von Ernst an der Leipziger Universität »Universität, Marxismus, Philosophie« veröffentlicht werden.

Aber zurück nach Cambridge. Nach dem Kriege hörte meine Arbeit bei Stone and Webster auf, und ich war wieder einmal auf der Suche nach einer neuen Stellung. Wieder klapperte ich die Architekturbüros in Boston ab. Einer der Herren, bei denen ich vorsprach, sagte mir, er brauche zwar eine Arbeitskraft, aber man engagierte in seinem Büro keine Frauen. »Warum«, fragte ich, »sind Sie etwa ein ›warm brother‹ (schwul)?« Tableau! Daß eine kultivierte Frau die Worte »warm brother« in den Mund nahm, war skandalös. Schließlich landete ich in dem Büro Leland and Larsen. Mr. Larsen war ein gebürtiger Schwede und hatte gegen Frauen keine Vorurteile. Er stellte mich im Atelier seinen fünf Mitarbeitern vor, die mich sehr kühl begrüßten. Dann übergab er mir ein Projekt, ein größeres Haus, zeigte mir, was ich wissen mußte und überließ mich den Kollegen. Obwohl sie durchaus sympathisch aussahen, waren sie mir gegenüber stumm wie Fische. Mit Ausnahme des Morgen- und Abendgrußes sprachen sie kein Wort mit mir. Ich war eine so feindliche Atmosphäre nicht gewöhnt; gottlob war wenigstens Mr. Larsen freundlich zu mir – mit ihm konnte ich alles besprechen.

Jeden Abend, wenn ich nach Hause kam, fragte mich Ernst: »Haben sie heute mit dir gesprochen?« »Kein Wort«, antwortete ich traurig. Nach zwei Wochen wurde mir die Sache zu dumm. Ich fing an, eine Geschichte zu erzählen, die sehr lustig war. Als ich geendet hatte, lachten die Männer, das Eis war gebrochen. Seitdem stand ich mit meinen Kollegen sehr gut und arbeitete gerne in diesem Büro, das vielfältige Projekte betreute. Einmal fragte ich sie aber doch, warum sie zwei Wochen lang kein Wort mit mir gesprochen hätten. Sie erklärten mir, sie hätten nie eine Kollegin gehabt, wären gewohnt gewesen, nur unter ihresgleichen zu sein, sich ungeniert benehmen, auch »dirty jokes« erzählen zu können. Eine Frau im Büro war für sie ein Fremdkörper. Nun hätte ich mich aber als »good sport« erwiesen, als Mensch mit Humor, mit dem man sich vortrefflich unterhalten könne, und so hätte sich die Situation gewandelt. Von da an wurden wir Freunde, es ging oft sehr fröhlich zu, so daß ich diese letzten Jahre in den USA in vergnügter Erinnerung behalten habe. Was das Gehalt anbelangt, so war es ungerecht wie überall, ich bekam für die gleiche Arbeit 20 Prozent weniger als meine männlichen Kollegen; das war eben üblich.

Während ich wieder am Zeichentisch stand, verhandelte Ernst mit den englischen Verlagen Oxford University Press und Viking Press, man interessierte sich für seine Bücher, aber es kam zu keinem Abschluß. Das Komitee von Frau Staudinger unterstützte Ernst nach wie vor, wir hatten keine finanziellen Sorgen. Schlimm war nur, wenn man krank wurde, denn Krankheitstage wurden nicht bezahlt. Jan, der seit 1943 in die Schule ging, mußte eine Bruch-Operation durchmachen, ich eine Unterleibsoperation, die mich drei Wochen von der Arbeit fernhielt. Ich ging in ein bescheidenes Krankenhaus und erfuhr dort, wie unangenehm es ist, arm zu sein: Als ich nach der Operation in einer abscheulich heißen Nacht die Schwester um ein Glas Orangensaft bat, bekam ich nur ein Glas Wasser. Außerdem war das Essen so scheußlich, daß ich beinah hungerte. Das einzig Gute war, daß ich mich ausruhen und lesen konnte, und als Rekonvaleszentin genoß ich dann zu Hause die liebevolle Pflege von Ernst und Jan. Eine Freundin hatte das Kochen übernommen.

Ernst verdiente übrigens in dieser Zeit etwas Geld an einer Art Volkshochschule, in der er (in englischer Sprache! – so weit hatte er es inzwischen denn doch gebracht) die Amerikaner über den deutschen Faschismus aufklärte. Als die Hörer amerikanische Literatur zum Thema Nazismus haben wollten, half Kanto mit einigen Titeln.

Eines Tages entschlossen wir uns, Jan in ein Internat zu schicken. Er war klug und fleißig, lernte gut und sollte eine bessere Ausbildung bekommen, als sie in Cambridge möglich war. Die Fenn-School in Concord, Massachusetts, wurde uns sehr empfohlen. Ich fuhr dorthin, war von der Anlage sehr angetan, auch vom Head-master, Herrn Fenn. Ich wußte, daß dem Jungen die Gemeinschaft mit den anderen Schülern, der viele Sport, die wunderbare Umgebung gut tun würde. Ich ließ ihn in der Fenn School eintragen, zumal Mr. Fenn sehr entgegenkommend war, was die Kosten anbelangte. Jan ging gerne in diese Schule. Er konnte uns am Wochenende besuchen; Concord lag nicht weit von Cambridge entfernt, die Zugverbindungen waren gut. Ernst brachte ihn zur Bahn, holte ihn auch ab. Als Jan und ich im Jahre 1979 die USA besuchten, auch länger in New England waren, besuchte Jan seine alte Schule. Mr. Fenn lebte noch und freute sich, seinen früheren Schüler wiederzusehen. An den Wänden hingen alte Fotos, und Jan erkannte sich als Zehnjährigen in einer Gruppe seiner Kameraden.

Anfang 1948 ereignete sich etwas, was über unser weiteres Leben entscheiden sollte: Ernst erhielt einen Brief von Prof. Werner Krauss aus Leipzig mit folgendem Inhalt: » . . . Ich weiß nicht, ob Sie wissen, wieviele Gedanken in Deutschland um Sie kreisen. Jedenfalls habe ich mich zum Interpreten dieser Wünsche gemacht, die sich auf Sie mit einer ungeheuren Zumutung richten. Wir sind nämlich alle davon überzeugt, daß der verwaiste philosophische Lehrstuhl von Ihnen besetzt werden müßte. Die uralte Feindschaft zwischen schöpferischem Geist und Akademikertum ist durch die besondere Situation der hiesigen Universitäten vollständig aufgehoben . . . Es wäre Ihnen natürlich unbegrenzte Freiheit gelassen. Denn das Einzige, was Sie zum Erwägen dieses Projekts überhaupt bestimmen könnte, ist die gemeinsame Aufgabe und die bisher wohl nie gefundene Gelegenheit, in eigener Sache zu wirken. Hinter mir stehen also zwei Fakultäten mit ihrer Bitte: Die philosophische und die gesellschaftswissenschaftliche, die je einen Lehrstuhl für Sie freihalten, wobei Sie aber sich nicht zerteilen müßten. Die parallelwissenschaftliche ist als Kristallisationspunkt der neuen Universität gebildet . . . Alle Ihre denkbaren Forderungen sind sozusagen im Voraus bewilligt.«

Doch mit dieser Einladung war es aber nicht so einfach vonstatten gegangen. Werner Krauss, früher Romanist in Marburg, wurde nach dem Kriege vom damaligen Rektor Gadamer nach Leipzig geholt. Dort machte er dem Senat den Vorschlag, Ernst Bloch zu berufen, den er als »einen der zehn begabtesten Menschen der Erde« charakterisierte. Der Senat der Universität Leipzig setzte sich damals aus bürgerlichen und marxistischen Professoren zusammen. Dabei ergab sich das Kuriosum, daß ausgerechnet die Bürgerlichen mit der Begründung gegen die Berufung gestimmt hatten, Bloch sei kein richtiger Marxist und eben die brauche man jetzt. Krauss hatte aber nicht aufgegeben, sondern sich nach Dresden an die Regierung Sachsen gewandt. Dort gelang es ihm, die Berufung Ernst Blochs bei dem damaligen Kultusminister durchzusetzen.

Wir kannten Krauss persönlich nicht, hörten aber viel über ihn durch den früheren Marburger Romanisten Erich Auerbach, mit dem wir uns in den USA angefreundet hatten. Krauss war Antifaschist gewesen und hatte sich der Widerstandsgruppe »Rote Kapelle« angeschlossen, ohne von deren Spionagetätigkeit zu wissen. Als die Verschwörung ans Licht kam, war Krauss gefoltert und zum Tode verurteilt worden. Berühmte Romanisten, wie zum Beispiel Vossler, hatten bei der deutschen Regierung interveniert. Aber nicht ihnen verdankte Werner Krauss sein Leben, sondern den Leitern verschiedener Haftanstalten, die – Gegner des Regimes – Krauss immer wieder in ein anderes Gefängnis verlegt hatten. Sie erklärten ihn für psychisch krank und verhinderten dadurch die Hinrichtung. Sie sorgten dafür, daß er Papier und Schreibzeug bekam und im Gefängnis, wenn auch mit gefesselten Händen, schreiben konnte. So entstand sein Buch PLN (Postleitnummer), in dem er das Leben von Menschen schildert, die zur Nummer degradiert wurden. Das Manuskript erreichte als Kassiber die Außenwelt über einen Mann namens Lissener. Es trug den Abdruck jener Ketten, mit denen man Krauss gefesselt hatte.

Der Brief aus Leipzig war also von einem Mann geschrieben, den wir nur verehren konnten. Das bestärkte uns in unserem Entschluß, das Angebot anzunehmen, trotz vieler widersprüchlicher Gefühle. Die Stadt Leipzig kannten wir beide nicht. Wir wußten von der alten Universität, der zweitältesten in Deutschland, von der Thomas-Kirche, dem Thomaner-Chor, dem Wirken Bachs in Leipzig. Wir wußten vom Völkerschlachtsdenkmal, dem riesigen Bahnhof, den Leipziger Messen, dem Pelzhandel, vom Gewandhaus und seinem Dirigenten Arthur Nikisch. Wir hatten nicht vergessen, daß der junge Goethe dieses Leipzig sein »Klein-Paris« genannt hatte. Und wir kannten die Geschichte der Leipziger Arbeiterbewegung, der radikalen bürgerlichen Demokraten, die eine mächtige Rolle in der Revolution von 1848 gespielt hatten. Damals war die berühmte »Leipziger Arbeiterzeitung« entstanden, der dann die »Leipziger Volkszeitung« folgte. Wir dachten bei der

Erörterung eines möglichen Umzugs an Revolutionäre wie Franz Mehring, Clara Zetkin, Rosa Luxemburg, Julian Marchlewski, dachten aber auch an die erste Nummer der »Iskra« von Lenin, die in Leipzig herausgegeben worden war. Wir suchten, wo wir konnten, nach Details über diese Stadt.

Ein wichtiger Grund für unsere Absicht, die USA zu verlassen, war die unerträgliche innenpolitische Situation, die durch die Tätigkeit des »Komitees gegen unamerikanische Aktivitäten« entstanden war. Die Jagd auf Kommunisten nahm nach und nach ungeheuerliche Ausmaße an. Auch Bürger, die niemals Kommunisten gewesen waren, wurden damals – gelegentlich bis zum Selbstmord – verfolgt.

Uns hatten besonders die Verhöre von Gerhart und Hanns Eisler und von Bert Brecht empört. Sie fanden im Jahre 1947 statt. Gerhart Eisler wollte nicht aussagen, kam ins Gefängnis, dann ins Lager nach Ellis Island, wurde mit Hilfe einer Kaution freigelassen, durfte aber die USA nicht verlassen und wurde ständig überwacht. Nach Gerharts Verhör kam Hanns Eisler in die Mühle. Er beantwortete alle Fragen sehr klug und vorsichtig. Bezeichnend war, daß er niemals den Namen »Brecht« erwähnte, sondern nur von einem deutschen Schriftsteller sprach, für dessen Stücke er Musik komponiert habe. Geschickt wich er der Standardfrage aus, ob er Kommunist sei. Er wollte eine Erklärung abgeben, durfte sie aber nicht vorlesen. Sie erschien erst später in dem kommunistischen Magazin »New Masses«. Das Komitee schlug vor, Eisler auszuweisen. Das erregte eine Flut von Protesten berühmter Künstler, Schriftsteller und Wissenschaftler, unter ihnen Thomas Mann und Albert Einstein. Die zwangsweise Ausweisung wurde in eine freiwillige umgewandelt, Eisler verließ 1948 die Vereinigten Staaten in Richtung Europa und landete 1949 in Ostberlin.

Auf das Eisler-Verdikt folgte das Brecht-Verhör. Zum Glück konnten die Herren Stripling und McDowell mit Brechts listigen Antworten so wenig anfangen, daß er schon am nächsten Tag ausreisen durfte. Trotzdem – uns reichte es allmählich! Die niedergedrückte Stimmung, in der wir uns nach diesen Vorgängen befanden, förderte mehr und mehr unsere Bereitschaft, die USA zu verlassen. Wir berieten uns mit unseren Freunden, die trotz mancher Bedenken doch der Ansicht waren, Ernst solle nach Leipzig gehen. Als Adolph Löwe Ernst fragte, was er wählen würde, wenn er Angebote aus Leipzig und Harvard hätte, antwortete Ernst: »Capri«. Das war der wahre Ernst: Von einer Beamtentätigkeit war er durchaus nicht begeistert. Aber als vom Rektor der Leipziger Universität dann die offizielle Einladung, die Berufung und die Bestallung kam, sagte er telegraphisch zu. Zwar war er etwas benommen von der Vorstellung, nun ein gemachter Mann zu werden, mit festem Einkommen, gesicherter Wohnung etc. – aber das hinderte ihn nicht, einem Freund zu schreiben, wie froh er sei, seinem Sohn zeigen zu können, daß er kein »nobody« sei, der nur dasitze und schreibe, ohne sichtbaren Erfolg. Er fing an, seine Manuskripte zu sichten und zu ordnen; er war stolz, als er überblickte, was er in den letzten 15 Jahren alles geschaffen hatte.

Leider wurde das letzte Weihnachten in den USA 1948 dadurch getrübt, daß sich Ernst einer Prostata-Operation unterziehen mußte. Wir wählten ein billiges Krankenhaus in Cambridge, wo er mit noch drei Männern in einem Zimmer lag, als Operateur aber einen glänzenden Chirurgen hatte, einen deutschen Emigranten, den ihm sein Freund Max Hirschler empfohlen hatte. Ernst ärgerte sich, daß ihm dies zustieß, er war nie krank gewesen, aber er hielt sich sehr gut in der ungewohnten Umgebung. Während der Operation, die in Lokalanästhesie durchgeführt werden konnte, unterhielt er sich mit dem Chirurgen über ägyptische Medizin. Der Arzt war beeindruckt von seinem Patienten. Ich besuchte mit Jan zusammen unser armes Bärlein in dem düsteren Krankenhaus, wir brachten ihm etwas Leckeres zum Essen, denn die Verpflegung war nicht gut; wir staunten über seine gute Laune, die er allen Gewalten zum Trotz nicht verlor. Er debattierte mit seinen Zimmergenossen, von denen einer Grieche war. Ernst suchte dessen Neu-Griechisch mit Hilfe seiner altgriechischen Kenntnisse zu verstehen. Bei jedem Besuch erzählte er uns irgendwelche komischen Ereignisse aus dem Krankenhausalltag: Am Weihnachtstag zum Beispiel gab es ein Stück Truthahn mit einer süßen Kartoffel, in der ein USA-Fähnchen steckte: Merry Christmas! Trotzdem:

Als Ernst endlich wieder nach Hause kam, hätte er beinahe getanzt vor Freude, aber die Wunde tat noch weh.

Inzwischen hatten wir beschlossen, daß Ernst im Frühjahr zusammen mit Wieland und Trude Herzfelde nach Leipzig gehen sollte. Wieder war es ein polnisches Schiff, die »Batory«, mit der er die Passage nach Gdynia machte. Ich weiß nicht mehr, wer diese Überfahrt bezahlt hat. Vielleicht waren es die sowjetischen Behörden. Denn Ernst war vorher nach New York gefahren und hatte dort Gromyko getroffen. Er brauchte eine Einreiseerlaubnis für die sowjetisch besetzte Zone.

Vor der Abreise gab es ein Abschiedsfest bei meiner Freundin Kay Adams in Boston. Arnold Metzger, dieser treue Freund, hielt die Abschiedsrede: Er war im Grunde sehr einverstanden damit, daß Ernst in den sozialistischen Teil Deutschlands ging.

Was mich anbelangt, so sollte ich erst im Sommer mit Jan nachkommen. Bis dahin mußte ich das Geld für die Überfahrt verdienen und unseren Hausrat verkaufen. Wir wollten nur Kleider und Lebensmittel mitnehmen, denn wir wußten von der Armut in Deutschland. So nahmen wir im April Abschied von Ernst und sagten uns »auf Wiedersehen in Leipzig im Juli 1949«. Unsere Möbel verschenkten wir zum Teil an Freunde, zum Teil verkauften wir sie zusammen mit wertvollen Büchern an wohlhabende Emigranten (man bekam nicht viel dafür). Ich erinnere mich: Die herrliche 1001 Nacht-Ausgabe, in grünem Safianleder, erstand Lion Feuchtwanger. Ich selbst nahm verschiedene private Architektur-Aufträge an. Es waren meistens Freunde, die von mir Entwürfe haben wollten. So saß ich an diesen zusätzlichen Arbeiten oft bis zum späten Abend. Meistens war ich allein, da Jan noch in der Fenn-School war. Aber am Wochenende kam er und half tüchtig bei den Reisevorbereitungen, obwohl es ihm schwer fiel, die USA zu verlassen. Schließlich war hier seine Heimat.

Ich fing an, Lebensmittelvorräte einzukaufen, Reis, Mehl, Nudeln, Kaffee, Zucker usw., außerdem warme Kleider, Strickwolle, Schuhe für Jan, auf Zuwachs.

Endlich kam Post von Ernst. Aus irgendeinem bürokratischen Grund hatten er und Herzfeldes ihre Reise in Gdynia nicht fortsetzen können, sondern waren zunächst nach Zoppot in das beste Hotel gebracht worden, wo ein polnischer Funktionär, der gut Deutsch sprach, sie täglich besucht und dafür gesorgt hatte, daß sie etwas zu essen bekamen. Endlich, nach einem Monat, war es den unfreiwilligen Zoppoter Grand-Hotel-Gästen erlaubt worden, nach Berlin und von dort weiter nach Leipzig zu reisen, wo sie gut aufgenommen wurden und miteinander eine Villa in der Kleiststraße in Gohlis bezogen. Ernsts Briefe klangen optimistisch, er wollte mir meine Abreise erleichtern, mich auf eine gute Zukunft vorbereiten. Im Juli sollte mein Schiff, wieder die »Batory«, New York verlassen; langsam wurde ich mit den Vorbereitungen fertig.

Zwei Monate vor meiner Abreise machte die »Batory« noch Schlagzeilen: Gerhart Eisler, der die USA nicht verlassen durfte, hatte versucht, sich als blinder Passagier an Bord zu schmuggeln und war entdeckt worden. Er war mit einem riesigen Blumenstrauß und einer Bonbonniere auf das Schiff gekommen und hatte vorgegeben, Abschied von einer Freundin nehmen zu wollen. Das war ihm gewährt worden. Nach diesem »Abschied« hatte er sich stillschweigend an Deck in einen Liegestuhl gelegt und war dort mit einem Taschentuch auf dem Gesicht so lange liegen geblieben, bis das Schiff die Freiheitsstatue passiert hatte. Als er vom Kapitän entdeckt wurde, war es zu spät, ihn auszubooten. Ich erinnere mich noch genau an die aufgeregten Berichte in der Presse. Das Schiff machte dann in Southhampton Station, Eisler wurde mit Gewalt das Fallreep hinuntergeschleift und der englischen Polizei übergeben. Aber die Engländer legten keinerlei Wert darauf, Gerhart Eisler als Gefangenen zu behalten, und so gelang es ihm, nach Ostberlin zu reisen. Die amerikanische Presse wütete: Der »Kommunist Nr. 1« war entwischt!

Bevor ich die USA verließ, konnte ich noch die Feier in der »Chinatown Boston« miterleben, wo Tausende von Chinesen auf einem großen Platz den Sieg von Mao-Tse-Tung über Tschiang-Kai-Tschek feierten. Im Bürgerkrieg zwischen der Kuomingtang und den Kommunisten hatten die Roten gesiegt. Die Kuomingtang war nach Formosa (Taiwan) geflohen, die Maoisten beherrschten nun das ganze Festland. Für die amerikanische Ostasien-Politik war dies eine empfindliche Niederlage. Ich aber verstand den Jubel der Chinesen und konnte mit ihnen fühlen.

Die letzten Tage vor der Abreise wohnte ich bei Katherin Edsall, unsere Wohnung wurde aufgelöst. Katherin begleitete mich und Jan nach New York. Dort übernachteten wir bei meiner früheren Schulkameradin aus Lodz, Adela Bay. Am nächsten Tag um 12 Uhr sollte das Schiff nach Gdynia auslaufen. Das große Gepäck war schon vorher nach New York geschickt worden. Die letzte Nacht in den USA verbrachte ich in großer Unruhe. Wieder ein neues Leben beginnen, wieder in eine fremde Stadt ziehen – in Leipzig war ich noch nie gewesen. Nach dem Frühstück erklärte Jan, daß er noch auf die Straße gehen wolle, Eis essen, Bonbons kaufen. Er ging weg, wir drei Frauen verbrachten die Zeit bis Mittag in der Wohnung. Es gab noch so vieles zu besprechen. Und dann war es Zeit zum Aufbruch. Aber der Junge war noch nicht zurück. Wir beschlossen, daß ich mit Katherin zum Schiff voraus fahren sollte, während Adela in der Wohnung auf Jan warten wollte. Ich war ziemlich aufgeregt, in Sorge um den Ausreißer und sah die Reise schon ins Wasser fallen. Im Hafen erkundigte ich mich, was zu machen sei. Das Gepäck war längst verladen und würde in jedem Fall nach Gdynia transportiert werden. Das nächste Schiff fuhr erst in einem Monat. Die Schiffskarten würden also verfallen, und ich hatte nicht genügend Geld, um noch einen Monat länger in New York zu leben. Aber Katherin beruhigte mich, sie wollte mir helfen, und auch andere Freunde würden etwas für mich tun. Hermann Broch war erschienen, um Abschied zu nehmen und wurde Zeuge der großen Aufregung. Da, plötzlich, sahen wir Adela mit dem Jungen auf das Fallreep zurasen. Buchstäblich im letzten Augenblick bestiegen wir die »Batory«. Wir blieben auf dem Deck, um unseren Freunden zu winken: Broch hat in einem Brief an Ernst vom 19. Juli 1949 unseren dramatischen Abschied von den USA beschrieben:

»Liebster Ernst Bloch,
es war mir eine große Freude, daß ich Karola noch vor ihrer Abreise sehen konnte; ich durfte mit ihr sogar noch die Aufregung

wegen Jans Verspätung und hinterher die Freude über sein
schließliches Eintreffen teilen. Ich hoffe, daß nun beide ebenso
wohlerhalten bei Ihnen eingetroffen sind.

Die Nachrichten, die Karola von Ihnen hatte und mir mitteilte,
klingen ermutigend, und sie tun es umsomehr, als sie von einem
skeptischen Menschen stammen: sollten Sie Ihre Ansicht nicht
ändern, oder richtiger nicht ändern müssen, so gibt es wieder
Hoffnung. Dann sind wir wieder jung, und das ist schön . . . In
Herzlichkeit Ihr Hermann Broch«

Das Schiff blieb an der Freiheitsstatue stehen, Jan hatte Tränen in
den Augen, er war traurig, seine Heimat verlassen zu müssen. Ich
fiel in der Kabine völlig erschöpft auf das Bett, war aber glücklich,
das Kind wieder zu haben und hörte mir seine Story an: Er war auf
dem Broadway geschlendert; als er zurück wollte, stellte er fest,
daß er die Hausnummer von Adelas Wohnung vergessen hatte.
Klugerweise war er schließlich in eine Telefonzelle gegangen und
hatte dort tatsächlich in dem immensen Manhattan-Telefonbuch
den polnischen Namen Bay und die Adresse gefunden. Inzwischen
war viel Zeit verstrichen, er rannte also, so schnell er konnte, mit
der aufgeregten Adela zum Hafen. Es war viel Glück dabei gewesen.

Auf dem Schiff zog sich die Zeit in die Länge. Für den Jungen allerdings nicht, weil es immer etwas zu sehen und außerdem verschiedene Spielautomaten gab, die ihn sehr faszinierten. Auch
konnte er mit anderen Jungen Tischtennis spielen. Am Geburtstag
von Ernst, dem 8. Juli, telegraphierte ich vom Schiff aus nach
Leipzig. Als das Schiff Southhampton anlief, traf ich an der Pier
zwei Freundinnen aus der Lodzer Zeit, die in London lebten und
eigens nach Southhampton gekommen waren. Das war eine erschütternde Begegnung, denn auch sie hatten alle ihre Angehörigen in Polen verloren. Nach zehntägiger Reise landeten wir in
Gdynia.

DEUTSCHE DEMOKRATISCHE REPUBLIK
1949–1961

Die Stadt Gdynia machte auf uns einen niederschmetternden Eindruck: Armut und Zerstörung, wohin man auch blickte. Statt der Heimat empfing uns eine große Ungeborgenheit. Unsere Kleidung machte uns sofort als Ausländer erkennbar und zog Schwarzhändler an, die Zlotys gegen Dollar tauschen wollten. Ich traute mich nicht, schwarz zu wechseln, sondern trug die paar Dollar, die ich hatte, in die Bank und wechselte sie zum regulären Kurs. Ich wollte nichts riskieren. Die Geschäfte waren beinahe leer, in einer Wirtschaft konnten wir mehr als bescheiden essen, das Hotel war ebenfalls ärmlich. Am Morgen nach der Ankunft mußte ich zur russischen Paßstelle gehen, um mir das Visum für die sowjetische Besatzungszone zu holen. Ich war gespannt, ob ich auch Schwierigkeiten haben würde, wie Ernst seinerzeit, aber der Beamte, zwar mürrisch und unsympathisch (er hätte Smerdjakow sein können in »Brüder Karamasoff«), erinnerte sich, daß Ernst vor einigen Monaten nach Leipzig gefahren war und drückte seinen Stempel anstandslos in meinen amerikanischen Paß. Wir fuhren dann mit der Bahn nach Berlin, wo uns Ernst erwartete. Als wir ankamen, sahen wir unser liebes Bärlein auf dem Bahnsteig stehen. Gleich wurde mir warm ums Herz. Ernst war heiter, glücklich, uns zu sehen. Er führte uns in ein Hotel, das nur zum Teil zerbombt war, ich glaube, es war das »Adlon«. Zum Essen gingen wir in ein HO-Restaurant. Das waren neueingerichtete Gaststätten, wo man gut und ohne Marken, wenngleich sehr teuer essen konnte. Das Menü war tatsächlich ausgezeichnet: es gab Kalbsschnitzel mit Beilagen. Ernst war stolz, uns so fürstlich bewirten zu können.
Die Stadt lag noch immer in Trümmern, ich erkannte viele der mir einst so vertrauten Straßen nicht wieder. Ernst erzählte sprudelnd

von seinem Leben, das jetzt so anders verlief als in Cambridge. Er war schon bald nach seiner Ankunft von Verehrern umgeben gewesen, seine Antrittsvorlesung wurde mit Begeisterung aufgenommen. Er schwärmte von seiner Assistentin Ruth-Eva Schulz, von ihrer Klugheit, Bildung und Schönheit, berichtete, daß ihm das Katheder im Hörsaal sofort so vertraut gewesen sei, als ob er schon immer darauf gestanden habe, schilderte uns sein Institut in der Ritterstraße in Leipzig, das aus sechs Räumen bestand, sein eigenes großes Arbeitszimmer, das mit Teppichen und angenehmen Möbeln eingerichtet war. Er genoß sichtlich die veränderte Situation, das Lehren machte ihm Freude. Bei den Kollegen war er auf keinerlei Widerstand gestoßen, geschweige denn bei Studenten, er konnte frei sprechen, ohne Rücksichten.

Wir blieben noch ein paar Tage in Berlin, besuchten den Aufbau-Verlag, der schon mehrere Manuskripte von Ernst erworben hatte. Der Leiter des Verlages, Erich Wendt, war mir besonders sympathisch, er wurde bald unser Freund. Leider war Kanto auf dem Lande, so daß wir ihn erst später, an seinem 50. Geburtstag in Glienicke wiedersahen, wo er den Urlaub verbrachte.

Der Dienstwagen des Leipziger Rektors holte uns schließlich ab und brachte uns nach Leipzig-Gohlis, einen freundlichen Stadtteil, in die Kleiststraße. Jan entdeckte sofort im Garten einen großen Kirschbaum mit prachtvoll reifen Früchten und genoß die Schattenmorellen. Das Haus hatte eine angenehme Atmosphäre, wir bezogen freundliche Zimmer. Die Gegend war hübsch, in der Nähe befand sich das Gohliser Schlößchen, in dem Schiller eine Zeitlang gelebt hatte. Da Trude Herzfelde auch Kisten mit Nahrungsmitteln aus New York mitgebracht hatte, fehlte es uns zum Frühstück nicht an Marmelade und gutem Kaffee. Sonst sah es mit den Lebensmitteln trübe aus: Man bekam sie nur auf Marken, sehr wenig Fleisch und Butter, nur dunkles Brot, aber genug Kartoffeln und Graupen. Die findige Trude erwischte auch gelegentlich Eier und Gemüse. Wir hungerten jedenfalls nicht. Jan vermißte anfänglich seinen »icecream« und die Süßigkeiten. Er sprach beinah gar nicht deutsch und nahm daher bei einem jungen Lehrer Unterricht. Der junge Mann kam gerne zu uns, sein Schüler lernte nicht schlecht und nach jeder Stunde gab es für ihn eine Tasse echten Kaffee und ein paar amerikanische Zigaretten. Der »zeitgemäße« Kaffee hieß »Muckefuck« und bestand aus gerösteten Eicheln und Zichorie.

Nach und nach lernte ich Ernsts Kollegen kennen, vor allem seine Assistentin Ruth-Eva Schulz, die damals hochschwanger war. Sie eroberte mein Herz sofort, Ernst hatte mit Recht von ihr geschwärmt. Besonders gut gefiel mir der Rektor der Universität, Georg Meyer. Er war Stuttgarter, ein sehr lustiger, temperamentvoller Mann, mit dem sich Ernst anfreundete. Das gemeinsame Süddeutsche, das Heitere, zuweilen Ausgelassene verband die beiden Männer. Ernst mochte ja die Preußen nicht so sehr. Georg Meyer hatte eine ganze Reihe Namen: Weibermeyer, Säbelmeyer (er hatte Schmisse aus seiner Zeit in einer schlagenden Verbindung) und Saufmeyer. Er trank viel und war oft total betrunken. In diesem Zustand fielen ihm aber die schönsten Geschichten ein. Er war Offizier in der Hitlerarmee gewesen, aber ein entschiedener Gegner des Nazi-Regimes. Köstlich waren seine Geschichten über die Umgehung militärischer Pflichten. Einen seiner Sätze habe ich behalten: »Die Deutschen fahren rechts, weichen aber links aus.«

Leipzig war weniger zerstört als Berlin, das schöne Renaissance-Rathaus stand ziemlich unversehrt auf dem Marktplatz. Nur die berühmte alte Waage gab es nicht mehr. Aber die Nikolaikirche und das Nikolaigymnasium waren noch da. Auch die Thomaskirche stand, und der Thomanerchor gab wieder Konzerte. Dazu kamen angenehme menschliche Begegnungen, wie die mit Werner Krauss, mit dem Ernst gleich nach seiner Ankunft in engen Kontakt kam, oder mit Fritz Behrens, dem Nationalökonomen und seiner tüchtigen Frau Hanna, die in Zeuthen Bürgermeisterin war. Und dann war Hans Mayer da, Professor an der gesellschaftswissenschaftlichen Fakultät. Er war besonders glücklich über Ernsts Ankunft.

Bald unternahm ich mit Jan eine kleine Reise nach Jena; wir hatten einen Ingenieur kennengelernt, der in den Jenaer Werken arbeitete und uns eingeladen hatte. Die Stadt war sehr zerstört. Aber unser Gastgeber brachte uns in einem noch gut erhaltenen Hotel unter, dem »Goldenen Bären«. Jan war sehr beeindruckt von der Eleganz der Einrichtung, er hatte so ein hübsches Hotel noch nie gesehen. Wir wurden zum Essen eingeladen und danach durch die Jenaer Werke geführt, die man teilweise wieder aufbaute. Wir sahen die optischen Betriebe, die Glasindustrie. Ich erzählte Jan manches aus der Geschichte dieses Orts, von der Schlacht bei Jena, dem Sieg Napoleons über die Preußen 1806, von Schillers Wirken an der Universität. Wir waren von der Reise angetan, und der Junge konnte seinem Vater von unserem Ausflug viel erzählen. Was mich in Leipzig besonders beeindruckte, waren die riesigen Transparente mit Porträts von Marx, Engels, Lenin und Stalin, die an den Häusern hingen. Ich fand es großartig, diesen mir so wohl bekannten Gesichtern immer wieder zu begegnen und schrieb darüber an meine Freunde nach Cambridge. Mir war die Erinnerung daran, daß die öffentliche Nennung dieser Namen in den USA strafbar gewesen war, noch sehr frisch, und ich empfand es als eine Art Befreiung, diese Köpfe hier friedlich an den Fassaden hängen zu sehen. Heute muß ich über meine Begeisterung lachen, denn sehr bald war ich der vielen Schlagworte und Transparente überdrüssig und sehnte mich nach einer Hausfront, die nicht behängt war.

Bald nach unserer Ankunft veranstaltete die Universität in einer Gartenwirtschaft zum Semesterschluß ein Sommerfest. Die Studenten gaben eine kabarettistische Vorstellung, in der sie Ernst freundlich durch den Kakao zogen: Wir lachten herzlich.

Im August folgte eine Feier nach der anderen. Am 12. fuhren wir nach Glienecke zu Kantos 50. Geburtstag. Er wohnte dort in einem hübschen Urlaubshaus. Es kamen viele Gäste: Max Schröder, Bodo Uhse, Kurt und Jeanne Stern, auch Wolfgang Harich, von dessen Intelligenz und Witz wir beeindruckt waren. Auf dieser Kanto-Party unterhielten wir uns glänzend. Wir sahen Alfred und Friedel seit unserer letzten Begegnung in den USA in Glienecke zum ersten Mal wieder. Sie waren beide in bester Verfassung. Die Zeitschrift »Ost und West« lebte noch und war für Alfred sehr wichtig. Erst Ende 1949 hörte sie auf zu existieren.

Ernst war an jenem Abend in guter Stimmung und erzählte den Freunden von seiner Tätigkeit an der Universität. Er hatte in seinem ersten Semester mit einer zweistündigen Vorlesung und einem Seminar über »Philosophische Grundfragen I« begonnen, in deren Mittelpunkt die Phänomene Staunen und Skepsis standen. Im Wintersemester beabsichtigte er, dies Kolleg fortzusetzen mit den zentralen Fragen nach Dialektik und Wahrheit, nach Materie und realer Möglichkeit. Außerdem hielt er ein Hegelkolleg mit anschließendem Kolloquium. Später wollte er zunächst die Geschichte der mittelalterlichen, danach die der neueren Philosophie vortragen. Wegen der Herausgabe seines Gesamtwerkes verhandelte er mit der Potsdamer Verlagsgesellschaft Athenaion. Er plante schon damals eine 16-bändige Ausgabe. Für seine Vorlesungspräparation kam ihm das jahrelange einsame Forschen in der Emigration zugute. Die nur handgroßen Zettel, die er in seine Vorlesungen mitnahm, waren eine Sehenswürdigkeit: Sie waren kreuz und quer vollgekritzelt mit rot und blau unterstrichenen Zeilen, die selbst ich, die ich sonst seine Schrift so leicht las, nicht entziffern konnte. Auf die Frage, wie ihm solche Chiffren helfen könnten, beruhigte er mich, für ihn seien die Schlagworte durchaus lesbar, er benutze die Zettel nur als kleine Gedächtnishilfe, vor allem wegen der Betonung einzelner Stellen.

Am 28. August 1949 wurde Goethes zweihundertster Geburtstag gefeiert. In Weimar gab es einen großen Festakt, zu dem Thomas Mann als Hauptredner geladen war. Er kam sowohl nach Weimar als auch nach Frankfurt, um durch den Vortrag der gleichen Rede in den beiden Städten jedenfalls symbolisch eine Brücke zwischen den beiden deutschen Staaten zu schlagen. Für mich war dieser offizielle Anlaß vor allem deshalb wichtig, weil sich hier in Weimar Lukács und Bloch nach vielen Jahren wiederbegegneten. Sie lebten nun beide unter ganz ähnlichen Bedingungen: Lukács als Professor in Budapest, Ernst als Professor in Leipzig. Doch war der enge Zusammenhalt ihrer Jugendfreundschaft durch die vielen kulturpolitischen Differenzen, die es zwischen ihnen gegeben hatte, gebrochen. Lukács war Dogmatiker geblieben, die Expressionismus-Debatte war nicht vergessen, auch nicht die kritische Einstellung zu »Erbschaft dieser Zeit«. Aber dennoch war es eine gute Begegnung. Daß ich mich besonders freute, Gertrud und Djury wiederzusehen, mit denen ich in den dreißiger Jahren in Berlin so oft zusammengekommen war, brauche ich nicht zu betonen. Aber auch Ernst versuchte, die Verbindung aufrechtzuerhalten.

In den folgenden Jahren sahen wir uns dann häufiger in Leipzig, Schierke und, 1955, in Weimar wieder.

Mit der Zeit wurde es notwendig, nach einer Wohnung für uns zu suchen, denn die Villa in Gohlis war nur eine Übergangslösung. Viele Häuser standen leer, besonders in den Villenvierteln, da die wohlhabenden Leipziger es zum Teil vorgezogen hatten, sich in die westlichen Zonen abzusetzen. Wir fanden ein Haus, das in der Nähe der Wohnung von Werner Krauss lag, der sich sehr über unsere Nachbarschaft gefreut hätte. Aber uns gefiel ein anderes Objekt, mitten in Grünanlagen, noch besser, und wir entschieden uns dann für dieses Haus in Schleussig, Wilhelm-Wild-Straße 8. Es war eine Villa mit sechs Zimmern, einer Mansarde, einem ausgebauten Keller, der im Kriege als Luftschutzbunker gedient hatte und recht hübsch war. Wir erwarben das Haus von der Stadt, die Bedingungen waren günstig, wir mußten den Kaufpreis in kleinen Raten, ich glaube 150 Mark monatlich, abzahlen. Nun begann die Jagd nach Möbeln. Auch die konnte man leicht bekommen, denn es gab Antiquitäten-Geschäfte mit wunderschönen alten Sachen, die aus den verlassenen sächsischen und thüringischen Schlössern stammten. Ernst war in seinem Element: Er liebte es, Wohnungen einzurichten.

Zunächst waren wir im neuen Haus nicht allein. In der Mansarde wohnte die Frau des früheren Besitzers, eines Industriellen, der Nazi gewesen war und noch im Gefängnis saß. Im Wohnzimmer war an der Wand ein großer heller Fleck zu sehen. Wie mir die Nachbarin erzählte, hatte dort das »Führerbild« gehangen. Frau Waizmann war völlig verschüchtert, hatte immer Tränen in den Augen. Außer ihr wohnte noch eine Russin im Hause (es lebten damals viele Russen in Leipzig), die sich sehr herablassend zu Frau Waizmann benahm. Eines Tages erlebte ich eine häßliche Szene: Die Russin beschimpfte die frühere Besitzerin, sie hätte ihr Pianino mit einer Flüssigkeit bekleckert. Die arme Frau weinte und beteuerte, sie sei völlig unschuldig. Ich glaubte ihr. Also griff ich ein, wandte mich an die Russin und beanstandete in russischer Sprache ihr unfreundliches, unbeherrschtes Benehmen. Der Krieg sei aus, sagte ich, man brauche die Feindschaft nicht auf diese Weise weiterzutreiben. Die Tatsache, daß ich russisch sprach, verfehlte ihren Eindruck nicht. Vielleicht hielt die Frau mich für irgendeine Funktionärin und nahm sich in acht. Jedenfalls hörte der Streit auf. Nach einiger Zeit zogen die beiden Frauen jedoch aus. Mit Russen sollten wir später noch öfters Kontakt haben. Da gab es einen Kulturkommissar in Leipzig namens Wnukow, der sich zu uns hingezogen fühlte. Er freute ihn, mit mir russisch sprechen zu können. Der Mann war sympathisch, konnte gut erzählen, war kein Parteibürokrat. So luden wir ihn manchmal zu uns ein. Eines Sonntagnachmittags kam Wnukow unangemeldet. Ich war gerade sehr beschäftigt mit einer Zeichnung, die ich in Berlin abliefern sollte und bat Ernst, sich unserem Besucher allein zu widmen. Dieser schlug vor, auszugehen. Als Ernst zurückkam, erzählte er mir, Wnukow habe ihn in ein Lokal geführt, in dem es amerikanische Zigaretten, Whisky und ähnliches gab. Wnukow habe viel getrunken und dann unvermittelt gefragt: »Herr Professor Bloch, können Sie mir ein Mädchen verschaffen?« Ernst war perplex. Er sah ihn erstaunt an und fragte, wieso gerade er ein Mädchen parat haben sollte. »Wir wissen, daß Sie eine Freundin haben«, erwiderte Wnukow, »da können Sie doch vielleicht einem anderen Mann auch helfen.« Ernst erwiderte, daß er keineswegs eine Freundin habe, er brauche auch keine, da er glücklich verheiratet sei. Aber der Russe war nicht zu überzeugen. »Wir wissen alles«, wiederholte er mehrmals, seiner Sache sicher. Nun, Ernst konnte den Mann nicht überzeugen und ihm auch nicht helfen. Wir lachten damals sehr über diese seltsame Geschichte, zumal Wnukow trotz dieser Enttäuschung weiter zu uns kam: Plötzlich jedoch verschwand er, ohne Abschied von uns zu nehmen.

Nachdem das Haus halbwegs eingerichtet war, beschloß ich, mich nach Arbeit umzusehen. Ich erfuhr, daß es in Berlin eine Deutsche Bauakademie gäbe, deren Direktor, Professor Kurt Liebknecht, ein Neffe von Karl Liebknecht war. Ich setzte mich mit ihm in Verbindung und verabredete einen Besprechungstermin. Liebknecht hatte seine Emigration als Architekt in der Sowjetunion verbracht und verdankte seine Position offenbar mehr seinem berühmten Namen als seinen Fähigkeiten. Aber er war ein umgänglicher Mensch, fragte mich viel nach den USA, der fachlichen Arbeit dort und schlug mir schließlich vor, an seiner Akademie mitzuarbeiten. Da ich in Leipzig wohnte, sollte ich nicht als Angestellte, sondern als freie Mitarbeiterin tätig sein. Die Deutsche Bauakademie war damals dabei, Typenpläne für verschiedene Bauprojekte, Wohnungen, Schulen, Krankenhäuser auszuarbeiten. Am vordringlichsten waren Kindergärten und -krippen, denn nach dem Kriege meldeten sich sehr viele Frauen zur Arbeit, die häufig ihre gefallenen Männer ersetzen mußten, so waren Kindereinrichtungen von großer Wichtigkeit. Mir gefiel der Gedanke, an Plänen gerade für solche Bauten mitzuwirken. Anfang 1950 sollte ich damit beginnen. Ich konnte zu Hause zeichnen, mußte aber einmal in der Woche zu Besprechungen nach Berlin fahren. Die Pläne erforderten eine ständige Zusammenarbeit mit dem Ministerium für Erziehung und der Abteilung »Mutter und Kind« im Ministerium für Gesundheitswesen. Ich entschloß mich, eine Hausangestellte zu engagieren. Es stellte sich ein junges Mädchen aus Chemnitz vor, das mir gefiel und das sich in der folgenden Zeit glänzend bewährte. Nun brauchte ich mich um den Haushalt nicht mehr zu kümmern.

Sehr genau erinnere ich mich an den Trubel des 7. Oktober 1949: Nachdem die westdeutsche Regierung am 20. September die »Bundesrepublik Deutschland« aus der Taufe gehoben hatte, entstand einige Tage später die »Deutsche Demokratische Republik«. Damit war die Spaltung Deutschlands vollzogen. Aber während sich in der Bundesrepublik die wirtschaftliche Lage von Tag zu Tag besserte, Konsumwaren, dank des Marshallplans, immer reichlicher vorhanden waren, ging es in der DDR nicht so gut, man mußte manche Lebensmittel in Westberlin kaufen, wenn man es sich leisten konnte. Zwar begannen auch in der DDR die Läden der staatlichen Handelsorganisation (HO) zu florieren, aber sie waren sehr teuer. Als unsere amerikanischen Vorräte zu Ende gingen, gewöhnten wir uns daran, bescheidener zu essen, was uns nicht besonders störte. Wir waren optimistisch und glaubten an eine Wende zum Besseren.

Bald besuchte uns Bert Brecht, denn das Leipziger Theater bereitete eine Aufführung seiner »Mutter« unter seiner Regie vor. Es war ein besonderes Erlebnis, ihm bei der Probenarbeit zuzusehen. Seine Ruhe, Gelassenheit, sein völliger Verzicht auf Allüren imponierten mir sehr. Wenn Brecht bei uns war, sprach man viel von den USA, da wurde gelacht und gespöttelt, wir freuten uns alle, den Kalten Krieg nicht im Yankeeland erleben zu müssen.

Brecht war glücklich mit seinem Theater am Schiffbauerdamm, niemand mischte sich in seine Arbeit ein, und das war für ihn die Hauptsache. Uns erfüllte die politische Szene allerdings mit einiger Sorge: Kaum waren wir in der DDR angekommen, als eine beispiellose Hetzkampagne gegen Tito begann, auch gegen den ungarischen Parteichef Rajk, gegen den Tschechen Slansky und andere Kommunisten, die sich sonst als beste Genossen erwiesen hatten. Franz Weißkopf und seine Frau Grete tauchten – von Prag kommend – plötzlich in der DDR auf. Sie sahen beide verstört aus; wenn wir uns auf der Straße trafen, sprachen sie ganz leise und waren erstaunt, daß wir es wagten, offen über politische Probleme zu reden. Sie waren glücklich, aus der ČSSR entkommen zu sein und siedelten sich in Berlin an. Wir verstanden diese Anti-Tito-Hysterie nicht (Tito als USA-Agent!), hielten sie für eine vorübergehende Sache und versuchten, so gut es ging, uns an die positiven Seiten des Lebens in dem »Arbeiter- und Bauernstaat«, in dem wir lebten, zu halten. Es gefiel uns zum Beispiel, daß man in die Universitäten vor allem Kinder von Arbeitern und Bauern aufnahm. Aus ihren Reihen sollte die zukünftige Intelligenz der DDR kommen.

Was sich allerdings auf dem Gebiet der Baukunst tat, und in welcher Richtung angehende Architekten beeinflußt wurden, konnte mir nicht gefallen. Aus den USA kommend, wo neben großen Amerikanern wie Frank Lloyd Wright, deutsche Baumeister wie Gropius, Breuer, Mies van der Rohe wirkten und beste moderne

Architektur schufen, konnte ich nur den Kopf schütteln über das, was ich hier sah. Ich besichtigte im Leipziger Neuen Rathaus (im Jugendstil Anfang des Jahrhunderts erbaut) den soeben renovierten Sitzungssaal: Er prangte in neubarockem Glanz! Ich war entsetzt und schrieb einen Artikel für die »Leipziger Volkszeitung«, der am 8. Januar 1950 auch tatsächlich erschien und den ich zufällig noch besitze. Er hieß: »Warum nicht Barock im Sitzungssaal?« und schloß mit dem Satz: »So wollen wir kritisch den pseudokünstlerischen epigonalen Tendenzen gegenüberstehen, wollen die neue Gesellschaft in eine neue, fortschrittliche, harmonische Architektur einbauen, in der es keine Lüge gibt.« Offenbar waren die Redakteure froh über diese kritische Stimme, denn der Artikel erschien mit einer hübschen Karikatur: Bauarbeiter zeigend, die sich über einen Mann mit Allongeperücke und Silberschnallen an den Schuhen lustig machten. Aber die Kritik kam natürlich zu spät: Der Saal war schon umgebaut, und die Stadträte mußten von neuen Barocksesseln aus über Probleme der Arbeiter und Bürger verhandeln und entscheiden.

Eines Tages wurden uns Formulare der SED ins Haus geschickt mit der Anfrage, ob wir nicht der Partei beitreten wollten. Ich hatte mir das vorgenommen, auch Ernst überlegte, ob er es nicht tun sollte. Werner Krauss jedoch riet ihm ab. Er meinte, daß Ernst sich als Parteimitglied mit einigen Zwängen abfinden müßte, die seiner Arbeit nicht zuträglich sein würden. Ernst hörte auf den Rat seines Freundes. Ich hingegen füllte meine Formulare aus und schickte sie an die Kontrollkommission nach Berlin. Nach einiger Zeit bekam ich eine Vorladung zu dem Genossen Matern. Ich traf einen sympathischen Mann und es entwickelte sich ein lebhaftes Gespräch. Ich mußte vor allem von meiner politischen Vergangenheit erzählen, wurde dann nach Bekannten in den USA gefragt, man wollte genau wissen, wen ich kannte. Von den erwähnten Namen waren mir jedoch zunächst alle fremd, bis Matern Noel und Hermann Field nannte (ich habe bereits von ihnen erzählt): Die kannte ich gut; Hermann war uns ein wirklicher Freund gewesen. Ich sah, wie das Gesicht meines Gesprächspartners lang und ernst wurde. »Weißt du nicht, daß die Brüder Field als Agenten amerikanischen Geheimdienstes verhaftet sind, der eine in Polen, der andere in Ungarn: daß sie zur Rajk-Clique gehören?« Das allerdings wußte ich nicht und glaubte ich auch nicht. Ich widersprach leidenschaftlich: »Das glaube ich nie und nimmer! Hermann Field ist kein Feind des Sozialismus. Ich kenne ihn seit Jahren. Als die Deutschen in die ČSR einmarschierten, haben wir zusammengearbeitet, um Antifaschisten aus der Tschechoslowakei nach England in Sicherheit zu bringen. Nach dem Kriege ist Field nach Polen gefahren, um sich über den Wiederaufbau Warschaus zu informieren, er war selbst Architekt, und ehe er fuhr, haben wir gemeinsam in Boston eine Aktion unternommen, um den polnischen Architekten zu helfen. Daß Field erneut nach Warschau gekommen war, wußte ich, denn ich hatte in Leipzig eine Karte von ihm und einigen polnischen Kollegen erhalten. Der Gedanke, daß er inzwischen in Haft saß, war mir unerträglich. Genosse Matern schaute mich erstaunt an – das war er wohl nicht gewöhnt, daß einer, der auf Befehl der kommunistischen Justiz verhaftet worden war, von einer Kommunistin verteidigt wurde. Er nahm ein Buch aus dem Regal und sagte: »Lies dieses Buch, das beschreibt unter anderem die Agententätigkeit deines Freundes Hermann Field, seines Bruders und der ganzen Rajk-Gruppe. Leider kannst du wegen der Bekanntschaft mit den Fields nicht in die SED aufgenommen werden. Du kannst aber als Sympathisantin an den Zellensitzungen der Partei in deinem Bezirk Leipzig-Schleussig teilnehmen.« Ich war wie vor den Kopf geschlagen, fuhr zurück nach Leipzig und erzählte Ernst die Geschichte. Mit Tränen in den Augen las ich Fields Karte aus Warschau wieder: Da war er noch frei gewesen und froh, den polnischen Kollegen helfen zu können. Das Buch, das mir Matern gegeben hatte, las ich gleich. Es hieß: »László Rajk und Komplizen vor dem Volksgericht«. In diesem Dokument beschuldigte sich Rajk selbst, amerikanischer und jugoslawischer Agent gewesen zu sein. Auch die Brüder Field kamen als amerikanische Spione vor. Ich glaubte kein Wort. Aber aus welchem Grund logen diese alten Kommunisten wie Rajk, dazu noch zu ihrem Nachteil? Oder log das Buch? Später mußten wir erfahren, wie unschuldig diese »Verschwörer« hingerichtet oder bestraft worden waren. Rajks Rehabilitierung kam erst nach seinem Tod, 1956. Hermann Field saß fünf Jahre im polnischen Gefängnis, ehe er rehabilitiert wurde, 40 000 Dollar Schadensersatz bekam und zurück in die USA ging. Sein Bruder Noel saß in Ungarn im Gefängnis; auch er wurde rehabilitiert, wollte aber nicht zurück in die USA, sondern blieb mit seiner Frau Herta in Budapest, wo er vor wenigen Jahren starb.

Es ist schwer zu verstehen, daß wir nach diesen bösen Ereignissen nicht zu Gegnern des »sozialistischen« Regimes wurden, aber der Gedanke, daß eine so schwierige, alles umwälzende Neugestaltung gesellschaftlicher Verhältnisse nicht ohne Irrtümer und menschliche Unzulänglichkeiten vor sich gehen könne, und der Glaube, daß es einmal besser werden würde und der Sozialismus eine Zukunft habe, hielten uns bei der Stange.

Ab Januar 1950 fuhr ich jede Woche einmal nach Berlin. Oft übernachtete ich bei meinen Freunden Luise und Gustav Seitz. Luise hatte ich zufällig auf einer Veranstaltung in Berlin wiedergetroffen. Sie war auf mich zugekommen und hatte gefragt: »Erkennst du mich nicht? Ich bin Luise Zauleck.« Ich hätte sie tatsächlich nicht wiedererkannt, aber der Name Zauleck war mir vertraut: Sie war eine Kommilitonin in Berlin-Charlottenburg gewesen, wir hatten uns in der Berliner Studienzeit gut gekannt. Ich war glücklich, sie nach so langer Zeit wiederzufinden. Sie hatte inzwischen den Bildhauer Gustav Seitz geheiratet, arbeitete selbst als Städtebauerin. Noch heute sind wir gute Freundinnen.

Ab und zu übernachtete ich auch bei Kanto in Pankow. In seiner Wohnung war immer ein kleines Zimmer für mich parat. Kanto lebte inzwischen von seiner Frau Friedel getrennt, sie waren aber Freunde geblieben. Wenn ich abends zu ihm kam, saß er über seinem Tagebuch. Kanto war kritischer als Ernst und ich, er haßte Ulbricht und Becher und vertraute seinen Groll dem Tagebuch an. Das »corpus delicti« mußte er verstecken, es wäre ihm schlecht ergangen, wenn man die Hefte gefunden hätte. Kanto hatte das Jahr 1949 nicht gut beendet. Seine Zeitschrift »Ost und West« wurde von der SED verboten, obwohl die Russen sie protegiert hatten. Aber der SED war es ein Dorn im Auge, dieses »Ost und West«, sie war von vornherein und unter allen Umständen *gegen* »West«. Die Genossen, die ihre Emigration in einem westlichen Land verbracht hatten, wurden scheel angesehen, während man die aus Rußland Zurückgekehrten sehr begünstigte. Als Ersatz für »Ost und West« bekam Kanto eine Professur für deutsche Literatur an der Humboldt-Universität. An sich gefiel ihm die Lehrtätigkeit, auch hatte er einen guten Kontakt zu seinen Studenten und Assistenten. Aber der Verlust seiner geliebten Zeitschrift war ihm sehr schmerzlich und verstärkte seinen Haß gegen Ulbricht, Becher und andere Funktionäre. Neben der Lehrtätigkeit an der Universität leitete Kanto das Heinrich-Mann-Archiv und gab Manns Werke heraus.

Meine Arbeit an der Deutschen Bauakademie machte mir Spaß, wenn mir auch die offizielle Architektur jener Zeit eine bittere Nuß war. Die Russen hatten einen eklektischen Stil in Mode gebracht, »Zuckerbäckerstil« nannten wir ihn, der nur die alten Formen von der Renaissance bis zur Gründerzeit akzeptierte und die moderne Architektur als dekadent ablehnte. Mit Befremden sah ich meine Chefs in der Deutschen Bauakademie riesige Folianten wälzen, aus denen sie Renaissance-Details kopierten, um sie einer Fassade aufzukleben. Gottlob mußten meine Kindergärten billig sein, so daß solche Ornamentik ohnehin nicht möglich war, aber frei und modern entwerfen, mit großen Fenstern, unregelmäßigen Grundrissen, durfte man nicht. Zu schmalen Fenstern war man gezwungen, weil es an Stahl fehlte, um große Öffnungen zu überbrücken. Aber ich freute mich, den Kindern eine ihnen adäquate Behausung schaffen, durch Farbe oder hübsche Details die Starre auflösen zu können. In der Zeitschrift »Frau von heute« erschien bald ein Artikel über mich und meine Tätigkeit. Die Kollegen in der Bauakademie waren angenehm, wenn auch meistens keine Sozialisten. Ich kann mich an manche erinnern, die sich nach Westberlin absetzten.

Zum zweiten Jahrestag der Gründung der DDR gab es Nationalpreise. Auch Peter Huchel bekam einen: 25 000 Mark. Nun konnte er sich seinen Herzenswunsch erfüllen und ein kleines Haus in Wilhelmshorst kaufen. Diese Gegend war seine Heimat, er liebte sie. Das Grundstück, das er erwarb, hatte früher seinem Großvater gehört.

In Leipzig verlief unser Leben ruhig. Jan hatte zunächst Schwierigkeiten in der Schule wegen der deutschen Sprache, überwand sie aber bald. Ernst arbeitete viel, meistens in der Nacht. Seine Seminare oder Vorlesungen durften nicht vor 12 Uhr beginnen. Nachdem sein Hegelbuch 1951 im Aufbau-Verlag erschienen war, folgte 1952 als ein kleinerer Band »Avicenna und die Aristotelische Linke« bei Rütten & Loening, Berlin, heute im Anhang zu Band VII der Gesamtausgabe. Danach begann er an »Naturrecht und Sozialismus« zu arbeiten, einem Werk, das später bei Suhrkamp mit dem Titel »Naturrecht und menschliche Würde« erschien. Das »Prinzip Hoffnung« sollte in drei Bänden im Aufbau-Verlag herauskommen, die ersten Korrekturen lagen schon vor. Ernst veränderte so viel, daß das Werk dreimal gesetzt werden mußte. Das war schwierig, aber der Aufbau-Verlag mit seinen Chefs Wendt und Janka machte es dennoch möglich. Wegen der vielen Korrekturen erschien der I. Band erst 1954, der zweite 1955. Für Ernst war das Erscheinen seiner Bücher nach all der Emigrationsmisere sehr beglückend.

Der Kreis der Freunde – Werner Krauss, Hans Mayer, Walter Markow, Fritz Behrens, Hermann Budzislawski, Felix und Gretel Boenheim – war sehr anregend. Die Freundschaft mit Wieland Herzfelde allerdings kühlte sich bald ab, obwohl er in unserer nächsten Nachbarschaft wohnte. Herzfelde war Professor an der Gesellschaftswissenschaftlichen Fakultät geworden, das hatte ihn völlig verändert. Aus dem Bohémien von einst, wie ihn Ernst geliebt hatte, war »coute que coute« ein »Wissenschaftler« geworden, ohne daß das dazugehörige Wissen vorhanden war. Das störte Ernst.

Im Sommer 1951 traf Ernst zum ersten Mal seine Tochter Mirjam wieder, die aus Zürich nach Berlin gekommen war, um ihn zu sehen. In einem Brief an Kanto hat er wenig später von der Begegnung erzählt: »Es war eine Situation, wie sie selten ist. Ein völlig fremdes, sehr pikantes Mädchen kommt auf mich zu und küßt mich. Ich kenne sie nicht, und niemand steht mir näher, sie ist ein junges Weib, und ist mein Fleisch und Blut. Es ist eine Situation, die sich gewaschen hat. Und die Situation wurde gemeistert.« Ernst wohnte bei Brecht, Mirjam zunächst bei Kanto, später bei Luise und Gustav Seitz. Tagsüber kam sie zu Ernst in die Brechtsche Wohnung, sah Brecht und Helene Weigel, konnte sich die Proben des Berliner Ensembles ansehen, lernte viele Menschen kennen, Arnold Zweig, Anna Seghers, Max Schröder. Alle mochten sie gerne. Wir luden sie nach Bad Schierke ein, wo wir den Urlaub verbringen wollten, aber sie bekam keine Aufenthaltsbewilligung. So lernte ich Mirjam erst 1953 in Leipzig kennen, als sie endlich einreisen durfte. Im Laufe der folgenden Jahre besuchte sie uns mehrmals. Sie studierte Romanistik, war literarisch sehr bewandert, an Gesprächsthemen fehlte es nicht. Mirjam schrieb mir später über ihre erste Begegnung mit ihrem Vater: »Die ersten paar Tage waren für uns beide überwältigend; wir waren uns so vertraut und so ähnlich – und mußten uns doch erst kennenlernen. Und Kennenlernen bedeutete: spüren, daß man in so vielem gleich empfand . . . Es hat bei jedem Zusammensein Augenblicke, Stunden, Tage gegeben, in denen der alte ursprüngliche Einklang herrschte. ›Du bist wirklich Fleisch von meinem Fleisch‹ – wie oft hat mir Ernst das auch in Tübingen gesagt, wenn wir bis spät in die Nacht zusammen saßen und über alles sprachen.« Auch Jan war froh, wenn seine Schwester kam. Ich mochte Mirjam vom ersten Augenblick an gerne und bin glücklich, auch heute eine Freundin in ihr zu haben.

Den Spätsommer 1952 verbrachten wir in Bad Oybin (Lausitz) in einer netten Pension, wo zu gleicher Zeit Anneliese Groscurth mit ihren zwei Söhnen den Urlaub verbrachte. Die Buben waren ungefähr im Alter von Jan. Anneliese war die Witwe von Georg Groscurth, einem Arzt und Mitarbeiter des Kaiser Wilhelm-Instituts in Berlin-Dahlem, der während der Nazizeit als Kommunist tätig gewesen war. Im KWI arbeitete damals auch Robert Havemann. Die beiden waren Freunde und hatten bei Kriegsausbruch kleine Gruppen von Gleichgesinnten gesammelt, die zunächst Juden und verfolgten Antifaschisten halfen und sich im Jahre 1943 zu einer Widerstandsgruppe formierten, der Groscurth den Namen »Europäische Union« gab. Dieser Gruppe schlossen sich Kommunisten, Sozialdemokraten und bürgerliche Antifaschisten an. Sie hatte bald Verbindung zu tschechischen, französischen und belgischen Widerstandskämpfern, wurde dann aber durch einen Spitzel verraten. Am 4. September 1943 wurden Groscurth, Havemann und andere Mitglieder der Union verhaftet, am 16. Dezember 1943 fand unter Vorsitz des berüchtigten Volksgerichtspräsidenten Freisler der Prozeß statt, am 8. Mai 1944 wurden die Verhafteten im Zuchthaus Brandenburg hingerichtet. Nur Havemann entging dem Tod, weil seine Forschungsarbeiten für das Heereswaffenamt zu wichtig waren. Anneliese, die aktiv im Untergrund mitgearbeitet, Geld gesammelt und Juden versteckt hatte, wurde gleichfalls verhaftet, aber dann freigelassen. Sie erwartete zum Zeitpunkt der Hinrichtung ihres Mannes das zweite Kind. Als ich sie kennenlernte, lebte sie als Ärztin in Westberlin, arbeitete aber für die Ostberliner Poliklinik des Rundfunks. Trotz ihres schweren Schicksals war sie ein heiterer Mensch, hatte Spaß an Ernst's Bonmots. Wir waren einige Wochen in Oybin zusammen, die Kinder langweilten sich nicht miteinander, und wir machten schöne Spaziergänge in der Lausitz.

Das Jahr 1952 brachte uns manche politische Überraschung. Über Nacht hingen riesige Transparente in der Stadt, auf denen die Wiedervereinigung Deutschlands »noch in diesem Jahr« proklamiert wurde. Wir waren sprachlos. Die Initiative zu diesem bemerkenswerten Schritt hatte Stalin ergriffen. Er wollte Deutschland durch die Wiedervereinigung neutralisieren. Aber die Westmächte und die Bundesrepublik gaben sich wenig Mühe, die Ernsthaftigkeit des sowjetischen Vorschlags zu prüfen. So endete diese russische Initiative wie das Hornberger Schießen. Die Transparente wurden wieder eingerollt, Adenauer als Feind der Wiedervereinigung gebrandmarkt und die Diskussionen über dieses Thema ebbten ab.

Im Sommer 1952 waren wir mit Hanns und Lou Eisler in Ahrenshoop an der Ostsee. Ernst fühlte sich sehr wohl und schrieb in bester Stimmung an Joachim Schumacher, er möge auch in die DDR kommen, wo er bestimmt eine bessere Stelle erhalten werde als seinen derzeitigen Posten am »Preparatory College« für junge Mädchen in Woodbury. Aber Joachim biß nicht an.

In Ahrenshoop las uns Hanns Eisler das Libretto zu seiner »Johannes Faustus«-Oper vor. Der Text sollte im Aufbau-Verlag erscheinen, die Musik später komponiert werden. Das Libretto war originell: Goethes Faust erschien als Konterrevolutionär, der seine Klasse, die Bauern, verriet und statt zu Thomas Münzer zu Martin Luther stieß. Faust hatte zwar Gewissensbisse, aber er schloß dennoch den Pakt mit dem »Bourgeois« Mephisto. Der »Faustus« war Eislers Kritik an der Intelligenz, die, von Ausnahmen, vor allem unter Kommunisten, abgesehen, nach dem 2. Weltkrieg weiß Gott nicht sozialistisch gesinnt war. Viele »Intelligenzler« hatten die DDR verlassen und waren nach Westdeutschland gegangen. Wir waren in Anbetracht der konkreten politischen Situation mit der Eislerschen Faust-Fassung durchaus einverstanden. Auch Ernst Fischer schrieb in »Sinn und Form« eine zustimmende Kritik. Aber diese wohlwollenden Meinungen entsprachen nicht der offiziellen Auffassung der Parteigremien. Es gab harte Angriffe von Girnus, dem Herausgeber von »Neues Deutschland«, und den Kulturfunktionären Abusch und Gysi; die Partei wollte kein verzerrtes Bild des deutschen National-Helden Faust akzeptieren. Außerdem fürchtete sie, die DDR-Intelligenz, die sie umwarb wo immer sie konnte, vor den Kopf zu stoßen: So wurden zum Beispiel die Gehälter der Professoren immer wieder angehoben, Spezialisten bekamen Sonderverträge, die mit Monatsgehältern bis zu 20 000 Mark lockten. Das mißfiel uns zwar, war aber wegen der ständigen Flucht von Wissenschaftlern und Intellektuellen nach Westdeutschland verständlich. Ich erinnere mich des Liebeswerbens um den Altgermanisten Theodor Frings, den man plötzlich mit Preisen und Auszeichnungen überhäufte, von dem Physiker Manfred von Ardenne ganz zu schweigen.

Für diesen Kurs war vor allem Ulbricht verantwortlich, der ein guter Taktiker war. Das mußten selbst wir zugeben, obwohl uns sein dogmatisches, Stalin sklavisch ergebenes Verhalten nie gefiel. Ernst hatte sein Mißfallen verschiedentlich zum Ausdruck gebracht. Eine Szene ist mir noch sehr gegenwärtig: Ulbricht hatte den Wunsch geäußert, die Wissenschaftler der Universität Leipzig kennenzulernen. Er kam und versuchte redlich, Kontakt zu den Professoren und Assistenten zu bekommen, aber es wollte ihm nicht gelingen, eine Tatsache, die Ernst, von Studenten befragt, wie das Zusammentreffen mit Ulbricht verlaufen sei, mit dem Satz kommentierte: »Ach, leider hat der Mann keinen sex appeal.« – Es versteht sich, daß Ulbricht dies sofort erfuhr und sehr mißvergnügt reagierte (so jedenfalls hieß es), denn er war eitel, hielt sich für einen sehr anziehenden Mann und hatte den Ausspruch wörtlich genommen.

Die kleinbürgerliche Haltung der Partei erbitterte Eisler. Er ging nach Wien, und wir fürchteten, daß er nicht zurückkommen würde. Aber er wußte, daß sein Platz in der DDR war, daß er nur dort für seinen Sozialismus kämpfen konnte. Wir waren froh über seinen Entschluß, denn trotz kritischer Einstellung zu manchen Ereignissen waren auch wir der Meinung, daß wir in der DDR am richtigen Ort waren. Das Faust-Libretto legte Eisler jedoch zur Seite, ohne jemals die Musik zu komponieren. Die Uraufführung des Dramas fand Anfang der siebziger Jahre in Tübingen statt.

Am 4. März 1953 starb Stalin. Das Ereignis hatte zunächst unzählige Staatsakte zur Folge. Doch dann blieb das Gefühl, daß der Tod manchen Krampf gelöst hatte. Chruschtschow, nach kurzer Interimszeit einer kollektiven Führung durch die Partei, begann bald mit Veränderungen, auch mit einem Angriff auf die herrschende sowjetische Architektur. Er polterte gegen die üppigen Fassaden, gegen für Schnörkel verschwendetes Geld, während Wohnraum fehlte. Diese Wende auf dem Bausektor ließ vor allem die Frauen aufatmen, denn sie hauptsächlich waren es, die sich mit den aus schlechten Grundkenntnissen resultierenden Schwierigkeiten herumzuschlagen hatten. Jede Bequemlichkeit war der »Schönheit« geopfert worden, die Karyatiden an den Fassaden hatten die Wohnungen verfinstert, die Küchen waren miserabel. Nun wurden auf einmal die Urheber dieser Bauweise beschimpft, die russischen Zeitungen waren voll von Karikaturen auf die Wohnblocks, ein Trend der bald auch auf die DDR übergriff. Allmählich verschwand die Zuckerbäckerarchitektur. Der Erbauer der Stalin-Allee, Hermann Henselmann, erzählte mir mit Tränen in den Augen, wie er zu der falschen Pracht gezwungen worden war. Er zeigte mir seine eigenen Entwürfe, die in der Tat ganz anders und viel besser aussahen, aber abgelehnt worden waren.

Trotz dieser erfreulichen Neuerung auf dem Gebiet der Architektur ergriff die Partei auf anderen Gebieten einige Maßnahmen, die nicht glücklich waren. In der Landwirtschaft wurde, zunächst noch im Zeichen der Freiwilligkeit, die Bildung von Produktionsgenossenschaften vorangetrieben, auf dem Gebiet der Kunst, vor allem des Films, der sozialistische Realismus zum verbindlichen Stil erhoben. Vor allem aber beschloß das ZK der SED, die Arbeitsproduktivität und die Arbeitsnormen um 10 Prozent zu erhöhen. Als Antwort darauf traten die Bauarbeiter der Stalin-Allee in den Streik, es war der 16. Juni 1953.

Am 17. Juni fuhr ich wie immer mit dem frühen Zug nach Berlin. Dort angekommen, stellte ich fest, daß kein Bus, keine Straßenbahn verkehrte. Auf der Straße standen kleine erregte Gruppen von Menschen, aber niemand wollte mir sagen, was los sei. Ich ging zu Fuß in die Bauakademie, traf meine Kollegen in erregtem Gespräch. Auf meine Frage nach dem Grund ihrer Aufregung antworteten sie: »Die Bauarbeiter der Stalin-Allee streiken!« Ich erfuhr, daß schon am 16. Juni ein Zug vor das »Haus der Ministerien« gezogen war, daß Minister Selbmann zu den Arbeitern gesprochen und die zehnprozentige Normerhöhung zurückgenommen hatte. Aber trotzdem war es zu Demonstrationen gegen die Regierung gekommen. Der RIAS brachte stündlich Meldungen über die »Revolution« in Ostberlin. Westberliner Autos flitzten hin und her, westdeutsche Journalisten filmten und fotografierten. Plötzlich hörten wir harte Schritte und Gesang: Vor den Fenstern in der Hannoverschen Straße marschierten Tausende von Arbeitern aus dem Stahlwerk Hennigsdorf. Sie waren in ihrer Arbeitskluft, die Frauen in Holzpantinen. Sie sangen merkwürdigerweise schlesische Lieder und riefen: »Ulbricht muß weg!« Meine bürgerlichen Kollegen konnten ihre Schadenfreude kaum verbergen. Mein Chef aber, Professor Hoppe, Mitglied der SED, schien mir erschüttert und hilflos zu sein. Der Aufstand der Bauarbeiter weitete sich zu politischen Demonstrationen und Massenstreiks aus, die auch auf andere Städte wie Leipzig, Halle, Magdeburg und Erfurt übergriffen. Ich versuchte vergeblich, Ernst in Leipzig zu erreichen, auch der Telefondienst streikte. Professor Hoppe brachte mich mit seinem Wagen nach Pankow, wo ich in Kantos Wohnung übernachtete. Unterwegs sahen wir sowjetische Panzer auf dem aufgewühlten Pflaster. Unwillkürlich kam mir die Erinnerung an die Tage der Revolution in Moskau 1917. Auch damals waren die Rotgardisten dagewesen, aber wie anders! Während sie früher die Interessen der Arbeiter vertreten hatten, mußten sie hier in Berlin die deutschen Arbeiter niederhalten. Schmerz und Erbitterung erfüllten mein Herz, Erbitterung gegen eine Parteileitung, die durch unmenschliche Maßnahmen den berechtigten Zorn der Massen herausgefordert hatte.

Am nächsten Tag gelang es mir, einen Zug nach Leipzig zu erwischen. Traurige Begegnung mit Ernst und Jan. Auch in Leipzig ging es hoch her. Leute mit Parteiabzeichen wurden verdroschen und verwundet. Das »Neue Deutschland« aber schrieb nur von westlichen Provokateuren (die auch da waren), die die Unzufriedenheit der Massen mit einigen mißglückten Maßnahmen der Regierung zu offenem Aufstand geschürt hätten. Wir hofften, daß die Unruhen vielleicht den uns so verhaßten Ulbricht hinwegfegen würden; aber die Russen hielten ihn. Sie brauchten seinen Kadavergehorsam. Ich bekam vom »Neuen Deutschland« einen Brief, gerichtet an eine »Vertreterin der technischen Intelligenz, die mit der Arbeiterklasse verbunden ist«, der mich aufforderte, meine Meinung zu den Ereignissen des 17. Juni zu äußern. Ich antwortete, was ich ehrlich meinte: daß nämlich die Schuld an diesen Vorgängen allein in der falschen Politik der SED-Führung zu suchen sei, selbst dann, wenn die Westdeutschen alles getan hätten, um das Feuer zu schüren; ich wünschte, der 17. Juni möge helfen, die verfehlte Partei-Politik zu ändern. Das »Neue Deutschland« antwortete prompt, ich befände mich in einem großen Irrtum, es seien zwar Fehler begangen worden, die Hauptschuld jedoch trage Westdeutschland durch Einmischung in die inneren Angelegenheiten der DDR.

Was wir damals dachten, hat stellvertretend für uns alle Bert Brecht ausgesprochen:

> Nach dem Aufstand des 17. Juni
> ließ der Sekretär des Schriftstellerverbandes
> in der Stalin-Allee Flugblätter verteilen
> auf denen zu lesen war, daß das Volk
> das Vertrauen der Regierung verscherzt habe
> und es nur durch verdoppelte Arbeit
> zurückerobern könne. Wäre es dann
> nicht einfacher, die Regierung
> löste das Volk auf und
> wählte ein anderes?

Der Aufstand wurde von den russischen Panzern niedergewalzt. Die Niederlage der Partei war evident, führte aber trotzdem nicht zu jener Kursänderung, die außer von einigen Funktionären vor allem von den Künstlern und Intellektuellen herbeigewünscht wurde.

Im Sommer 1953 waren wir wiederum in Ahrenshoop, dem Urlaubsort des Kulturbundes an der Ostsee, und erlebten viele offene, heftige Diskussionen. Heinz Brandt beschreibt in seinem Buch »Ein Traum der nicht entführbar ist« einen Spaziergang durch den Ahrenshooper Darß mit uns und Gerhart Eisler – wie gut kann ich mich an diese Wanderung erinnern! Brandt zitiert Ernst: »Was not tut, ist eine Erneuerung der Partei an Haupt und Gliedern. Ich wiederhole: reformatio capitis et membrarum. Ulbricht hat nie gewagt, mit den Sowjets ein offenes Wort zu sprechen. Deren politische Strategie war von Grund auf falsch. Sie hätten die DDR zum Schaufenster des Sozialismus machen müssen; statt dessen waren wir seine Rumpelkammer, angefangen von der Demontage bis zum Normen-Irrsinn. Tabula rasa machen! Wenn jetzt nicht, wann denn?«. So wie Ernst dachten viele Intellektuelle. Aber Ulbricht blieb und die Hoffnung auf einen neuen Kurs wurde endgültig begraben.

Trotzdem konnte man auf dem Gebiete der Kunst und Architektur gelegentlich Fortschritte erzielen. Bei dieser Entwicklung kamen Wolfgang Harich besondere Verdienste zu, da er in der Berliner Zeitung begann, die Einmischung der Regierung in die Belange der Kunst zu kritisieren. In der Tat gab es mancherlei Auswüchse zu beklagen: So hatte ein gewisser Magritz, ein Pseudo-Kunstkenner, eine Barlach-Ausstellung mit der Begründung verboten, Barlach sei ein »Formalist« gewesen, und auch Brecht war getadelt worden, weil sein Werk nicht dem sozialistischen Realismus entsprach. Harichs Empörung schlossen sich damals Brecht und viele verbitterte Schriftsteller, Literatur-Kritiker und Künstler an.

Seit 1952 arbeiteten Ernst und Wolfgang zusammen als Herausgeber der »Zeitschrift für Philosophie«. Dritter im Bunde war Arthur Baumgarten. Bis 1956 enthielt beinahe jede Nummer einen Aufsatz von Bloch – trotz wachsender Kritik von Seiten des Partei-Philosophen Rugard Otto Gropp, der die »Zeitschrift für Philosophie« kurzerhand für »nicht marxistisch« erklärte und sowohl Lukács als auch Bloch als nicht parteikonform verurteilte. Wolfgang Harich wurde besonders scharf angegriffen, weil er zu wenig auf die Parteilinie einging. Ernst kannte Gropp, hegte aber seltsamerweise keinen Groll gegen ihn, weil er meinte, daß Gropp nicht opportunistisch sei, sondern wirklich glaube, was er schrieb. Das stimmte ihn versöhnlich. Es war kurioserweise auch Gropp, der zu Ernsts 70. Geburtstag 1955 eine Festschrift mit Glückwünschen von über hundert Freunden, Fachkollegen und Mitarbeitern herausgab. Ich zitiere hier die Einleitung von Gropp, um deutlich zu machen, wie entschieden und plötzlich sich 1956/57 der Wind gegen Bloch drehte. 1955 noch hieß es:

»Hochverehrter Herr Kollege! Mit dem vorliegenden Band bringen Ihnen Fachkollegen und Freunde eine Sammlung philosophischer Aufsätze und herzliche Glückwünsche als Festgabe zu Ihrem 70. Geburtstag dar.

Die Beiträge dieses Bandes behandeln weit auseinanderliegende philosophische und kulturhistorische Themen, doch geschrieben, Sie zu ehren, vereinigen sie sich in dem Ziel, dem Fortschritt der menschlichen Kultur zu dienen in einer Zeit, in der eine nicht unbeträchtliche Zahl von Philosophen und Wissenschaftlern in den imperialistischen Ländern, darunter auch Westdeutschland, kulturzersetzende und menschenfeindliche »Theorien« propagiert und die Erkenntniskraft des menschlichen Denkens verleumdet. Ihre Freunde und Kollegen ehren in Ihnen mit dem Philosophen zugleich die Persönlichkeit, die sich leidenschaftlich zum Humanismus, zum historischen Progreß, zum Sozialismus bekennt. Ihr Denken ist dem Leben, der Praxis zugewandt.

Seit Beginn Ihres öffentlichen Wirkens ist Ihre Arbeit dem Kampf gegen die imperialistischen Kräfte gewidmet. Während der Nazibarbarei aus Deutschland vertrieben, haben Sie sich in der Emigration für eine Neugeburt unseres deutschen Vaterlandes, unserer deutschen Kultur eingesetzt. Nach Deutschland 1949 zurückgekehrt, stellten Sie ihr reiches Wissen und Ihr lebendiges Denken in den Dienst unseres Aufbaus, unseres Ringens um die friedliche Wiedervereinigung Deutschlands und unseres Kampfes um die Erhaltung des Weltfriedens.

Im März dieses Jahres erfuhren Sie die hohe Ehrung der Ernennung zum Ordentlichen Mitglied der Deutschen Akademie der Wissenschaften.

In Schrift und Wort, durch Buch, Artikel und Vortrag fördern Sie den Kampf der Menschheit um eine glückliche Zukunft.

Ihre Freunde, Kollegen und Mitarbeiter wünschen Ihnen, hochverehrter Ernst Bloch, noch viele Jahre reichen Schaffens.

Rugard Otto Gropp.«

Von den Autoren der Festschrift seien hier nur Hans Heinz Holz, Georg Lukács, Hans Mayer, Walter Markow erwähnt. Aber nicht nur die Universität hatte eine Gabe gebracht, auch der Aufbau-Verlag edierte unter dem Titel »Wissen und Hoffen« einen Band mit Auszügen aus dem Werk des Jubilars und einer schönen Einleitung von Walter Janka, Max Schröder und Wolfgang Harich. Ja, das Jahr 1955 brachte noch einmal Feste und Ehrungen en masse. Auch mein 50. Geburtstag wurde im Januar ausgiebig gefeiert. Im März folgte die Aufnahme von Ernst in die Deutsche Akademie der Wissenschaften. Am 8. Juli wurde er überschüttet mit Gratulationen. Pieck, Ulbricht, Grotewohl und die SED übersandten ihre Glückwünsche in roten Safianledermappen. Am Tage kamen viele Besucher, und am Abend gab die Universität in ihrem Gästehaus ein großes Essen. Die Studenten zogen in einem Fackelzug zu Ehren des Geburtstagskindes an den Fenstern vorbei. Ernst stand im Zenit seines Ruhmes in der DDR. Sechs Jahre zuvor war er noch ein »nobody«, wie er sich selbst nannte, im amerikanischen Cambridge gewesen. Allerdings hatte er schon damals Verbindungen mit ostdeutschen Verlagen angeknüpft und die Hoffnung gehegt, daß die unveröffentlichten Manuskripte, in düsteren Schubladen lagernd, eines Tages doch das Licht der Welt erblicken würden. Dieser Geburtstag war ein großer, wenn auch ermüdender Tag mit erfreulichen Begegnungen in einem blumengeschmückten Haus. Im gleichen Jahr fand in Weimar die Feier zum 150. Todestag von Schiller statt, bei der wiederum – wie bei der Goethe-Feier 1949 – Thomas Mann die Festrede hielt. Wir waren nach Weimar gefahren, um Georg Lukács und Gertrud, die aus Budapest gekommen waren, zu treffen. Im Gespräch zwischen den beiden Männern stellte sich heraus, daß Lukács kaum etwas von Blochs neuen Büchern gelesen hatte, vielleicht das Hegelbuch, »Prinzip Hoffnung« gewiß nicht. Ernst war traurig darüber. So wich man bei den Gesprächen in die Erinnerung an die Jugendjahre aus und dachte an die enge Verbundenheit jener Zeit in Heidelberg bei Max Weber und in Berlin bei Georg Simmel.

Besonders aufschlußreich war bei solchen Gelegenheiten, mit Professoren und Studenten aus anderen Ostblockländern zu sprechen, in denen es offenbar ein viel selbständigeres Denken gab als in der DDR. Man schien sich dort nicht so von der Partei gängeln zu lassen wie bei uns. Auch gab es offensichtlich nirgendwo sonst einen so übermächtigen Kultusminister wie Johannes R. Becher. 1955 fuhren wir auch zum ersten Mal von Leipzig aus nach Polen. In Warschau fand eine Philosophentagung statt, zu der eine größere deutsche Delegation unter der Leitung von Ernst Bloch vorgesehen war. Allerdings standen nur Männer auf der Reiseliste. So wurde auch mein Wunsch, mitfahren zu können, zunächst abgelehnt. Als Ernst aber erklärte, daß er ohne mich nicht reisen würde, bekam ich tatsächlich die Erlaubnis, mitzufahren. Ich freute mich sehr, das wiederaufgebaute Warschau sehen, die

Freundin und Kollegin Helena Syrkus treffen zu können; andere Freunde hatte ich dort nicht mehr. Aber wir kannten einige Polen, wie die Schriftsteller Roman Karst und Jacek Bocheński, die uns in Leipzig besucht hatten und mit denen wir jetzt zusammenkommen wollten.

Ergriffen hat mich in Warschau der Anblick der Altstadt, die wunderbar wieder aufgebaut wurde: Stary Rynek, Krakowskie Przedmieście, Nowy Świat. Die häßlichen Änderungen des späten 19. und frühen 20. Jahrhunderts, die mit zerstört worden waren, wurden bei der Renovierung weggelassen. Vorlage der Restaurierung waren die Warschau-Gemälde von Canaletto aus dem 18. Jahrhundert gewesen.

Wir wohnten im Hotel Bristol, dem merkwürdigerweise heilgebliebenen, alten, guten Hotel. Bald lernten wir die polnischen Philosophen kennen, Kotarbiński, Kołakowski, Tatarkiewicz, Adam Schaff. Die Tagungen fanden in der Akademie der Wissenschaften statt, deren Präsident Kotarbiński war. An sein schönes Gesicht mit dem langen, echt polnischen Schnurrbart kann ich mich gut erinnern. Ich besuchte Helena Syrkus (ihr Mann lebte nicht mehr) und erfuhr von ihr viele Details über den Wiederaufbau nicht nur von Warschau, sondern auch von Danzig und Breslau. Als ich von diesem Besuch ins Hotel zurückkam, saß in der Halle zu meinem Erstaunen Bertolt Brecht neben Ernst. Er war gerade in Moskau gewesen und hatte auf dem Rückweg in Warschau Station gemacht. Es war wie immer faszinierend, mit ihm zusammenzusein. Er erzählte von der veränderten politischen Stimmung in Moskau nach dem Tode Stalins. Der 20. Parteitag hatte schon seine Schatten vorausgeworfen, das Stalinmonument wackelte.

Zu jenem Zeitpunkt war ich persönlich nicht gut auf Brecht zu sprechen, denn er hatte kurz zuvor die Frau von Harich, Isot Killian, erobert und der arme Wolfgang litt unter Einsamkeit und Magengeschwüren. Seltsam, wie die Frauen auf Brecht flogen. Davon hat mir die frühere Schauspielerin Ruth Berlau, bei der ich während meiner Berlin-Reisen manchmal übernachtete, manches erzählt. Wenn sie nicht gerade betrunken war, konnte Ruth ein bezaubernder Mensch sein. Sie war Dänin und liebte Brecht seit seinem dänischen Exil. Sie war ihm nach Ostberlin gefolgt und hatte mit ihm im Berliner Ensemble gearbeitet. Brecht hing sehr an Ruth und rief sie jeden Abend an; ich habe das selbst erlebt, als ich einmal bei ihr wohnte. Alle seine Literatur-Preise und -Medaillen lagen bei ihr aufbewahrt, und sie war stolz darauf. All dies fiel mir wieder ein, als wir mit Brecht in Warschau im Bristol saßen und ich an den armen Wolfgang denken mußte.

Während dieses Warschauer Aufenthalts unternahmen wir auch eine gründliche Stadtbesichtigung, bei der uns der »Kulturpalast«, ein scheußlicher, viel zu hoher Bau, von den Russen erbaut und den Warschauern zu ihrem Mißvergnügen geschenkt, selbstverständlich nicht erspart blieb. Als wir auf einer Terrasse des Wolkenkratzers landeten, fragten die Polen, welches Gebäude in Warschau Ernst am meisten gefalle. »Eben dieses, worauf ich stehe«, antwortete er, »denn von hier sieht man den sowjetischen Kulturpalast nicht.«

Und als er unten war und mißbilligend den Bau betrachtete, meinte er: »Nichts kann meine Freundschaft zur Sowjetunion erschüttern.« Diese Anekdoten kursieren heute noch in Warschau.

Mit einem Bus besuchten die Delegierten des Kongresses mehrere polnische Städte: Danzig, Breslau, Posen, Krakau. Besonders imponierte uns der Wiederaufbau Danzigs. Die herrlichen gotischen Bauten waren wieder zu neuem Leben erweckt, die großen Schilder der verschiedenen Zünfte ragten in alter Pracht in die Straßen hinein. Man sah, was für hervorragende polnische Architekten, Restaurateure, Handwerker da am Werk gewesen waren. Aber am schönsten von allen Städten fand ich doch Krakau: Diese Stadt war im Kriege nicht zerstört worden. Sie blieb ein Denkmal der großen Vergangenheit Polens. Im Schloß konnten wir berühmte Gobelins bewundern, die während des Krieges in einem Salzwerk versteckt worden waren. Besonders gefielen mir die sogenannten Sukienice (Tuchhallen) auf dem Markt (sie stammen aus der Renaissance-Zeit) und der berühmte Veit-Stoß-Altar in der Marienkirche. Vom großen polnischen König Kasimir wurde im 14. Jahrhundert in Krakau die erste Akademie und eine der ersten europäischen Universitäten gegründet.

Für uns wurde jedoch wenig später der Glanz von Krakau durch den Besuch in Auschwitz überschattet. Die schrecklichen Barakken mit ihren nackten Pritschen standen noch da. Erschüttert bewegte man sich zwischen Glaskästen, die gefüllt waren mit Frauenhaaren, Babyschuhen, Goldgebissen, Brillen. Sogar der Mord mußte noch Profit bringen, die Leichen lieferten einträgliche Waren. Still wurde es unter uns Besuchern. Jedes Wort über die Grausamkeit der Schergen wäre nichtssagend gewesen angesichts dieses Museums des Horrors, das für mich zu allerletzt ein Museum war: Meine Gedanken gingen nach Treblinka.

Nach Warschau zurückgekehrt, schlossen wir mehrere Bekanntschaften und erfuhren viel über die stalinistische Zeit. Die Polen sprachen offener, kritischer, als das in der DDR der Fall war. Die Luft war schwanger von Gerüchten und Prophezeiungen, die sich später zum Teil bewahrheiten sollten. Man beweinte die Toten, war aufgebracht über die Behandlung von Władysław Gomułka, der einen guten Ruf hatte und seit 1948 im Gefängnis saß.

Schließlich traf ich in Warschau eine Bekannte aus Lodz, und wir beschlossen, gemeinsam in unsere Heimat zu fahren. Man stellte uns einen Wagen zur Verfügung. Mit klopfendem Herzen kam ich in meiner Vaterstadt an, die ich seit 1934 nicht mehr gesehen hatte. Auf den ersten Blick schien nicht viel verändert. Allerdings hatte ich nicht genügend Zeit, um mir die neuen Wohnviertel anzusehen, sondern ging sofort in die Piotrkowska-Straße, fand das Haus, in dem meine Eltern zuletzt gewohnt hatten. Die Wohnung gab es noch, aber es wohnten mehrere Familien in ihr. Die großen Räume waren in kleinere aufgeteilt worden. Erschüttert dachte ich an den Weg, den meine Eltern aus dieser Wohnung ins Getto und dann ins Vernichtungslager angetreten hatten. Ich besuchte die einzigen Bekannten, die ich noch in Lodz hatte: die zwei Schneiderinnen-Schwestern, von denen ich schon erzählt habe. Zofia und Maria waren glücklich, mich wiederzusehen, zwei rührend anhängliche Menschen. Sie lebten in einem Zimmer und nähten noch immer. Sie erzählten mir, wie meine Eltern gleich nach der Besetzung von Lodz aus der Wohnung gejagt und mit meinem Bruder, seiner Frau und seinem Kind in einem Zimmer zusammengepfercht worden waren. Die Schwestern konnten sie noch besuchen, bis sie in das Warschauer Getto geschickt wurden. »Wie schrecklich hausten die Deutschen bei uns, noch heute, wenn wir zufällig ein deutsches Wort hören, zucken wir zusammen«, sagten die beiden. Ich nahm bewegt Abschied von ihnen.

In Warschau zurück, wurden wir zu einem Empfang der Universität geladen, auf dem ich einige Professorenfrauen kennenlernte. Mir fiel auf, wie altmodisch sie angezogen waren: Sie trugen noch ihre Vorkriegs-Sonntagskleider, deren Stoffe viel besser waren als das, was man 1955 kaufen konnte. Frau Kotarbińska erzählte mir, daß sie mit ihrem Mann in einem Zimmer wohne. Da wurde mir der große Unterschied zur DDR bewußt, wo die Professoren im Vergleich zu denen in Warschau in Saus und Braus lebten. Bei Adam Schaff allerdings, zu dem wir eines Abends eingeladen waren, sah es auch nicht ärmlich aus: eine gute Wohnung, ein elegant gedeckter Tisch. Frau Schaff war stolz auf ihr Rosenthal-Service und erzählte mir, daß sie dieses Porzellan leidenschaftlich sammle. Ich versprach, ihr einen eventuellen Fund aus Leipzig zu schicken.

Wir kamen sehr angeregt aus Polen zurück. So offen hatten wir schon lange nicht mehr sprechen können, in Leipzig wehte der neue Wind erst schwach.

In den Sommerferien 1955 verreisten wir wieder mit Anneliese Groscurth und ihren Söhnen, diesmal in die Hohe Tatra. Jan hatte in Schulpforta sein Abitur gemacht und wollte Chemie studieren. Nach dem Aufenthalt in den Bergen fuhren wir für eine Woche nach Prag, wo wir Gäste der Regierung waren und in einem noblen Appartement auf dem Hradšin wohnten, mit dem schönsten Blick auf Prag. Natürlich gingen wir alte Wege, standen traurig vor Kischs Haus mit dem Bärentor und stellten uns vor, wie schön es sein müßte, mit ihm durch Prag zu wandern. Wir besuchten unsere alte Wohnung in der Šarecka 33, in der wir von 1936–1938 gelebt und in der Jan seine ersten Lebensmonate verbracht hatte. Von alten Freunden trafen wir, glaube ich, nur Theo Balk und den Mann von Friedel Dicker, meiner Prager Mitarbeiterin und Freundin, die in Theresienstadt umgekommen war. Ihr Mann,

Brandeis, hatte sich gerettet, er erzählte von den grausamen deutschen Besatzungs-Zeiten. Aber die Stadt war nicht zerstört worden, das goldene Prag, das wir diesmal auch wieder schweren Herzens verließen, um nach Leipzig zurückzukehren.

Am Nationalfeiertag der DDR, dem 7. Oktober 1955, bekam Ernst den Nationalpreis. Es ging sehr feierlich zu, wie immer bei solchen Gelegenheiten. Jan freute sich, seinen Vater geehrt zu sehen, obwohl er politisch viel kritischer war als wir.

Die Jahre 1955/56 hat man rückblickend als »Tauwetter« bezeichnet, nach dem gleichnamigen Roman von Ilya Ehrenburg. Und tatsächlich konnte im März 1956, dank dieser neuen Witterung, eine Tagung in der Akademie der Wissenschaften stattfinden, die den Titel hatte, »Das Problem der Freiheit im Lichte des wissenschaftlichen Sozialismus«. Ernst eröffnete mit einem Vortrag »Freiheit, ihre Schichtung und ihr Verhältnis zur Wahrheit« (erschienen 1969 in den »Philosophischen Aufsätzen« im Suhrkamp Verlag). Die Liste der Redner enthielt bekannte Namen: Hans Heinz Holz, Michael Dynnik (Moskau), Roger Garaudy (Paris), Leszek Kołakowski (Warschau), Henri Lefebre (Paris), Michael Ralea (Bukarest), Christian Gulian (Bukarest), Kurt Hager, Ernst Fischer (Wien). Es war eine wichtige, zukunftweisende Konferenz – die einzige ihrer Art. Denn schon bald nach dem 20. Parteitag der KPdSU 1956, mit der »Geheimrede« von Chruschtschow, die Stalins pathologische Brutalität und sein zentrales Mißtrauen gegen alle Genossen bloßlegte, kam es zu Unruhen in den Ostblockländern – zuerst im Juni in Posen unter der Parole: »Nieder mit der sowjetischen Besatzung«. Der Aufstand wurde zwar niedergeschlagen, aber er wiederholte sich mit großer Vehemenz im Oktober. Gomułka wurde aus dem Gefängnis befreit und zum Vorsitzenden der Partei gewählt, aus der die maßgeblichen Stalinisten entfernt worden waren. Der Zufall wollte es, daß ich im Radio seine erste grundlegende Rede hörte. Ich war außerordentlich beeindruckt und machte mir Notizen, um Ernst den Inhalt wiedergeben zu können. Zum ersten Mal brachte ein Redner die Notwendigkeit eines »menschlichen Sozialismus« zum Ausdruck. Ernst und ich waren voll Hoffnung, daß nun der Bann gebrochen sei und daß es vielleicht zu einem Sozialismus kommen würde, wie wir ihn erträumt hatten. Vor meinen Genossen schwärmte ich von Gomułka und sagte, ich hätte seit langem zum ersten Mal eine Rede von einem Arbeiter gehört, die begeistern konnte. Sie waren verärgert: »Willst du damit sagen, daß ein deutscher Arbeiter so eine Rede nicht hätte halten können?« Unversehens kam ich in den Ruf, eine polnische Chauvinistin zu sein.

Nach dem 20. Parteitag wurde Polen plötzlich von Zeitschriften und Reportagen überflutet. Besonders angetan war ich von der Jugendzeitschrift »Po Prostu«, deren Ziel es unter anderem war, »dem Marxismus das analytische und dialektische Denken« wiederzugeben. Es entstanden viele Clubs und Gruppen, besonders bekannt wurde der »Krumme Kreis«.

Zur selben Zeit fand sich auch in der DDR eine Gruppe von keineswegs antikommunistischen Intellektuellen zusammen, die die SED reformieren wollten. Zu diesem Kreis gehörten Wolfgang Harich, Bernhard Steinberger, Manfred Hartwig (Redaktionssekretär der »Deutschen Zeitschrift für Philosophie«), Walter Janka, Heinz Zöger (Chefredakteur der Zeitschrift »Sonntag«), Gustav Just (Redakteur des »Sonntag«). Wir kannten alle Mitglieder, die sich regelmäßig in Berlin trafen, aber wir wußten nichts von ihrem konkreten Vorhaben. Zwar schrieb Ernst für den »Sonntag« nicht konformistische Artikel, aber wahrscheinlich wollte die Gruppe ihn nicht ins Zentrum stellen, um ihn nicht zu gefährden. Dennoch wurde auch er als Kritiker der SED angegriffen, konnte aber am 14. November zum 125. Todestag von Hegel an der Humboldt-Universität noch den Festvortrag über »Hegel und die Gewalt des Systems« halten. Ein wahrer Sturm brach los, als Ernst in das überfüllte Audimax rief: »Jetzt muß statt Mühle endlich Schach gespielt werden!« Kurt Hager, der bei diesem Vortrag anwesend war, ging am Schluß auf mich zu und sagte: »Ich bin nicht mit allem einverstanden, was Bloch sagt, aber wenn er so dasteht und Blitze schleudert, ist er ein wahrer Zeus!« Nach dem Vortrag gingen wir noch in größerem Kreis in den Presseclub, wo unter anderen auch Wilhelm Raimund Beyer aus Westdeutschland, der Präsident der Internationalen Hegelgesellschaft, anwesend war.

Plötzlich begann Harich laut auf Ulbricht und die SED zu schimpfen, aber so ungeniert, daß ich ihm zuflüsterte: »Sei doch vorsichtiger, brülle nicht so, wir haben einen westdeutschen Gast unter uns.« Doch Harich war nicht zu bremsen und redete noch lauter. Sein Zorn war so groß, daß er sich wenige Tage später bei Ulbricht meldete und ihm sagte: »Genosse Ulbricht, Sie müssen abtreten.« Ulbricht drückte auf einen Knopf und Harich dachte, er würde sofort verhaftet. Ulbricht jedoch bestellte nur Kaffee für beide. Harich konnte gehen und uns die Geschichte erzählen. Aber das dicke Ende kam nach.

Am 9. Dezember lasen wir in der Leipziger Volkszeitung, daß Wolfgang Harich verhaftet worden sei. Kurz danach läutete es bei uns. Drei Vertreter der Partei standen vor der Tür, unter ihnen Siegfried Wagner, der Kulturchef von Leipzig. Zweck ihres Kommens war, uns über die Verhaftung Harichs zu informieren. »Wir wissen es bereits aus der Zeitung«, sagten wir. »Dann müssen wir Sie darauf aufmerksam machen, daß die Tätigkeit der Harich-Gruppe konterrevolutionär ist.« Sie zeigten mir das Titelblatt des Hamburger »Spiegel«, auf dem ungarische Parteifunktionäre als Tränen vergießende Krokodile dargestellt waren, die der Witwe Rajks ein Papier übergaben: die Rehabilitierung ihres Mannes, der 1949 als amerikanischer Spion hingerichtet worden war. Meine Nerven waren so überreizt, daß ich zu weinen anfing und mich in mein Zimmer zurückzog. Später, als die Partei gegen mich vorging, wurde dieses Verhalten als Illustration meiner Parteifeindlichkeit interpretiert. Kaum waren die Funktionäre weg, rief Walter Janka aus Berlin an: Er bat Ernst, sofort an das ZK der SED zu schreiben, daß Harich vielleicht unbesonnen, aber ein überzeugter Sozialist sei, daß seine Verhaftung ihm, Bloch, als Unrecht erscheine und er sich für seine Freilassung einsetze. Armer Janka, noch am selben Tag wurde auch er verhaftet. Ernsts Brief an das ZK wurde sofort per Eilboten weggeschickt. Wir waren so naiv zu glauben, er könne Erfolg haben und ahnten nicht, wie tief wir selbst in diese Affäre verstrickt waren.

Es drängt mich, noch etwas über den ungarischen Aufstand einzufügen, der uns in besonderer Weise erschüttert hat:

Wir erfuhren einiges von der bevorstehenden Umwälzung, weil Djury und Gertrud Lukács uns im Sommer 1956 in Leipzig besucht hatten. Lukács war Mitglied des Petöfi-Clubs geworden und kämpfte gegen die Stalinisten. Er und Gertrud sagten uns immer wieder: Ihr müßt den Ulbricht abservieren! Jetzt waren die alten Freunde wieder wirkliche Freunde geworden, und die damals in Leipzig mit Lukács verbrachten Tage der Hoffnung werde ich nie vergessen. Wir freuten uns, daß der tote Rajk wenigstens verbal rehabilitiert worden war. Das war zu der Zeit, als die ungarischen Studenten den Rückzug der sowjetischen Truppen und die Demokratisierung des Staatsapparates forderten. Der Stalinist Rákosi mußte Ungarn verlassen. Imre Nagy bildete eine neue Regierung, forderte offiziell den Abzug der russischen Besatzung. Stattdessen rollten sowjetische Panzer nach Ungarn und die Russen bildeten eine ungarische Gegenregierung unter Kádár und Maleter. Nagy flüchtete in die jugoslawische Botschaft, mit ihm Lukács, der in der Regierung Nagy den Posten des Kultusministers innehatte. Beide wurden später nach Rumänien abgeschoben. Während Lukács dort bleiben konnte, wurde Nagy gewaltsam nach Budapest zurückgebracht und blieb bis zu seiner Hinrichtung 1958 in Haft. Wir hatten große Angst um Lukács. Die Kádár-Regierung wagte jedoch nicht, gegen den berühmten Mann gewaltsam vorzugehen. Er konnte nach Budapest in seine Wohnung zurückkehren, wo er von nun an zurückgezogen lebte.

Der Zufall wollte, daß sich Ernst gerade in den Tagen des ungarischen Aufstands zum ersten Mal wieder in Westdeutschland aufhielt: In Köln fand eine Tagung der Philosophischen Gesellschaft statt. Nach seiner Rückkehr konnte er viel mehr über den Aufstand berichten, als wir aus den dürftigen Mitteilungen der DDR-Presse erfahren hatten.

Trotz allem verteidigte Ernst, solang es irgend möglich war, den ungarischen Aufstand, der für seinen »humanen Sozialismus« warb. Dieser tautologische Ausdruck »menschlicher Sozialismus« stammte von einer polnischen Journalistin, Wanda Werfel, deren Artikel in der Tauwetterzeit auch in der DDR erschienen war. Jahrzehnte später hatte ich Gelegenheit, Wanda Werfel in Wien

kennenzulernen. Sie war Ende der sechziger Jahre aus Polen ausgewandert. Aber die Vergangenheit lastete schwer auf ihr, ihr Gesicht trug die Spuren tiefen Leids.

Nach der Verhaftung Harichs häuften sich in der DDR-Presse die
Attacken auf Ernst Bloch. Er wurde als das geistige Haupt der Harich-Gruppe bezeichnet. Staatsanwalt Melsheimer verlangte seine
Verhaftung; auch ich, die ich mich offen zu Lukács und Harich bekannte, sollte nach dem Willen der Justiz eingekerkert werden.
Aber der gute Taktiker Ulbricht war dagegen. Man sollte Bloch,
ähnlich wie Lukács, nur in Wort und Schrift angreifen und mund-
tot machen. Dieses Unschädlichmachen erfolgte dann auch sehr
bald. Am Morgen des 19. Januar 1957 kam ein junger Mann zu
uns, der mir einen Brief vom Institut für Philosophie übergab. Es
war ein langes Schreiben, unterzeichnet von der Parteileitung des
Instituts, die Blochs politisches Verhalten kritisierte und seine
Philosophie als unmarxistisch, seine Lehre als ungeeignet bezeichnete, um Studenten im Sinne des Marxismus-Leninismus zu
erziehen. Er wurde zwangsemeritiert und durfte den Boden der
Universität nicht mehr betreten.

Ernst beschloß sofort, sich mit seinem Freund Georg Mayer, dem
Rektor, zu beraten. Mayer war außer sich: Der Brief war ohne
seine Kenntnis verfaßt worden. Er riet Bloch, sofort nach Berlin zu
fahren und die Sache dem Verantwortlichen für Hochschulfragen,
Gerhart Harig, vorzulegen. Er stellte ihm einen Dienstwagen zur
Verfügung. Ernst fuhr nach Berlin, aber Harig, der der Partei ganz
ergeben war, erklärte, daß die Parteileitung höchste Instanz der
Universität sei, gegen die man nichts unternehmen könne. So endete Ernst Blochs Lehrtätigkeit an der Universität Leipzig.

Was mich anbelangt, so hatte ich in den letzten Jahren eine Vor-
tragsreihe ausgearbeitet, die sich mit Architekturfragen befaßte.
Ich wollte die Bevölkerung informieren, wie man Wohnungen
zweckmäßig einrichten, Baufehler eliminieren könnte. Ich hatte
mir zur Illustrierung meiner Vorträge verschiedene ausländische
Zeitschriften beschafft und mit Hilfe eines Epidiaskops gute Lö-
sungen mit fehlerhaften verglichen. Am liebsten sprach ich in Betrieben, wo ich stets viele Zuhörer und großen Erfolg hatte. Nach

dem Vortrag kamen oft Frauen, um ihre eigenen Wohnungsprobleme mit mir zu besprechen. Auch das Fernsehen meldete sich an, bat mich, in einer eigenen Sendung praktisch und ästhetisch überzeugende Möblierungsmöglichkeiten zu demonstrieren. Die Sendung war für den 25. Januar vorgesehen. Ich fuhr nach Berlin, wurde im Sender sehr freundlich aufgenommen, obwohl die Attacken gegen Ernst bekannt waren. Meine Sendung verlief gut, der Abteilungsleiter bat mich, einmal im Monat ähnliche Probleme im Fernsehen zu demonstrieren.

Genau an diesem 25. Januar aber erreichte mich ein Brief der Parteigruppe, in die ich vor kurzem als offizielles Mitglied der SED aufgenommen worden war, mit der Aufforderung, am 27. Januar zu einer Versammlung zu kommen, meine Anwesenheit sei erforderlich. Mir schwante nichts Gutes. Schon früher hatte auf einer Sitzung unserer kleinen Zelle eine mir unbekannte Genossin vorgeschlagen, mich aus der Partei auszuschließen, da ich eine Anhängerin von Lukács sei. Doch damals hatten meine Zellengenossen die Zustimmung verweigert. Sie kannten mich als eine aktive Genossin, die den Leipzigern bei der Lösung vieler praktischer Probleme half, sowohl was Kindereinrichtungen als auch allgemeine Fragen des Bauwesens betraf. Vor kurzem erst hatte ich einen Vertrag mit der Leipziger Baumwollspinnerei, die viele Frauen beschäftigte, geschlossen, um für das Werksgelände einen Kindergarten und eine -krippe zu entwerfen. Ich übernahm die Patenschaft für die Bauten und war oft auf dem Gelände, besprach die Pläne mit den zukünftigen Leiterinnen der Einrichtungen. Ich hatte wirklich gute Freunde in der Zelle, die hauptsächlich aus Handwerkern und Intellektuellen bestand und freute mich, daß sie bei dem Vorschlag jener Genossin alle für mich eingetreten waren. Die Nachricht jedoch, die ich nun in Berlin bekam, ließ mich vermuten, daß man diesmal doch schwerere Kanonen gegen mich auffahren wollte. Ich eilte nach Leipzig zurück. Ernst und ich befürchteten, daß mein Ausschluß inzwischen unvermeidbar geworden sei. Pünktlich am 27. Januar erschien ich im Versammlungslokal, es befand sich in einer Schule. Ich kam in einen überfüllten Saal, die SED hatte diesmal Parteimitglieder aus dem gan-

zen Bezirk Leipzig aufgeboten, nachdem sie bei dem ersten Ausschlußversuch Schiffbruch erlitten hatte. Zunächst ergriff ein Genosse aus dem Bezirk Leipzig das Wort und bezichtigte mich nicht nur der Zugehörigkeit zur Gruppe Harich und der Freundschaft mit Georg Lukács, sondern nannte mich auch eine »polnische Chauvinistin«. Ich wurde zum »Partei- und Arbeiterfeind« erklärt. Das traf mich tief, trotz aller Vorahnungen. Meine Stimme wollte mir nur schwer gehorchen, als ich erwiderte, daß ich seit meiner Jugend für die Interessen der Arbeiter eingetreten und stets eine überzeugte Sozialistin gewesen sei, auch Sozialistin bleiben wolle. Mir wurden verschiedene Fragen gestellt, so zum Beispiel, ob ich für den »menschlichen Sozialismus« sei. Ich gab contre coeur und aus Trotz die Antwort: »Nein, ich bin für den unmenschlichen Sozialismus.« Zu einer ähnlichen Antwort hatte mir kurz vor der Versammlung ein Zellenmitglied geraten, ein sehr sympathischer Tischler. Er wisse, daß man mir diese Fangfrage stellen würde. Ich solle unbedingt mit »nein« antworten, denn »menschlicher Sozialismus« gelte als gegenrevolutionäre Parole. Außerdem seien alle Zellengenossen bearbeitet worden, einstimmig für meinen Ausschluß zu plädieren. Da nützte natürlich meine Antwort auch nicht mehr. Als gefragt wurde, wer für meinen Ausschluß stimme, hoben alle die Hände. Ich mußte mein Parteibuch abgeben, das ich wegen meiner Bekanntschaft mit den Brüdern Field noch nicht lange besessen hatte. Erst nachdem die Fields rehabilitiert worden waren, hatte man mir 1956 feierlich das Dokument in die Hand gedrückt. Da ich aber schon 1932, vor 25 Jahren, Mitglied der KP geworden war und die SED sich als deren Nachfolgerin betrachtete, waren es 1957 genau 25 Jahre, die ich der Partei angehört hatte. In meinem Jubiläumsjahr also wurde mir das Parteibuch abgenommen. Ich verließ den Saal.
Als ich auf dem Weg nach Hause war, hörte ich schnelle Schritte hinter mir. Eine junge Lehrerin lief mir nach. Sie umarmte mich und bat weinend, die Zellengenossen zu entschuldigen. Sie hätten nichts gegen mich, aber man habe ihnen mit Parteiausschluß und Stellenverlust gedroht für den Fall, daß sie nicht für meinen Ausschluß stimmen würden. »Nimm dir das nicht zu Herzen, liebe

Karola, die Leute, die die Hetze gegen dich betrieben haben, sind deinen kleinen Finger nicht wert. Mach weiter deine Sendungen im Fernsehen, ich habe dich gesehen, du warst großartig.« Ich beruhigte die liebe Person, sagte ihr, daß ich den Genossen nichts übel nähme, sie solle sie grüßen. Das war immerhin ein freundlicher Abschluß. Ich ging nach Hause. Ernst und Jan erwarteten mich voll Sorge. Ich erzählte ihnen! Der Parteiausschluß konnte böse Folgen haben, selbst eine Verhaftung war nicht auszuschließen.

In der Deutschen Bauakademie teilte man mir mit, daß ich als Frau von Ernst Bloch nicht mehr beschäftigt werden könne. Im Fernsehen wurde der Leiter der Abteilung, in der meine Sendung lief, entlassen, weil er mich um weitere Mitarbeit gebeten hatte. Nur die Deutsche Akademie der Wissenschaften hatte nichts gegen Ernst unternommen. Er konnte dort weiter die monatlichen Mitgliederversammlungen besuchen, Vorträge halten, auch im Verlag der Akademie gedruckt werden. Sie war eine wirkliche Oase, in der wir auch Reisebewilligungen ins Ausland erhalten konnten, die wir in Leipzig bestimmt nicht bekommen hätten.

Von einem Tag zum anderen hagelte es Kritik an Ernst Bloch. Die Zeitschriften, die noch vor kurzem voll des Lobes für ihn gewesen waren, entschuldigten sich jetzt offiziell für ihre Irrtümer. Das schloß jedoch nicht aus, daß dieselben Skribenten, die ihn öffentlich verdammten, wenig später privatim bei uns erschienen, um sich zu rechtfertigen: Sie seien zum Widerruf gezwungen worden. Es gab aber auch Freunde, die ohne jeden Vorbehalt treu zu uns standen. Ich denke hier besonders an Hans Mayer, Werner Krauss und Hanns Eisler.

Am 20. Februar 1957 fand die 6. Bezirksleitungssitzung der SED statt, auf der der Bezirksleiter der SED Leipzig, Paul Fröhlich, ein langes Referat gegen Bloch, die Harich-Gruppe und Gerhard Zwerenz hielt. Bald danach begann der Prozeß gegen die angeblichen Gegenrevolutionäre. Harich wurde zu zehn, Janka zu fünf Jahren Gefängnis verurteilt. Auch Günter Zehm wurden fünf Jahre Haft zudiktiert. Ernst blieb in Freiheit, aber jetzt marschierten plötzlich die Philosophen bei der Anti-Bloch-Kampagne voran. Am 4. und

226

5. April 1957 fand in Leipzig eine von der Parteileitung der SED im Institut für Philosophie veranstaltete »Konferenz über Fragen der Blochschen Philosophie« statt. Sie fand ihren Niederschlag in dem Buch »Ernst Blochs Revision des Marxismus«, dessen Vorwort der Dozent Johannes Horn geschrieben hatte. (Armer Horn, bald nach dem Verrat beging er Selbstmord.) Die Autoren waren Institutskollegen. Gropps Analyse trug den Titel: »Blochs Hoffnungsphilosophie – eine antimarxistische Welterlösungslehre«, die von Robert Schulz hieß »Blochs Philosophie der Hoffnung im Licht des historischen Materialismus«, Heinrich Schwartze schrieb »Über die Darstellung der Geschichte der Philosophie bei Ernst Bloch«, Horn selbst verfaßte »Kritische Bemerkungen zur Philosophie Ernst Blochs«. Bloch wurde als Revisionist und, wie einst Sokrates, als Verführer der Jugend verurteilt.

Von nun an lebten wir in Leipzig sehr isoliert. Viele Bekannte, selbst Freunde, taten bei einer zufälligen Begegnung so, als ob sie uns nicht kennten. In dieser Situation nahmen wir Beweise alter Anhänglichkeit und Solidarität umso erfreuter auf. Sehr schön war folgende Episode: An einem Sonntagvormittag fand im Leipziger Theater eine Matinée des Berliner Ensembles statt. Ich ging hin. Als ich den Saal betrat und meinen Platz suchte, stand eine Frau auf, umarmte mich ostentativ und begrüßte mich laut und herzlich. Es war die Frau von Ernst Busch. Ich schmunzelte über manche verstörten Gesichter, aber viele Leute lächelten auch freundlich. Eine gute Begegnung gab es in dieser Zeit mit Hanns Eisler. Er rief aus Berlin an, daß das Leipziger Rundfunk-Orchester seine Deutsche Symphonie für eine Platten-Aufnahme spielen würde. Sein Freund, der Kapellmeister Walter Goehr, wolle eigens aus London kommen, um das Werk zu dirigieren. Hanns lud uns ein, mit ihm zusammen sein Opus anzuhören. Wir sagten erfreut zu. Zur verabredeten Stunde kamen wir zum Eingang des Rundfunkhauses. Man bat uns – wie üblich – um unsere Personalausweise. Als der Pförtner jedoch unseren Namen las, erklärte er, daß für Professor Bloch das Betreten des Funkhauses verboten sei. Daraufhin telefonierte Ernst mit Hanns Eisler, der bereits im Hause war und berichtete ihm den Vorfall. Eisler kam sofort zur

Pforte, wo sich inzwischen auch ein Funktionär des Hauses eingefunden hatte, und erklärte, daß er, wenn wir nicht hereingelassen werden sollten, die Aufführung absagen würde. Mit knirschenden Zähnen gab der Funktionär klein bei. Hanns war einer der wenigen Freunde, die nicht vor der SED kapitulierten. Wir erlebten auf diese Weise ein einzigartiges Konzert und ein wunderbares Wiedersehen mit Hanns. Man sah ihm an, wie erschüttert er war, daß ein Mann wie Ernst Bloch so behandelt werden konnte.

Trotz aller Verfemung gelang es mir, Kontakt zu Zeitschriften zu finden, für die ich zu schreiben anfing. Mir wurde sogar eine interessante Aufgabe anvertraut: eine Kulturgeschichte der Küche zu schreiben. Das Thema gefiel mir. Ich beschäftigte mich u. a. mit der Eskimo-, der chinesischen, der deutschen mittelalterlichen Küche, fuhr in Heimatmuseen, sammelte Material, wurde aber mit der Aufgabe nicht fertig, obwohl ich sehr viele interessante Unterlagen gefunden hatte. Am meisten Spaß machte mir in jenen Jahren die Mitarbeit an einer kleinen Enzyklopädie: »Die Frau«, die Irene Uhlmann im Bibliographischen Institut herausgab. Mit meinem Beitrag »Über das Bauen« verfaßte ich eine Art Baufibel für Frauen, in der Grundbegriffe erläutert, die auf Bauzeichnungen üblichen Symbole erklärt wurden. In einem Aufsatz über die Küche behandelte ich die zweckmäßige Einrichtung dieses so wichtigen Raums, zeigte vor allem, wie man durch richtige Anordnung Wege sparen, die Arbeitsvorgänge rasch und reibungslos bewältigen konnte.

Ernst arbeitete wie immer gelassen an seinem Werk. Der dritte Band des »Prinzip Hoffnung« war schon ausgedruckt, konnte aber angesichts der Situation nicht ausgeliefert werden.

Jan begann in Leipzig Chemie zu studieren und hatte zunächst keine Schwierigkeiten. Ein bezeichnender Zwischenfall ereignete sich erst beim Abschluß seines Studiums, 1961. Unser Sohn hatte in allen Fächern mit »sehr gut« bestanden, nur die Prüfung im Fach Gesellschaftswissenschaften fiel schlecht aus: Es ging um den Revisionismus, und der Prüfer hatte es darauf abgesehen, daß Jan seinen Vater als Revisionisten bezeichnen sollte. Da er das nicht tat und lieber unpräzise Antworten gab, bekam er eine Fünf. An dieser Note hätte sein Diplom scheitern können. Daraufhin beklagte sich Ernst bei Kurt Hager, der tatsächlich erreichte, daß die Fünf in eine Vier geändert wurde. Jan bekam sein Diplom. Vielleicht als eine Art Wiedergutmachung, denn derselbe Kurt Hager hatte seinerzeit den Artikel »Pirat unter falscher Flagge« geschrieben, in dem Ernst Bloch als Pirat gebrandmarkt wurde, der als Revisionist fälschlich unter der Flagge des Marxismus segle.

Nach seiner Verfemung im Osten knüpfte Ernst Beziehungen zu Westdeutschland an. In Frankfurt freundete er sich mit Fritz Vilmar an, der uns in Leipzig besucht und mit dem Ernst einen guten Kontakt hatte. Neben Vilmar war es auch Achim von Borries, mit dem Bloch korrespondierte und mit dem wir in Westdeutschland zusammenkamen. Einmal unternahmen wir mit Borries und Vilmar einen Ausflug in den Taunus, der uns besonders deshalb so unvergeßlich geblieben ist, weil Ernst, gerührt durch das Wiedersehen mit dieser ihm so heimatlich vertrauten Landschaft, wunderbar von seiner Jugend erzählte.

In die Mitte der fünfziger Jahre fällt auch der Beginn der Freundschaft mit dem jungen Philosophen Hans Heinz Holz, der gern an die Leipziger Universität kommen wollte, um bei Bloch zu promovieren. Er schickte ihm auch seine Dissertation über Leibniz, die Ernst sehr positiv bewertete. Doch als das Rigorosum bevorstand, gab es einen unerwarteten Eklat: Einer der Assistenten im Institut für Philosophie entdeckte ein Buch des französischen Faschisten Charles Mayer, das Hans Heinz Holz übersetzt hatte. Die Parteileitung der Universität legte ihr Veto ein und verweigerte Holz die Zulassung zur Promotion. Ernst war sehr enttäuscht, konnte und wollte aber nichts machen. Erst viel später ist es Holz doch noch gelungen, an der Leipziger Universität zu promovieren.

Bei einem Aufenthalt in Frankfurt, 1958, traf Ernst den Verleger Günther Neske aus Pfullingen, der daran interessiert war, »Prinzip Hoffnung« herauszubringen. Eine ganze Nacht lang wanderten die beiden Männer durch die Straßen der Stadt. Sie schlossen Freundschaft. Nach Leipzig zurückgekehrt, wandte sich Ernst an den Aufbau-Verlag und bat um eine Lizenz für Neske. Aber man erteilte ihm eine Absage: Der Neske-Verlag sei ein »existentialistischer Verlag« (bei Neske erschienen Arbeiten von Martin Heidegger), und einem solchen Verlag könne ein Verlag der DDR keine Lizenz geben. Wieder eine Enttäuschung. Aber es ergab sich eine andere Veröffentlichungsmöglichkeit in Westdeutschland: Der Suhrkamp-Verlag wandte sich an Ernst mit dem Wunsch, die »Spuren« herauszubringen. Wir fuhren nach Frankfurt, konnten Peter Suhrkamp aber nicht mehr sehen, weil er schwer krank war. Für ihn verhandelte Siegfried Unseld, der nicht nur die »Spuren«, sondern auch »Prinzip Hoffnung« veröffentlichen wollte. Da Suhrkamp der Verleger von Bertolt Brecht war, von dem der Aufbau-Verlag die Lizenzen für die DDR-Ausgabe erwerben mußte, konnte Druck ausgeübt werden. Man stimmte einer Bloch-Lizenz für Suhrkamp zu, und so erschien 1959 die zweibändige Bundesrepublik-Ausgabe von »Prinzip Hoffnung«. Kaum war die Suhrkamp-Ausgabe auf dem Markt, konnte auch die DDR nicht mehr umhin, den dritten, schon gedruckten Band von »Prinzip Hoffnung« erscheinen zu lassen. Die Auflage von 1 000 Exemplaren war schon am ersten Tag vergriffen.

1959 fuhren wir wieder nach Frankfurt – diesmal zu einer Hegeltagung, auf der Ernst seinen alten Freund Teddy (Adorno) wiedertraf. Man hatte uns berichtet, daß Adorno dieser Begegnung mit großer Aufregung entgegensähe, denn zwischen Bloch und ihm hatte es ein Zerwürfnis wegen ihrer unterschiedlichen Bewertung des Stalinismus gegeben. Ernst aber ging gleich auf Adorno zu und sagte einfach: »Guten Tag, Teddy«. Das Eis war gebrochen, das Treffen verlief sehr freundschaftlich und Adorno besuchte uns später in Tübingen. Bei jenem Aufenthalt in Frankfurt trafen wir auch Ilse Blankenstein wieder, unsere alte Bekannte aus Heidelberg, die mit Dolf Sternberger verheiratet war. Ich kannte Ilse seit 1927, dem Jahr meiner ersten Begegnung mit Ernst. Es gab viel zu erzählen. Sie hatte als Jüdin die Nazi-Zeit überlebt, weil ihr Mann sie verborgen gehalten und geschützt hatte.

Damals, 1959 in Frankfurt, fragte man uns, ob wir nicht in den Westen ziehen wollten. Aber Ernst war in diesem Punkt eisern: Er glaubte, daß sein Platz in der DDR sei, weil er nur von dort aus Einfluß auf die Entwicklung eines Sozialismus haben könne, wie wir ihn uns vorstellten. Er war der Meinung, daß der Weg dorthin zwar schwierig, aber nicht unmöglich sei. Walter Boehlich, damals Lektor bei Suhrkamp, unterstützte ihn in dieser Ansicht. Nach unserer Rückkehr überraschte mich eines Morgens der Besuch von Gerhard Zwerenz. Er war mit der Harich-Gruppe in Verbindung gebracht worden und mußte mit seiner Verhaftung rechnen. Seit Wochen schon schlief er nicht mehr zu Hause. Zwerenz hatte bei Ernst studiert, verehrte und liebte ihn. Er fragte mich, ob Bloch es ihm übel nehmen würde, wenn er in den Westen ginge. Er war zweifelnd geworden, denn er kannte Blochs Standpunkt. Aber ich sagte ihm, uns würde es beruhigen, ihn im Westen zu wissen; er sei jung und in Gefahr, sein Opfer wäre sinnlos, das wisse auch Ernst. So verabschiedeten wir uns herzlich. Später, in Westdeutschland, sahen wir uns oft.

In diesen verhältnismäßig ruhigen Jahren zwischen 1957 und 1961 unternahmen wir einige Reisen, zum Beispiel in die Normandie, nach Cérisy-La-Salle, einem kulturellen Zentrum, in dem unter der Leitung von Maurice de Gandillac und Lucien Goldmann jährlich Tagungen stattfanden. 1959 wurde Ernst von Goldmann zu der Tagung »Genèse et Structure« eingeladen. Durch die Akademie der Wissenschaften bekamen wir die Reisebewilligung und fuhren in unser geliebtes Frankreich, wo wir zu unserer Freude Leszek Kołakowski trafen, der damals Schwierigkeiten in Polen hatte und vorübergehend in Holland lebte. Von den anderen Tagungsteilnehmern interessierte mich besonders Eugène Ionesco, in dessen Theater in Paris ich später mit Entzücken »La Lesson« und »La chauve Cantatrice« sah.

Das Schloß Cérisy-La-Salle liegt auf einer Anhöhe und stammt aus dem 17. Jahrhundert. Einer der Gäste, ein französischer General, unternahm mit uns eine Fahrt zu den Schlössern und Kirchen der Normandie, unter denen mich besonders die Insel St. Michel mit ihrer Kirche beeindruckte. Wir waren erstaunt über die sachkundige Führung unseres Cicerone.

Anschließend an die Tagung fuhren wir noch für eine Woche nach Paris. Lucien Goldmann stellte uns seine Wohnung in der rue de l'Odéon zur Verfügung. Wir kannten die Gegend aus früheren

Zeiten gut, die Boulevards in der Nähe; wir genossen diese bezaubernde Stadt, die vom Tourismus noch nicht überlaufen war.

Leipzig wirkte nach Paris etwas trist, aber wir hatten uns mit derartigen Kontrasten längst abgefunden und lebten uns ohne große Schwierigkeiten wieder ein. Durch die veränderte Situation blieb Ernst und mir mehr freie Zeit. Wir waren öfters als bisher miteinander zu Hause, unsere Beziehung wurde besonders innig. Ernst las mir oft abends vor, was er am Tage geschrieben hatte, er las auch gerne aus Gottfried Keller und Fontane, seinen Lieblingsschriftstellern. Oder er setzte sich ans Klavier und spielte und sang wie einst aus den Klavierauszügen großer Opern. Das konnte er meisterlich. Mit der Zeit lernte ich auch den einen oder anderen weiblichen Part jedenfalls teilweise mitzusingen, was Ernst besonders freute. Ab und zu besuchten uns Hans Mayer und Günther Jacobi, ein guter Geiger, um zu musizieren. Ich erinnere mich an eine besonders schöne Violin-Sonate von César Frank.

Hans Mayer war sehr rührig als Initiator literarischer Veranstaltungen in seinem Institut, vor allem gelang es ihm, auch westdeutsche Autoren an die Pleiße zu holen. Dabei machte er es immer möglich, daß wir daran teilnahmen. 1959 lud er Walter Jens zu einem Vortrag über »Moderne Literatur und moderne Wirklichkeit« ein. Damals sahen wir Jens zum ersten Mal und eine Freundschaft begann, die sich in der Tübinger Zeit vertiefen sollte. Auch Günter Grass kam. Wir lernten ihn kennen, als Ernst und ich im »Hotel International« aßen. Ich bemerkte, daß sich an einem der Nebentische ein Mann mit einem schwarzen Schnurrbart erhob und auf uns zusteuerte. Ich konnte Ernst gerade noch »warnen«: »Achtung, ein Schlawiner will dich begrüßen!«, ehe sich herausstellte, daß der Schlawiner Günter Grass war. Im Rahmen der Veranstaltungen des von Hans Mayer betreuten Instituts lasen später auch Hans Magnus Enzensberger, Walter Jens, Ingeborg Bachmann, Peter Huchel, Georg Maurer und Stephan Hermlin; nach den Lesungen begegneten wir den Autoren auch privat bei Mayer und bei uns. Es waren schöne Tage und Abende. Das Mayer'sche Institut gehörte zur Universität: Ernst betrat also, trotz des Verbots der Parteileitung, bei allen diesen Anlässen den

Boden der Universität, ohne Widerstand von irgendeiner Seite zu erfahren.

An die Begegnung mit Huchel denke ich besonders gerne. Er las damals das Gedicht »Widmung«, das er für Ernst zum 70. Geburtstag geschrieben hatte:

> Herbst und die dämmernden Sonnen im Nebel
> und nachts am Himmel ein Feuerbild.
> Es stürzt und weht. Du mußt es bewahren.
> Am Hohlweg wechselt schneller das Wild.
> Und wie ein Hall aus fernen Jahren
> dröhnt über Wälder weit ein Schuß.
> Es schweifen wieder die Unsichtbaren
> und Laub und Wolken treibt der Fluß.
> Der Jäger schleppt nun heim die Beute,
> das kiefernästig starrende Geweih.
> Der Sinnende sucht andre Spur.
> Er geht am Hohlweg still vorbei,
> wo goldner Rauch vom Baume fuhr.
> Und Stunden wehn, vom Herbstwind weise,
> Gedanken wie der Vögel Reise,
> und manches Wort wird Brot und Salz.
> Er ahnt, was noch die Nacht verschweigt,
> wenn in der großen Drift des Alls
> des Winters Sternbild langsam steigt.

Huchel war gelassener Stimmung, denn er durfte »noch« Chefredakteur der Zeitschrift »Sinn und Form« sein. Erst 1962 wurde er zum Rücktritt gezwungen, da auch seine politische Richtung der Partei nicht mehr paßte. Zu Huchel, zu »Piese«, wie ich ihn nannte, hatte ich schon immer ein besonders herzliches Verhältnis gehabt – jetzt besuchte ich ihn in Wilhelmshorst, gab Ratschläge für sein Haus, in dem er mit seiner zweiten Frau Monika und seinem reizenden Sohn Stefan wohnte.

Von unseren Reisen in diesen letzten fünfziger Jahren ist mir besonders eine auf dem Mittelmeer in Erinnerung geblieben. Wir bestiegen unser rumänisches Schiff in Constanza, wo wir uns vor der Abreise etwas umsehen konnten. Ich sehe uns noch vor dem Denkmal des Ovid, der einst in diese barbarische Gegend verbannt worden war. Zu dieser Reise hatten wir uns mit einer früheren Studentin von Ernst, Ruth Römer und ihrem Mann, verabredet. So waren wir nicht ausschließlich auf die Gesellschaft der meist langweiligen Mitreisenden angewiesen. In Athen erlebte ich ein Wiedersehen mit der Akropolis, die ich in meiner Studienzeit so oft gezeichnet hatte. Das aufregendste Ziel dieser Reise aber war Kairo. Zwar störten uns die vielen Händler – aber gottlob: Die Pyramiden und die Sphinx konnten sie nicht wegzaubern. Eingehend betrachtete ich das Grab von Tut-ench-Amun, die acht Särge, in deren innerstem und kleinstem die Mumie mit der berühmten Goldmaske ruht. Vom Museum in Kairo konnten wir uns kaum trennen, so faszinierend waren die ausgestellten Dinge: der Schmuck, die Glaskunstwerke, die Möbel.

Eine weitere schöne Reise führte uns nach Albanien. Ernst hatte zwar zuerst wenig Lust, eine Gruppenreise mitzumachen. So versuchte ich ihm die Sache durch den Hinweis auf Karl May schmackhaft zu machen: »Willst du denn nicht in das Land der Skipetaren fahren?« Und siehe da – er biß gleich an.

Wir landeten zuerst in der Hauptstadt Tirana, deren Gesicht noch stark von der faschistischen Architektur der Italiener, zu deren Machtbereich Albanien bis zum Kriegsende gehört hatte, geprägt war. Das Hotel machte einen üppigen Eindruck, aber es funktionierte kein Hahn: Wasser mußte geholt werden.

In der Stadt sah man unglaubliche Armut, Männer klopften auf der Straße Nägel gerade: Es herrschte Mangel an allem und jedem. Wir verließen die Stadt bald und gingen ans Meer nach Vlora. Die Albaner fingen damals gerade an, ihren Tourismus aufzubauen. Unser Hotel war halbwegs gut möbliert, nur das Essen war miserabel: Alles wurde mit Hammelfett zubereitet, selbst der Tee in einem von Hammelfett stinkenden Topf gekocht wie eine Suppe. Ich konnte so gut wie nichts essen. Aber die Landschaft war hinreißend schön. In die »Schluchten des Balkans« – um bei Karl May zu bleiben – fuhren wir mit einem Wagen. Die Serpentinen waren furchterregend, ich dachte immer wieder, wir würden die nächste Kurve nicht mehr schaffen. Aber Stefan, unser Chauffeur, war ein Meister seines Fachs. Ich genoß es, mit ihm polnisch zu sprechen. Er studierte in Polen, wenn er nicht gerade, wie jetzt in den Ferien, den Chauffeur spielte. Mit den Kindern und Jugendlichen, die uns begegneten, sprach ich russisch, das damals in Albanien Schulpflichtfach war; mit den älteren Albaniern konnte ich mich italienisch verständigen. Ich kam also mit meinen Sprachkenntnissen durch. Die Albanier gefielen uns: ein stolzes Volk, das nie bettelte, trotz der unermeßlichen Armut. Ich glaube, der einzige Rohstoff, den sie damals exportierten, war Asbest. Das Meer wimmelte zwar von Fischen, aber die Einheimischen konnten sie nicht konservieren. Olivenwälder durchzogen das ganze Land, aber man verstand es nicht, das Öl zu raffinieren. Das albanische Olivenöl war für uns ungenießbar. Die beste Mahlzeit, die ich in Albanien vorgesetzt bekam, wurde auf einem Fischerboot zubereitet, mit dem ich zum nächtlichen Fischfang ausfuhr. Mit Scheinwerfern wurden die Fische angelockt und dann mit dem Netz gefangen. Man grillte sie frisch an Bord über dem Feuer: Sie schmeckten vorzüglich! Die griechischen Dörfer an der albanischen Grenze hatten es mir besonders angetan. Dort gingen die Frauen noch in ihrer Tracht, ein bezauberndes Bild. In Bulgarien waren wir auch, auf dem Goldenen Sand – anziehende Bungalows am Meer, aber sonst langweilig. In Sofia sahen wir das schöne Freilichtmuseum, wo alte bulgarische Häuser und Kirchen aus dem ganzen Land zusammengetragen worden waren. Auf dem Hauptplatz von Sofia steht noch immer das Denkmal des russischen Zaren Alexander II., der als Befreier der Bulgaren vom türkischen Joch gilt, das bis 1878 dauerte. Bei diesen Reisen auf dem Balkan konnte ich immer wieder Spuren der fünfhundertjährigen türkischen Herrschaft feststellen. Da gab es Loggien an den Häusern, Minaretts und Moscheen, die manchmal wie Kulissen für die »Entführung aus dem Serail« anmuteten.

Immer, wenn wir von einer Reise zurückkehrten, mußten wir darauf gefaßt sein, daß wieder Freunde nach Westdeutschland abgewandert waren. Als großen Verlust empfanden wir die Übersiedlung von Luise und Gustav Seitz, die 1958 nach Hamburg gingen. Die Bevormundung der Kunst in der DDR hatte Seitz nicht gepaßt, so daß er sich, obwohl er im Westen wegen der Annahme des Nationalpreises im Goethejahr 1949 angefeindet wurde, entschlossen hatte, eine Professur in Hamburg anzunehmen. Seitzens konnten ganz legal mit allen Möbeln und ihrem gesamten Hausrat umziehen. Wir verloren liebe Freunde. Auch Kanto vermißten wir sehr, der 1957 nach München gegangen war.

Eines Morgens kam Günther Zehm, gerade aus dem Gefängnis entlassen. Er war verbittert, gebrochen und wollte die DDR auf dem schnellsten Weg verlassen. Wir verstanden ihn gut. Daß ausgerechnet er später eine so steile Karriere bei der »Welt« machen würde, ahnten wir nicht.

Dann kam ein schlimmer Tag für uns, den ich nie vergessen werde: Ernst hatte einen Assistenten, Jürgen Teller, den wir besonders schätzten. Als die Kampagne gegen Bloch entbrannt war, die Zeitungen und Zeitschriften gegen den »Revisionisten«, den »Piraten unter falscher Flagge« und was der Parolen noch mehr waren, tobten, verlangte die Parteileitung der Universität auch von Teller eine negative Stellungnahme in Sachen Bloch. Doch Teller weigerte sich, seinen Lehrer zu verleugnen. Daraufhin wurde eine Parteiversammlung anberaumt und Teller aufgefordert, vor diesem Gremium auszusagen. Er blieb jedoch standhaft und beteuerte, daß für ihn die Philosophie Blochs revolutionär und sozialistisch sei. Man verlangte, Teller solle sich in der Leipziger Volkszeitung vom Bloch-Kreis distanzieren. Er schrieb einen Artikel, dessen Quintessenz der alte chinesische Spruch war: »Wer undankbar ist gegen seinen Lehrer, ist schlimmer als ein Hund«. Der Artikel wurde natürlich nicht gedruckt, sondern Teller als Parteifeind aus der SED ausgeschlossen und von der Universität entlassen. Er fand Arbeit in einem Stahlwerk. Dort verunglückte er an einer Maschine und verlor seinen linken Arm. Ich werden den Tag nie vergessen, an dem Mutter Teller zu uns kam und erzählte, was geschehen war. Ich ging ins Krankenhaus und sah Jürgen in seinem Schmerz, aber auch in seiner tapferen Gelassenheit. Liebe und Bewunderung erfüllten uns für ihn.

Der Fall Teller führte zu erheblicher Unruhe in Kreisen der Intelligenz. Jürgens Vater war ein angesehener Arzt in Döbeln, der Schwiegervater ein bedeutender Ingenieur in einem großen Werk. Die Partei, die beschuldigt wurde, durch ihre Strafmaßnahme einen hochgebildeten Menschen zum Krüppel gemacht zu haben, bemühte sich, den Schaden wieder auszubügeln: Nach seiner Genesung bekam Teller die Möglichkeit, in einem Institut für Volkskunst zu arbeiten. Später stellte ihn der Reclam Verlag als Lektor ein. In kurzer Zeit wurde er, in Anerkennung seiner großen Leistungen, Cheflektor. Aber an die Universität kam er nie wieder zurück. Seine Standfestigkeit, die Treue zu seinem Lehrer, mußte er mit dem Verzicht auf eine akademische Karriere bezahlen. Auch aus seiner Promotion bei Bloch, die er schon absolviert hatte, die nur noch bestätigt werden mußte, wurde nichts. Später promovierte er bei Hans Mayer mit einer anderen Arbeit. Ich erinnere mich an andere, denen es ähnlich erging, die für ihre Treue zum Bloch-Kreis durch Arbeit in der Industrie oder ähnliche Tätigkeiten bestraft wurden: Lothar Kleine, Horst Engelmann, Trude Teubner. Manfred Buhr hingegen, den Bloch sehr protegiert hatte, fiel sehr bald die Treppe hinauf: Er hat heute eine leitende Stellung in der Akademie der Wissenschaften.

1960 wurde Ernst von der Buchhandlung Gastl in Tübingen zu einem Vortrag eingeladen. Der Vorschlag dazu war von Ruth-Eva Schulz, Blochs alter Assistentin, gekommen, die inzwischen in Tübingen lebte, wo ihr Mann, Walter Schulz, ordentlicher Professor an der Universität war. Ernst nahm die Einladung an. Leider konnte ich ihn nicht begleiten, da ich für die gleiche Zeit eine Reise nach Israel geplant hatte, wo meine Schwester lebte. Ernst fuhr also allein. Julie Gastl und Gudrun Schaal, die Inhaberinnen der Buchhandlung, sorgten für ihn. Der Vortrag »Über die Ontologie des Noch-Nicht-Seins« hatte einen überwältigenden Erfolg. Die Menge der Zuhörer war so groß, daß das ursprünglich vorgesehene Auditorium maximum nicht ausreichte, die Massen mußten in den Festsaal umziehen, der bald auch überfüllt war. Walter Schulz leitete den Vortrag mit einer Laudatio ein. Ähnlich freundlich war der Empfang in Stuttgart und Heidelberg.

Während Ernst in Süddeutschland war, flog ich nach Athen und nahm in Piräus ein Schiff nach Tel Aviv, wo mich Schwester und Schwager erwarteten. Erschütternde Begegnung nach 22 Jahren. Meine Schwester sah gut aus, nur war ihre Haut so dunkel geworden, daß sie einer Araberin ähnelte. Zuerst konnten wir nur weinen und weinten weiter, als wir in die Wohnung kamen. Dort hingen die Bilder meines Bruders, seiner Frau und ihres Sohnes. Der Sohn meiner Schwester war nicht da, er lebte in der Schweiz. Erzählen, erzählen, erinnern, erinnern . . . Mein Schwager war schon immer ein Antikommunist gewesen, er hatte uns seinerzeit abgeraten, von den USA nach Ostdeutschland zu gehen. Nun triumphierte er beinahe, daß Ernst in der DDR verfolgt wurde. Ich erwiderte, daß man uns in letzter Zeit in Ruhe ließe, und daß wir die DDR nicht verlassen wollten, weil wir die Hoffnung hätten, daß es doch einmal besser werden würde.

Am nächsten Tag traf ich in Tel Aviv mehrere Bekannte aus Lodz. Es war ein heimatliches Gefühl: Man hörte polnisch, russisch, deutsch, jiddisch, konnte ohne Hebräisch durchkommen, jedenfalls in den Läden. Das Land gefiel mir außerordentlich, die biblische Geschichte begleitete mich auf vielen Fahrten. In der Wüste, am Weg nach Berscheba, standen kleine Brunnen, ich sah Rahel und Lea vor mir, in Kapernaum vor der im römischen Stil gebauten Synagoge den predigenden Jesus. Leider habe ich das alte Jerusalem nicht sehen können, die Stadt war damals geteilt.

Auf der Rückreise blieb ich noch eine knappe Woche in Griechenland, wanderte durch Rhodos, besuchte Delphi, Mykene, Olympia, Stätten, die mir durch Studium und Literatur so wohl bekannt waren und deren Wirklichkeit mich überwältigte.

Endlich gab es dann ein Wiedersehen mit Ernst in Leipzig. Ich hatte viele Fotos mitgebracht, der Bund Deutscher Architekten bat mich, einen Lichtbilder-Vortrag über Israel zu halten. Als dieser von der Partei untersagt wurde, veranstaltete ich ihn privat zu Hause.

Ernst erzählte mit Wärme von der Wiederbegegnung mit Walter und Inge Jens, mit Ruth-Eva und Walter Schulz, von Julie Gastl und Gudrun Schaal, ihrer originellen Buchhandlung, die eine Art kulturelles Zentrum in Tübingen bildete, wo man sich im ersten Stock, in der sogenannten »Theologie«, zwischen theologischen und philosophischen Büchern traf, in bequemen Sesseln um einen Tisch herum saß und Gespräche führte.

Auch Günther Neske war von Pfullingen herübergekommen, was für Ernst eine besondere Freude war. Ja, er hatte sich wohlgefühlt in Tübingen, großen Gefallen an der alten Stadt mit den vielen Fachwerkbauten gefunden. Besonders pries er die Platanenallee unten am Neckar, in dem sich die Giebel der alten Häuser und der Hölderlinturm spiegelten, wo man zur Stiftskirche und zum Schloß hinaufsehen konnte. Auch durch das Evangelische Stift war er geführt worden, diese berühmte Lehranstalt, in der Hegel, Schelling und Hölderlin einst studierten.

Ich wußte damals nicht, daß ich noch im selben Jahr, im August, selbst in Tübingen sein sollte, als Ernst vom Ferienkurs für ausländische Germanisten zum Vortrag eingeladen wurde. Diesmal begleitete ich ihn. Als erstes lernte ich die für mich schon fast zur Legende gewordenen Julie Gastl und Gudrun Schaal kennen, die ich genau wie Ernst sofort ins Herz schloß. Jensens hatten uns ihre Wohnung zur Verfügung gestellt, sie selbst waren im Urlaub. Ernst sprach über die »Metaphysik des Kriminalromans«. Der Text erschien später innerhalb der Gesamtausgabe. Zu diesem Vortrag kamen Mirjam und Ingeborg Bachmann aus Zürich: Das war ein freudiges Wiedersehen. Der Erfolg der Veranstaltung war wieder groß, Ernst verstand es wie immer, die Zuhörer in seinen Bann zu ziehen.

Ich nutzte jede freie Stunde, um die Stadt zu besichtigen, am Neckar entlang zu laufen, zum Hölderlinhaus mit dem runden Turm. Ich war von ihrem Zauber so angetan wie Ernst bei seinem ersten Besuch. So freuten wir uns, als Ernst die Einladung der Universität zu einer Gastprofessur für eines der nächsten Semester bekam. Er sagte zu, unter der Voraussetzung, daß es ihm gelingen würde, die nötigen Formalitäten in der DDR zufriedenstellend zu erledigen.

Von Tübingen fuhren wir nach Bayreuth. Wieland Wagner hatte uns eingeladen. Wir sahen den »Ring der Nibelungen«, die neue moderne Inszenierung auf einer fast leeren Bühne beeindruckte uns sehr. Ich bewunderte das Theater am Hügel und seine berühmte Akustik. In den langen Pausen und nach dem Theater waren wir mit Wieland Wagner zusammen; es kam zu intensiven Gesprächen.

Von Bayreuth fuhren wir nach München, um unsere Freunde Ilse und Arnold Metzger zu besuchen. Bei ihnen fühlten wir uns immer wohl, genossen ihre Gastfreundschaft und Herzenswärme.

In Leipzig erwartete mich eine angenehme Nachricht aus Paris: Die französische Architektin, Solange d'Herbez de la Tour, teilte mir mit, daß sie eine »Union des Femmes Architectes«, UIFA, gegründet hätte und fragte an, ob ich der Organisation beitreten wolle. Das tat ich gern. Der erste Kongreß der UIFA, den ich besuchte, fand allerdings erst einige Jahre später, 1963, in Paris statt. Ich erwähne ihn aus einem besonderen Grunde: Auf der Tagung, die von vielen Architektinnen aus mehreren Kontinenten besucht wurde, waren auch viele Polinnen anwesend, zu denen ich sofort guten Kontakt hatte. Ich freute mich, nach vielen Jahren wieder meine Muttersprache sprechen zu können. Nach ihrer Rückkehr in Warschau, erzählten die Polinnen einer ihrer Kolleginnen von mir – meiner Kusine. Sie wußte von mir, ich hingegen nichts von ihr (sie ist viel jünger als ich). Diese Kusine schrieb mir nun nach Tübingen, und so fand ich Janina, deren Schicksal ich schon beschrieben habe. Es entspann sich zwischen uns eine lebhafte Korrespondenz. Im Jahre 1978 besuchte ich sie, lernte ihren Mann und ihren bemerkenswerten Sohn kennen, der jetzt Philosophie studiert.

Nach diesem Exkurs in spätere Jahre, zurück nach Leipzig 1960. Ernst nahm sofort nach seiner Rückkehr die Arbeit an seinem neuen Buch »Naturrecht und Sozialismus« (späterer Titel: »Naturrecht und menschliche Würde«) auf. Aus Tübingen kamen gute Briefe. Die Freunde dort freuten sich auf das Gastsemester. Julie Gastl und Gudrun Schaal sorgten schon für Unterkunft. Ernst mußte jedoch zunächst die offizielle Einladung der Tübinger Universität abwarten, um dann an der Akademie der Wissenschaften Schritte für die Realisierung des Vorhabens unternehmen zu können. Als die Einladung kam, war sie so verwirrend formuliert, daß Ernst nichts mit ihr anfangen konnte. Auf jeden Fall aber planten wir, den Sommer 1961 wieder in Westdeutschland zu verbringen. Der Tübinger »Ferienkurs für ausländische Germanisten« hatte erneut eingeladen. Ernst wollte diesmal über die »Philosophische Ansicht des Künstlerromans« sprechen.

Auch das Bayreuther Jugendzentrum unter der Leitung von Herbert Barth bat um einen Vortrag. Ernst sagte zu, über »Zerstörung, Rettung des Mythos durch Licht« zu reden. Unsere Absicht war, nach Tübingen und Bayreuth zu gehen und anschließend Urlaub in Oberbayern zu machen. Ein Freund aus München, Hans Ohly, hatte uns in Marquartstein ein Hotelzimmer reserviert.

Aber das alles war noch weit weg. Ich arbeitete zunächst weiter an der Kulturgeschichte der Küchen und beschloß, unser Haus renovieren zu lassen. Damit Ernst seine Ruhe habe, brachte ich ihn vorübergehend im Gästehaus der Akademie der Wissenschaften in Zeuthen bei Berlin unter. Obwohl es dort sehr angenehm war – auch das Essen war gut– hatte Ernst ein eigenartiges Heimweh, er rief immer wieder an und fragte, ob er nicht zurückkommen könne. Täglich schrieb er sehnsüchtige Briefe. Ich war gerührt, konnte ihm aber unmöglich die Unruhe im Leipziger Haus zumuten. Endlich war die Renovierung fertig. Vom Keller bis zur Mansarde hatte alles ein neues Gewand bekommen. Ernst kam zurück, war glücklich daheim zu sein. Das Wetter war sommerlich, er konnte im Garten arbeiten, was er besonders gern tat. Beinahe schweren Herzens trennten wir uns von unserem Idyll, um zu verreisen.

In Tübingen trafen wir die alten Freunde und gewannen neue hinzu. Wir wohnten im »Lamm« und hatten im Speisesaal genügend Platz für Zusammenkünfte mit unseren vielen Bekannten. Einen sehr heiteren Nachmittag verbrachten wir bei Neskes in Pfullingen im alten Kloster. Ernst genoß das behagliche Ambiente und den Zwetschgenkuchen aus Frau Brigittes Küche.

In Tübingen holten uns Unselds ab, um mit uns zusammen nach Bayreuth zu fahren. Es wurde eine lustige und lange Reise, weil wir unterwegs ausgiebig tafelten. Bayreuth war anziehend, der

Vortrag von Ernst wurde mit großer Zustimmung aufgenommen. Am 13. August reisten wir nach München weiter, wo wir einige Tage bei Metzgers bleiben wollten. Die alten Freunde empfingen uns mit der Nachricht, daß in der Nacht zum 13. August zwischen Ost- und Westdeutschland eine Mauer gebaut worden sei. Wir waren wie vor den Kopf geschlagen, überlegten, was wir machen sollten. Unseld kam aus Frankfurt und äußerte die Befürchtung, daß, wenn wir nach Leipzig zurückgingen, die Gefahr bestünde, die Manuskripte von dort nicht mehr nach Frankfurt schicken zu können. Er riet uns, in Westdeutschland zu bleiben und die Manuskripte durch eine unbelastete Vertrauensperson aus Leipzig in den Westen bringen zu lassen.

Wir waren vor allem um Jan besorgt, der gerade zu diesem Zeitpunkt nach London reisen wollte. Wir wußten nicht, ob er Ostberlin noch rechtzeitig hatte verlassen können und riefen die Freundin an, bei der er in London wohnen sollte. Er war noch nicht dort. Doch wenig später meldete er sich aus Westberlin und berichtete, daß er buchstäblich im letzten Augenblick, am Abend des 12. August nämlich, von Ost- nach Westberlin gefahren sei; von dort reiste er weiter nach London. Wir blieben ständig mit ihm in Kontakt und Jan erklärte uns, daß er, unabhängig von unserer Entscheidung, im Westen bleiben wolle.

Trotz all dieser Sorgen fuhren wir zunächst wie geplant nach Marquartstein weiter. Julie Gastl kam zu uns, riet, nach Tübingen zu ziehen, die angebotene Gastprofessur anzunehmen. Sie hatte sogar eine kleine provisorische Wohnung für uns in Aussicht. Sie war rührend in ihrer Fürsorge und Anhänglichkeit. Wir wußten, daß wir in Leipzig alles verlieren würden, wenn wir in der Bundesrepublik blieben. Der Verlust der materiellen Güter war uns nicht so wichtig, aber den der Manuskripte konnten wir nicht in Kauf nehmen. Unseld wußte eine Lösung: Einer seiner Bekannten, gleichfalls Verleger, wollte Anfang September zur Buchmesse nach Leipzig reisen und erklärte sich bereit, bei dieser Gelegenheit die Manuskripte aus unserem Haus zu holen und in die Bundesrepublik zu bringen. Wir lernten den mutigen Menschen und seine Frau kennen. Ich übergab ihm die Schlüssel zum Leipziger Haus, skizzierte die Grundrisse und erklärte ihm, wie er rasch den Manuskriptschrank erreichen konnte.

Dann fuhren wir nach Tübingen in die provisorische Wohnung. Es war eine Mansarde, einfach und heiß. Dort erwarteten wir in großer Erregung die Rückkehr des Kuriers. Sollte doch unser endgültiger Entschluß über das, was jetzt zu tun sei, von der Rettung der Manuskripte abhängig sein. Und siehe da: Eines Tages im September kam der Ersehnte tatsächlich mit zwei vollen Manuskriptkoffern bei uns an. Unsere Freude und Dankbarkeit war groß. Er mußte genau erzählen, wie er den Manuskriptschrank und den Schreibtisch ausgeräumt, vom Boden leere Koffer geholt, alles eingepackt und dann ins Auto verstaut hatte. Immer hatte er dabei befürchten müssen, daß jemand in das Haus käme, schon die Putzfrau wäre gefährlich gewesen, die regelmäßig kam, um die Pflanzen im Haus und im Garten zu betreuen. Aber alles war glatt verlaufen, er konnte ungestört die Koffer in sein Auto verladen und losfahren. Auch an der Grenze hatte es keine Schwierigkeiten gegeben.

Die Würfel waren gefallen. Wir entschieden uns, in der Bundesrepublik zu bleiben. Ernst schrieb an den Präsidenten der Deutschen Akademie der Wissenschaften:

»Seit Mai 1949, nach meiner Rückkehr aus der Emigration in Amerika, lebte ich, nachdem ich eine Berufung auf den Leipziger Lehrstuhl für Philosophie angenommen hatte, in dem Staat, der sich nachher als Deutsche Demokratische Republik bezeichnete. In den ersten Jahren meiner Universitätstätigkeit erfreute ich mich ungehindert der Freiheit des Wortes, der Schrift und der Lehre. In den letzten Jahren hat sich diese Situation zunehmend geändert. Ich wurde in die Isolierung getrieben, hatte keine Möglichkeit zu lehren, der Kontakt mit Studenten wurde unterbrochen, meine besten Schüler wurden verfolgt und bestraft, die Möglichkeit für publizistisches Wirken wurde unterbunden, ich konnte in keiner Zeitschrift veröffentlichen und der Aufbau-Verlag in Berlin kam seinen vertraglichen Verpflichtungen meinen Werken gegenüber nicht nach. So entstand die Tendenz, mich in Schweigen zu begraben.

Demgegenüber gaben mir seit geraumer Zeit Universitäten, Zeitschriften und mein Verlag in Westdeutschland Gelegenheit zu lehren, zu publizieren und meine bisherigen Arbeiten ungestört fortzusetzen. Nach den Ereignissen vom 13. August, die erwarten lassen, daß für selbständig Denkende überhaupt kein Lebens- und Wirkungsraum mehr bleibt, bin ich nicht mehr gewillt, meine Arbeit und mich selber unwürdigen Verhältnissen und der Bedrohung, die sie allein aufrecht erhalten, auszusetzen. Mit meinen 76 Jahren habe ich mich entschieden, nicht nach Leipzig zurückzukehren.

Ich muß Ihnen deshalb, sehr verehrter Herr Präsident, mitteilen, daß ich bei künftigen Sitzungen der Deutschen Akademie der Wissenschaften, deren ordentliches Mitglied ich bin, zu meinem wahren Bedauern nicht mehr anwesend sein kann.«

Von Bekannten erfuhren wir, wie es nach dem Eintreffen dieses Briefes in der Akademie zuging. Es gab eine große Aufregung um den Beschluß, Bloch aus der Akademie auszustoßen. Allerdings sollen verschiedene Mitglieder bei dieser Ausschlußversammlung durch Abwesenheit geglänzt haben. Auch westdeutsche Akademie-Mitglieder gaben ihrer Empörung Ausdruck. Der Hamburger Altphilologe Bruno Snell gab seinem Protest durch Verzicht auf seine Mitgliedschaft noch ein besonderes Gewicht.

Nun waren wir wieder Emigranten. Zwar befanden wir uns auf deutschem Boden, aber in einem Staat, dessen Bündnispolitik uns in jeder Weise fremd und contre coeur war. Wir wußten, daß nach dem Kriege viele alte Nazis in den westlichen Zonen untergekrochen waren, daß dort ehemalige hohe NS-Funktionäre wichtige Positionen innehatten. Militär- und andere Richter, die während des Dritten Reiches unschuldige Menschen zum Tode verurteilt hatten, konnten ihren Beruf ausüben, als ob nichts geschehen sei. Die Prozesse gegen antisemitische Verbrechen wurden verschleppt, hie und da glaubten wir sogar, neonazistische Aktivitäten zu sehen. Viele Menschen im Westen wollten die Verbrechen der jüngsten Vergangenheit nicht wahrhaben. Das alles waren Dinge, die uns bei dem Entschluß, in der Bundesrepublik zu bleiben, sehr belasteten. Aber was sollten wir tun? Wohin sonst hätten wir gehen können? Ernst war 76 Jahre alt, große Sprünge konnten wir nicht mehr machen, und wir wußten: Hier, in der Bundesrepublik hatten wir Freiheiten, die wir in der DDR nicht hatten, hier gab es keine Partei, die uns bedrohte, und das war nicht gering zu veranschlagen. Zwar wußten wir, daß auch im Osten die Entwicklung trotz allem im Fluß bleiben, daß Veränderungen eintreten würden, aber wir hatten auch erkannt, daß es ein langer und bitterer Weg sein würde bis zum Sieg eines freien, menschlichen Sozialismus.

Ernst pflegte auf die Frage, wie seine Vorstellung von einer künftigen Entwicklung aussähe, die Geschichte eines polnischen Kommunisten zu erzählen, der während des Aufstandes im Oktober 1956 nach Leipzig gekommen war und den Rektor der Universität gefragt hatte: »Bevor wir weiterreden, Genosse Rektor, möchte ich Sie fragen, wie steht es hier bei Ihnen mit dem Klassenkampf gegen Partei und Regierung?« Das heißt, es hatte damals unter den polnischen Arbeitern einen Kampf gegen die Diktatur *über* das Proletariat gegeben. Und genau das war es, worauf Ernst und ich hofften. Der polnische Aufstand war damals niedergeschlagen worden. Aber siehe da, nach 25 Jahren erhebt der polnische Arbeiter heute, 1981, wieder sein Haupt und es gelingt ihm, Reformen durchzusetzen, die noch vor kurzem undenkbar gewesen wären. Die Entwicklung in Polen beweist, daß auch in dem gnadenlosen System der sogenannten sozialistischen Staaten ein Wandlungsprozeß möglich ist, während das kapitalistische System sich als starr und keiner entschiedenen Humanisierung fähig erweist.

1961 bekam Ernst die Gastprofessur an der Tübinger Universität. Der damalige Kultusminister in Baden-Württemberg, Gerhart Storz, ein alter Gefährte aus den zwanziger Jahren, blieb der Freundschaft zu Ernst treu und übte seinen Einfluß aus, um ihm die Lehrgenehmigung zu ermöglichen, die ihm aus Altersgründen nicht mehr zustand, und auch der Rektor der Universität, Theodor Eschenburg, tat alles Erdenkliche, um Ernst nach Tübingen zu holen. Die Stadt Hegels und Hölderlins sollte unsere neue, endgültige Heimat werden.

DANK AN WALTER UND INGE JENS

Diese Erinnerungen wären nicht geschrieben worden, wenn mich Walter Jens nicht dazu ermuntert hätte. Mit großem Einfühlungsvermögen ist er den Vorlesungen meines Manuskripts gefolgt und hat mir mit Ratschlägen beigestanden. Inge Jens ist das Manuskript mehrfach mit mir durchgegangen – schließlich ist Deutsch nicht meine Muttersprache.

Für diese Hilfe bin ich Walter und Inge Jens zu tiefem Dank verpflichtet. Ich freue mich, daß unsere jahrzehntealte Freundschaft durch diese Zusammenarbeit erneut bestätigt wurde.

Karola

LITERATURNACHWEIS

Richard Lorenz; Sozialgeschichte der Sowjetunion I 1917–1945, Frankfurt/M. 1976.

John Reed: Zehn Tage, die die Welt erschütterten, Bonn 1977.

Theo Jernsson: Polen, Gesellschaft, Wirtschaft und Staat im Wandel, München – Wien 1971.

G. Koenen, K. Koenen, H. Kuhn: Freiheit, Unabhängigkeit und Brot, Frankfurt/M. 1981.

Hanna Krall: Schneller als der liebe Gott, Frankfurt/M. 1980.

Hans R. Guggisberg: Geschichte der USA Bd. II, Stuttgart, 2. Aufl. 1979.

W. und M. Pauck, Paul Tillich: Sein Leben und Werk, Bd. I, Leben, Stuttgart 1978.

Sandor Kopácsi: Die ungarische Tragödie, Stuttgart 1979.

Stefan Heym: 5 Tage im Juni, München 1974.

Die Presse der Volksrepublik Polen, 1944–1967: Alfons Dlugosch, Institut für Publizistik, Universität Münster, 1975.

Chruschtschow erinnert sich, Reinbek 1971.

Kurt Böhme: Zur Geschichte der deutschen Kriegsgefangenen des Zweiten Weltkriegs, Bd. X/1 und Bd. X/2, München 1973.

Eric Bentley: Thirty Years of Treason, New York 1971.

Axel Eggebrecht: Der halbe Weg, Reinbek 1975.

Jürgen Schebera, Hanns Eisler: Meisenheim 1978.

Heinz Heiter: DDR, geschichtlicher Überblick, Bonn 1979.

Heinz Brandt: Ein Traum, der nicht entführbar ist, München 1967.

Kunst und Literatur im antifaschistischen Exil, 1933–1945, Leipzig 1981.

Namenregister

Abeles, Frida 56
Abeles-Josephsohn, Mirjam 56, 57, 204, 205, 239
Abusch, Alexander 207
Adams, Kay 187
Adenauer, Konrad 206
Adler, H. G. 118
Adorno, Theodor W. (»Teddy«) 51, 54, 127, 164, 230
Andersch, Alfred 167
Anny 120, 124, 125, 129
Aragon, Louis 106
Ardenne, Manfred von 207
Auerbach, Erich 184

Bachmann, Ingeborg 232, 239
Balk, Theo 118, 218
Ball, Hugo 26, 85
Barbusse, Henri 77, 106, 107, 108
Barlach, Ernst 212
Barth, Herbert 241
Bauer, Otto 97
Baumgarten, Arthur 212
Bay, Adela 189, 190
Becher, Johannes R. 29, 30, 34, 77, 80, 106, 202, 203, 214
Beckmann, Max 26
Behrens, Fritz 193, 204
Behrens, Hanna 193
Behrens, Peter 62
Benesch, Eduard 116, 128
Benio 23, 24
Benjamin, Walter 51, 53, 54, 60, 61, 111, 114, 115
Berlau, Ruth 215, 216
Berlin, Isaia 17

Beyer, Wilhelm Raimund 220
Bill, Max 91
Blankenstein, Ilse 46, 47, 230
Blitzstein, Marc 132
Bloch, Else (geb. von Stritzky) 44–46, 49, 51, 160
Bloch, Linda 40, 44
Blum, Léon 107
Bocheński, Jacek 215
Boehlich, Walter 231
Böhm 37
Boehnheim, Felix 204
Boehnheim, Gretel 204
Borries, Achim von 229
Brandeis 219
Brandes 135
Brandström, Elsa 152, 159
Brandt, Heinz 211
Brecht, Bertolt (»Hamlet«) 55, 61, 63, 64, 77, 79, 90, 107, 123, 177, 180, 185, 199, 205, 211, 212, 215, 216, 230
Breuer, Marcel 173, 199
Bridgman, Percy 155, 156, 158
Broch, Hermann 161, 189, 190
Bromberg 23
Bruckner, Ferdinand 177
Buber-Neumann, Margarete 93
Budzislawski, Hermann 68, 115, 116, 204
Buhr, Manfred 237
Burke, Kenneth 142
Burschell, Friedrich 119
Busch, Ernst 68, 227

Cadbury 155, 158, 161
Canetti, Elias 97, 99